Tu hijo
de 0 a 3 años

PARA

DUMMIES™

Tu hijo de 0 a 3 años
PARA
DUMMIES™

Dr. Jordi Pou Fernández

Obra editada en colaboración con Centro Libros PAPF, S.L.U. – España

Edición publicada mediante acuerdo con Wiley Publishing, Inc.
© ...For Dummies y los logos de Wiley Publishing, Inc. son marcas registradas utilizadas bajo licencia exclusiva de Wiley Publishing, Inc.

© 2013, Jordi Pou Fernández
© 2013, Gustavo Regalado, de las ilustraciones
© 2013, de la imagen de la portada ShutterStock

Editora literaria: Agnès Rotger Dunyó

© 2013, Centro Libros PAPF, S.L.U.
Grupo Planeta
Avda. Diagonal, 662-664
08034 – Barcelona, España

© 2013, Editorial Planeta Mexicana, S.A. de C.V.
Bajo el sello editorial CEAC M.R.
Avenida Presidente Masarik núm. 111, 2o. piso
Colonia Chapultepec Morales
C.P. 11570, México, D. F.
www.editorialplaneta.com.mx

Primera edición impresa en España: abril de 2013
ISBN: 978-84-329-0145-4

Primera edición impresa en México: agosto de 2013
ISBN: 978-607-07-1816-8

Impreso en los talleres de Litográfica Ingramex, S.A. de C.V.
Centeno núm. 162, colonia Granjas Esmeralda, México, D.F.
Impreso en México – *Printed in Mexico*

¡La fórmula del éxito!

We take a [handwritten annotation]
success [handwritten annotation]

Tomamos un tema de actualidad y de interés general, añadimos el nombre de *We add the name of* [handwritten annotation] *a recognized author* [handwritten annotation] un autor reconocido, montones de contenido útil y un formato fácil para el lector y a la vez divertido, y ahí tenemos un libro clásico de la colección Para Dummies.

Millones de lectores satisfechos en todo el mundo coinciden en afirmar que la colección Para Dummies *ha revolucionado la forma de aproximarse al conocimiento mediante libros que ofrecen contenido serio y profundo con un toque de informalidad y en lenguaje sencillo.*

Los libros de la colección *Para Dummies* están dirigidos a los lectores de todas las edades y niveles del conocimiento interesados en encontrar una manera profesional, directa y a la vez entretenida de aproximarse a la información que necesitan.

www.paradummies.com.mx

¡Entra a formar parte de la comunidad Dummies!

El sitio web de la colección ...para Dummies está pensado para que tengas a mano toda la información que puedas necesitar sobre los libros publicados. También te permite conocer las últimas novedades antes de que se publiquen.

Desde nuestra página web, también, puedes ponerte en contacto con nosotros para resolver las dudas o consultas que te puedan surgir.

Asimismo, en la página web encontrarás muchos contenidos extra, como por ejemplo los audios de los libros de idiomas.

También puedes seguirnos en Facebook (facebook.com/dummies.mx), un espacio donde intercambiar tus impresiones con otros lectores de la colección ... para Dummies.

10 cosas divertidas que puedes hacer en www.paradummies.com.mx y en nuestra página de Facebook:

1. Consultar la lista completa de libros ...para Dummies.
2. Descubrir las novedades que vayan publicándose.
3. Ponerte en contacto con la editorial.
4. Recibir noticias acerca de las novedades editoriales.
5. Trabajar con los contenidos extra, como los audios de los libros de idiomas.
6. Ponerte en contacto con otros lectores para intercambiar opiniones.
7. Comprar otros libros de la colección en línea.
8. ¡Publicar tus propias fotos! en la página de Facebook.
9. Conocer otros libros publicados por Grupo Planeta.
10. Informarte sobre promociones, presentaciones de libros, etc.

El autor

El doctor Jordi Pou Fernández (Barcelona, 1947) es uno de los pediatras con mayor experiencia de España. Doctor en Medicina y Cirugía (cum laude) por la Universitat de Barcelona, especialista en Pediatría y subespecialista en Urgencias de Pediatría, fue Jefe de los Servicios de Pediatría y de Urgencias y responsable de la formación de los médicos MIR de pediatría del Hospital Infantil Sant Joan de Déu (Barcelona), uno de los mayores hospitales infantiles de España, centro de referencia para enfermedades de alta complejidad y referente mundial en determinadas patologías.

Actualmente jubilado de las responsabilidades directivas, sigue ejerciendo como pediatra, actividad que combina con la docencia en la Facultad de Medicina de la Universitat de Barcelona en la que es Profesor Titular y Coordinador del Área de Pediatría, centro en el que también ha sido director del Máster en Urgencias de Pediatría.

Es ex Presidente y socio de Honor de la Sociedad Española de Urgencias en Pediatría. Actualmente es, además, Coordinador del Comité sobre Seguridad y Prevención de Lesiones Infantiles de la Asociación Española de Pediatría, autor (solo o en coautoría) de 14 libros sobre pediatría, ha participado en otros 26 libros colectivos, ha escrito 211 artículos en revistas científicas y ha participado como ponente o conferenciante en más de 300 congresos de Pediatría.

Además es orgulloso esposo, padre de dos hijas y abuelo de tres nietas.

Sumario

Parte VI: Los decálogos 227

Capítulo 19: Diez habilidades que aprenderá en su primer año..... 229

Capítulo 20: Diez formas de evitar accidentes 233

Capítulo 21: Diez ideas para ser feliz con tu hijo 239

Introducción

*¡F*elicidades! Acabas de tener un hijo o estás a punto de tenerlo. Quieres ayudarlo a crecer, a ser feliz, estás llena de buenas intenciones. Pero el niño se pone a llorar el primer día y todo el mundo se te queda mirando, convencido de que sabes qué le pasa y qué se debe hacer, ¡por algo eres su madre! Pero tú no tienes ni idea: ¿tendrá hambre?, ¿está incómodo con el gorro que le han puesto al nacer?, ¿le duele algo? Sí, ese niño es tu hijo, pero acaban de conocerse y ambos tienen mucho que aprender.

Hace más de treinta años que trabajo como pediatra y sé que la maternidad (y la paternidad) es probablemente la experiencia más apasionante en la vida de una persona... y seguramente también la más difícil. Por eso he escrito este libro. No es un manual de instrucciones, cada niño es único y no existen fórmulas mágicas. Pero estoy convencido de que te ayudará a resolver dudas, a descubrir el desarrollo de tu hijo y te ofrecerá pistas para que su crianza sea lo más exitosa y placentera posible para todos. He atendido a incontables niños, además de las dudas y preocupaciones de sus madres, padres y abuelos. Es decir, miles de horas de consulta (y otras muchas con la nariz entre libros y estudios de Medicina) están tras estas páginas. Te garantizo que 90% de las preguntas que una familia puede hacerle a un pediatra se responden aquí.

Qué es este libro

La Organización Mundial de la Salud (OMS) define la salud no sólo como la ausencia de enfermedad sino como el bienestar físico, psíquico y social. Desde este punto de vista, tienes en tus manos un libro sobre salud. Aquí encontrarás cómo se desarrollan los bebés desde el nacimiento hasta los tres años: qué provoca los ronquidos en un niño pequeño, cómo aprenden a hablar o por qué nunca deberías forzar a tu hijo a comer. También sabrás cómo evitar accidentes y qué problemas de salud requieren una visita a urgencias.

Qué NO es este libro

Un libro nunca sustituye al médico. Aunque lo que te cuento aquí es totalmente fiable, estas páginas no pueden explicar todo lo que hacen los bebés de forma exhaustiva, ni pueden diagnosticar qué le pasa a un niño. Pero te ofrece pistas e información que te ayudarán a decidir qué hacer en las situaciones más habituales. Por favor, si te preocupa el nivel de desarrollo o la salud de tu hijo, consulta a su médico.

Convenciones utilizadas en este libro

Para hacer más ágil la lectura de este libro, he apostado por las opciones siguientes:

✔ Casi siempre me dirijo a las madres porque suelen ser ellas quienes vienen a la consulta y leen libros sobre bebés, pero lo que digo es igual de útil para las mujeres y para los hombres (que por suerte cada vez se involucran más).

✔ Normalmente me refiero a "hijo" y "niño", pero lo uso como genérico: evidentemente, todo puede aplicarse a niños y a niñas.

Lo que puedes dejar de leer

Confío en que la mayoría del libro sea de tu interés, pero hay un par de cosas que, si quieres, te puedes saltar:

✔ Las partes donde profundizo en algún problema de salud que no afecte a tu hijo (¡espero que sean todos!).

✔ Los textos que tratan sobre niños mayores que el tuyo (aunque no está de más saber cuál será la próxima etapa) o sobre edades que el tuyo ya ha superado.

Algunas suposiciones

Al escribir el libro me he imaginado un lector ideal:

✔ Eres una mujer que acabas de tener un hijo, o estás a punto de dar a luz.

✔ Es tu primer bebé.

✔ Tienes muchísimas ganas de convertirte en una buena madre y por eso quieres informarte.

Si eres un hombre, o si ya no eres novata en esto de la maternidad, espero que igualmente te interese el libro. Sobre el tercer punto, lo siento, no es negociable...

Cómo está organizado este libro

En los primeros tres años de la vida del niño pasan un montón de cosas —cambios físicos y psíquicos, adquisición de hábitos, vida social, riesgos de salud...—, y creo que es mejor contarlas por separado. Por eso he dividido el libro en diferentes partes:

Parte I: El primer mes de tu bebé

Cuando un bebé llega a casa, la vida se convierte en una montaña rusa. Nunca habrás vivido tantas novedades en tan poco tiempo. Tienes que atender a tu bebé las 24 horas del día y amoldarte a tu nueva condición de madre (o padre). Debes aprender muchas cosas rápidamente y a veces te puede parecer imposible. No es así, y leyendo el libro verás que no es tan difícil. En esta parte conocerás mucho de lo que se puede esperar de los bebés más pequeños y cómo cuidarles con más seguridad y tranquilidad.

Otro tema importante es decidir qué alimentación seguirá tu hijo. En estas páginas te muestro que, si quieres darle el pecho, podrás hacerlo. Si no lo tienes claro, te ofrezco información para decidir lo que más te conviene. Y si al final decides no amamantarlo también te interesarán algunos consejos que han ayudado a cientos de madres a las que he atendido.

Parte II: Cómo crece y se desarrolla

La segunda parte se centra en el desarrollo físico y psicomotor del niño. Tu hijo ha nacido sin saber hacer casi nada y a los tres años caminará, hablará y jugará casi como un niño mayor. Sí, sé que ya lo sabías pero seguramente no tienes tan claros algunos cuándos y porqués, como por ejemplo: ¿cuándo dirá papá o mamá?, ¿cuándo caminará?, ¿por qué babea tanto?, ¿por qué tiene la cabeza tan grande? o

¿por qué come menos ahora que tiene un año? En estas páginas te aclararé en qué momento suelen aparecer estos cambios físicos, psicomotores y del lenguaje.

Parte III: Los hábitos

Es evidente que criar a un niño no se limita a comprobar que se desarrolla bien y que no se enferma. Educarlo es igual de importante. Y no hablo de ir al colegio —ya llegará— sino de ofrecerle un marco de referencia en todos los sentidos. Mi opinión es que educarlo en los hábitos de dormir, comer, control de esfínteres, etc. facilita la convivencia y el bienestar de todos, especialmente del niño. En esta parte encontrarás información sobre estos aspectos y algunas pautas que, desde mi punto de vista, pueden ayudarte a entender cómo funcionan para educarlo como tú creas conveniente.

Parte IV: El entorno

Cuanto más pequeño es el niño, más importa el entorno. Por eso es clave saber dónde lo dejarás cuando vuelvas al trabajo. También hablaremos de cómo tener un hogar seguro para un curioso e inexperto niño pequeño y así evitar accidentes. Y si el entorno debe ser seguro... ¿cómo podemos viajar con la misma tranquilidad con la que estamos en casa? En estas páginas sabrás qué precauciones debes tener para disfrutar en otro lugar.

Finalmente trataremos una cuestión mucho más importante de lo que parece: el juego. Jugando, tu niño aprende un montón de cosas, y tu trabajo consiste en proporcionarle juguetes seguros y adecuados... ¡y disfrutar con él!

Parte V: La salud

Nadie se libra de un resfriado o de una gastroenteritis de vez en cuando. Pero cuando el enfermo es un bebé, es fácil asustarse. Aquí no encontrarás un diccionario médico, pero aprenderás a conocer los síntomas de los trastornos y enfermedades más comunes y sabrás cuándo debes llevar a tu hijo a urgencias. Además, te contaré cómo escoger un pediatra y qué elementos se observan en los controles periódicos. También hablaremos de las vacunas: cuáles se administran habitualmente y para qué sirven. Entenderás que, aunque hay quien prefiere no ponérselas a sus hijos, son muy importantes para la salud de todos y por eso te recomiendo que sigas el calendario de vacunación con tu hijo.

Parte VI: Los decálogos

Todos los libros *Para Dummies* tienen un apartado de decálogos. Aquí encontrarás algunos que puedes leer como un brevísimo resumen de algunos de los principales aspectos del libro: diez habilidades que adquirirá a lo largo del primer año y cómo prevenir accidentes. Ah, e incluyo un *bonus track* que no te puedes perder: el decálogo para ser feliz con tu hijo.

Iconos utilizados en este libro

Con la finalidad de llamar tu atención en la lectura o resaltar algún aspecto concreto de lo escrito, en el libro encontrarás los siguientes iconos:

 Falsa creencia, mucho de lo que antes era irrefutable y ahora sabemos que no es cierto. Pese a ello, muchas personas siguen creyéndolo. Hay que saber que forma parte del pasado.

 Como médico, padre y abuelo a veces no puedo dejar de opinar sobre algo. Como lector, debes saber que es algo que yo pienso y que sólo tiene el valor que tú le quieras dar.

 En un libro escrito por un médico no puede faltar esta información. Con ella pretendo explicar el porqué de algunas cosas. Cuando se conoce el fundamento de las cosas es más fácil entenderlas y más difícil olvidarlas.

 Norma o recomendación que sirve para todos los niños.

 Aviso sobre aquello que no se debe de hacer porque entraña un riesgo elevado.

 Este icono es un recordatorio de algún otro punto importante que se trata en otro apartado del libro.

Encontrarán este icono junto a anécdotas recabadas a lo largo de mi experiencia o aportada por algún colega.

Y ahora... ¿qué?

Evidentemente, *Tu hijo de 0 a 3 años para Dummies* no es una novela. Aunque he intentado organizar el contenido de la forma más lógica posible, no tienes que leerlo por orden ni de principio a fin. Quiero que sea un material práctico. Si quieres darle el pecho y tienes dudas, no te obligaré a leer antes un montón de cosas sobre el baño, la técnica para cortarle las uñas o cómo traer al niño a casa desde el hospital. Toma un atajo y resuelve tus dudas.

Sin embargo, si tu hijo aún no ha nacido o acaba de hacerlo, una primera lectura ordenada te ofrecerá una visión global del contenido, te mostrará lo que vas a vivir durante estos tres años y qué es y cómo se comporta el niño en esta etapa. Sabrás dónde buscar cuando necesites información.

Independientemente de cómo lo leas, espero que este libro se convierta en un manual de consulta que te ayude en tu tarea de madre (o padre) durante los primeros tres años del bebé. Será un placer ayudarte y compartir contigo estos momentos tan especiales.

Parte I
El primer mes de tu bebé

—TENEMOS LA CARRIOLA, LOS PAÑALES, LOS PELUCHES, LA
ROPITA, LA CUNITA, LOS BIBERONES, LOS CHUPONES, LAS...
—CARIÑO, CREO QUE HEMOS OLVIDADO AL BEBÉ
EN EL HOSPITAL...

En esta parte...

Si alguna vez te has subido en una montaña rusa, te harás una idea de lo que es cuidar a tu bebé durante su primer mes de vida. En circunstancias normales, treinta días es poco tiempo, pero cuando se trata de atender a tu hijo recién nacido, se convierte en un periodo excepcional, lleno de emociones y mucha, mucha actividad. De pronto te das cuenta de que realmente los días tienen 24 horas y de que tu bebé te necesita en todo momento, sin excepción.

En esos treinta días verás cómo crece tu hijo, aprenderás a cuidarlo y cada vez te sentirás más segura en tu papel. En las siguientes páginas te contaré cuáles son los principales retos de esta etapa e intentaré responder a las dudas que puedan surgir, desde el traslado del hospital a casa hasta el primer baño o cómo darle el pecho.

Capítulo 1

Nace un bebé... y unos padres

· ·

En este capítulo

▶ Los cambios de la maternidad

▶ Cómo y cuando empezar a educar

▶ Educar con amor y coherencia

▶ Empiezan tres años intensos

· ·

Ha nacido tu hijo y todo el mundo te felicita. Tú estás feliz pero, a la vez, dudas. ¿Cómo cambiará mi vida? ¿Volveré a ser la de antes? En estas páginas te contaré algunos de los cambios que experimentarás desde ahora y te ofreceré algunas pistas para que te sientas menos abrumada en esta época tan intensa.

Una revolución en tu vida

Hace tiempo tomaste una decisión importante: tener un hijo. Y ahora que por fin ha llegado el momento, no puedes evitar que el sentimiento de felicidad se mezcle con el miedo. ¡Es normal! Ser madre conlleva mucha responsabilidad y profundos cambios en tu vida. A lo mejor te preguntas si serás una buena madre. A eso yo te respondería que, si estás leyendo este libro, demuestras que quieres esforzarte para hacerlo lo mejor posible, y esta intención es el mejor punto de partida. Estoy convencido: tu bebé ha tenido suerte contigo.

Siempre digo que una casa es una pequeña selva. Tal como ocurre en la naturaleza, en ella cada animal marca su territorio. Mientras vivimos solos hacemos lo que queremos en nuestra casa. Luego, cuando decidimos vivir en pareja, cada miembro se amolda al otro, cediendo en algunas cosas y ganando en otras. Nuestra manera de vivir cambia de forma inevitable. ¡Y no digamos cuando el que llega es un bebé!

No es un compañero cualquiera: es tu cachorro y te necesita para crecer. Debe tener un espacio físico propio (habitación, cuna, bañera...) y también un espacio "mental": desde que llega a tu vida, le afectará cualquier decisión que tomes. Tanto las más importantes, como si debes aceptar una oferta de trabajo en otra ciudad o trabajar horas extras, como las más tontas, como si compras una mesa de centro (con un bebé no sería muy prudente que fuera de cristal) o si este sábado puedes ir al cine.

La selva de tu casa tiene un nuevo habitante y el ecosistema ha cambiado...

Cambia tu agenda

Como sucede con cualquier cambio en la vida, al principio cuesta adaptarse. En este caso, "el nuevo" es una criatura vulnerable que no se puede valer por sí sola, nunca la puedes desatender, ni de día ni de noche, y necesita cosas que seguramente nunca has hecho. Pero de todo se aprende y antes de lo que crees dejarás de estrujarte el cerebro para descifrar qué tienes que hacer: te saldrá de forma natural.

Un ejemplo: salir de casa. Hasta ahora sólo tenías que comprobar si llevabas las llaves, la cartera y el teléfono celular. Tardabas un minuto en hacerlo. Con un bebé no puedes ir con prisas porque la lista es un poco más larga:

✔ Pañales

✔ Toallitas

✔ Pomada para rozaduras

✔ Ropa de repuesto

✔ Toalla o cambiador de un solo uso

✔ Chupón

✔ Biberón (si utiliza)

Al principio sentirás que llevarte al bebé a algún sitio es tan laborioso como preparar una excursión, ya que debes llevar casi lo mismo para salir un fin de semana que para irte un par de horas. Te prometo que, en poco tiempo, lo prepararás en un instante.

Un mundo lleno de niños

Cuando tu hijo llega al mundo, una de las primeras cosas que pasan, aunque parezca mentira, es que descubres que el mundo está lleno de niños. Seguro que nunca habías sido tan consciente de ello. Y no sólo eso, tampoco te habías fijado tanto en lo que hacen como a partir de este momento. Y lo mejor es que no podrás evitarlo: "Mira, ya anda, ¿qué edad tendrá?", "Ya habla y el mío no", "Qué ropita más mona", "Esta carriola debe ser muy práctica"... Y montones de comentarios sobre cosas en las que nunca te habías fijado, o quizá alguien te hacía reparar en ellas pero sin que fueran más allá.

También es probable que te vuelvas más sensible a cualquier cuestión relacionada con los niños: te afectarán más las noticias de niños que sufren (hasta tal punto que incluso dejarás de querer ver películas dramáticas con niños de por medio), y te sorprenderás utilizando tu nuevo radar de madre para localizar y socorrer a cualquier niño que llore cerca de ti.

Por tanto, no te queda otra: tienes que ser más previsora. Y si no, paciencia y sentido del humor para cuando descubras, por el llanto de tu querido hijo en el supermercado, que has olvidado el chupón.

Lo que no cambiará hasta dentro de muchos años es que, para salir sola de casa —aunque sea a comprar el pan—, tendrás que estar segura de que dejas a tu bebé en buenas manos. Tu agenda ya no sólo depende de ti...

Un nuevo superpoder

Tu forma de dormir cambiará. Y no me refiero a que te despertarás varias veces para dar de comer al pequeño o para consolarlo de una pesadilla (que también las tienen, como verás en el capítulo 8), sino que desarrollarás una especie de sexto sentido, una habilidad nueva que te hará oír al niño. Aunque seas de las que duermen como un tronco y nunca oyen los truenos de una noche de tormenta, adquirirás este superpoder: te despertarás al más mínimo quejido de tu bebé. Es más: quizás un trueno seguirá sin desvelarte, pero el llanto de tu hijo lo hará. Si tienes un niño que duerme bien, te acostumbrarás poco a poco y todo se normalizará, pero tu sueño, de forma natural, habrá cambiado.

O sea, si quieres ahorrar dinero, no compres un intercomunicador de bebés hasta que compruebes que desde donde tú estás no lo oyes. Lo más probable es que no lo necesites aunque duerma en otra habitación.

Ya no eres la misma

Con la llegada de un niño al mundo cambian los horarios y las obligaciones de los padres. Sí o sí, a partir de ese momento siempre deben tener en cuenta al niño. No hay más remedio, hay que adaptarse a la nueva situación. Pero es cuestión de tiempo.

Hay otro cambio más profundo que hace que ser padres se convierta en algo más que un trabajo absorbente y a jornada completa. Me refiero a que tener un hijo te cambia como persona. Ya no eres sólo una mujer joven e hija de alguien: ¡eres madre! A partir de ahora, siempre tendrás que actuar como una adulta y adquirirás un papel nuevo en la familia, en la sociedad. Tienes una categoría distinta y lo comprobarás cada día en el trato con la gente, sobre todo con otras madres.

Que sea así es bonito y aterrador al mismo tiempo, no te voy a engañar. A veces cuesta asumirlo: "¡Pero si sigo siendo aquella chica tan activa que me marchaba de la oficina para ir a tomar una copa y después al cine, o a pasarme la tarde consultando el Facebook y escuchando mi grupo de rock favorito!". Pues bien, en cuanto nace el niño lo eres... y no lo eres. Convertirte en madre no tiene que anular tu personalidad, pero cambia tu forma de ver algunas cosas y de plantearte la vida.

Míralo de otra forma. ¿Realmente te gustaría volver a la vida sin preocupaciones de antes, sin tu querido bebé? Seguro que no. Ahora que lo tienes no puedes prescindir de él. Aun así, digerir una revolución tan grande lleva tiempo. Además, mientras empiezas a conocer a un bebé que está desarrollando su personalidad, tú también tendrás que aprender a conocer esa nueva versión de ti misma: a lo mejor más sufridora, pero también más generosa; capaz de hacer mil cosas a la vez, más valiente, más paciente... ¡Y a tu pareja le pasará lo mismo! Date tiempo. Poco a poco, de manera natural, te acostumbrarás a tu "nuevo yo" de madre... Y te hará sentir muy orgullosa.

Por si te sirve de consuelo, si acabas de dar a luz, ten en cuenta que las hormonas te lo pueden pintar todo mucho más negro de lo que realmente es. No te dejes intimidar y mira adelante con confianza y amor. Poco a poco te sentirás más cómoda y tranquila. Si no es así, consulta a tu médico. La famosa depresión posparto no es tan frecuente como muchos creen, pero si crees que puede ser tu caso, pide ayuda sin perder tiempo.

Una nueva normalidad

Como ves, van a cambiar muchas cosas. Después de lo que has leído hasta ahora a lo mejor piensas: "¿Por qué me habré metido en esto?". Tranquila: tu vida será diferente, sí, pero descubrirás otra nueva, maravillosa, única. ¿Cuál? La de ver crecer a tu hijo.

La mayoría de los cambios en tu vida cotidiana se producirán de forma natural, sin que sientas que te estás sacrificando: es cierto que saldrás menos, pero es que en estas etapas tampoco tendrás muchas ganas. Lo de dormir... bueno, de eso hablaremos más adelante. Pero en todo caso, ten presente que las primeras semanas son las más complicadas, luego todo se irá normalizando. Un día te darás cuenta de que las cosas que te parecían una montaña ya no lo son. Para ti, cuidar de tu hijo será tan normal como lo era tu vida antes de la maternidad.
Y poco a poco esa tarea dejará de ser tan absorbente y volverá a haber otros elementos en tu vida: pareja, amigos, trabajo y aficiones.

Bienvenida al mundo de las madres

Seguro que muchas veces has visto a unos padres jugando con su bebé: también ellos parecen niños pequeños. Pues esto es lo que serás capaz de hacer —y mucho más— para que tu niño se divierta. Y te dará igual si alguien se ríe de las caras que pones o de los gorgoritos que dedicas a tu hijo: la perspectiva te cambiará por completo.

Sin darte cuenta, te encontrarás haciendo cosas que nunca te hubieras imaginado. No dejarás de explicarle a todo el mundo qué hace, qué come, lo bueno que es, cómo se enoja...

Sólo te contienes cuando temes volverte insoportable.

Por suerte, casi todos los padres tienen la misma afición y nunca más te faltará conversación con la dependienta del súper, tu prima mayor o los compañeros de trabajo. Las mujeres (y muchos hombres) suelen estar siempre dispuestos a comentar algo relacionado con los hijos; así descubrirás una sorprendente complicidad con personas con las que hasta ahora no tenías nada en común.

Y habrás ganado mucho: la cantidad de sentimientos y experiencias que te esperan es tan grande que sólo se pueden explicar cuando las vives. La primera sonrisa, las primeras palabras, los primeros pasos y muchas más cosas son hitos que jamás olvidarás. La naturaleza es tan sabia que no te las da de golpe, si no que lo hace poco a poco para que puedas disfrutarlas una a una. (Si quieres saber más sobre este tema, pasa a los capítulos 5, 6 y 7, en los que te hablo de ese crecimiento progresivo.)

Educar desde el primer día

La educación de una persona empieza en cuanto nace. El entorno, lo que le hacen, lo que ve y oye influirá en su manera de ser y actuar. Por eso debes tener en cuenta que cualquier decisión que tomes afecta a tu niño. No sólo hablo de normas (en un recién nacido no tiene sentido imponérselas), sino de cómo te relacionas con él y con los demás. Aunque parezca que un bebé "no se entera de nada" no es cierto: aunque no pueda entender muchas de las cosas que oye, detecta si el tono es amable o agresivo, por ejemplo.

Más adelante deberás a empezar a marcar normas explícitas, y en el día a día te enfrentarás a muchas pequeñas dudas (¿lo dejo jugar un rato más o la hora de dormir es sagrada?, ¿lo regaño porque ya no lleva pañales y se ha hecho pipí en mi cama o lo perdono porque está triste?, ¿permito que no dé un beso a la abuela o lo obligo a dárselo?...). Pero recuerda, tu hijo aprenderá más de tu ejemplo que de lo que le digas.

Un modelo personalizado

Cada niño es un mundo. Los hay muy inquietos y por ello corren más riesgos. Necesitarán más vigilancia, establecer los límites con claridad, quizás ampliar estos límites para no estar siempre enojados. Otros, en cambio, son más tranquilos y corren el riesgo de que "te olvides" de ellos y de que no reciban la atención que necesitan. Si tienes más de un hijo seguro que observas que cada uno es de una manera.

¿Qué debes tener en cuenta en su educación?

- ✔ Observa a tu hijo. Piensa que tú tienes a este niño (no a otro).
- ✔ Adapta tus objetivos educativos a las necesidades de tu hijo.
- ✔ Toma decisiones pensando en lo que es mejor para él (aunque no sea lo que más le agrade: tú eres la adulta).

✔ Actúa con amor, sensatez y coherencia.

✔ Evita ser severa y autoritaria.

✔ No decidas cosas por comodidad o por capricho.

Se trata, pues, de aplicar el sentido común y ser coherente. Y sé que es más fácil de decir que de hacer... Pero si sigues leyendo verás que en los siguientes capítulos desarrollo estas ideas.

Así pues, ¿no hay un patrón a seguir?

Siento decirte que no, cada familia debe buscar su forma de educar. Y para complicarlo aún más, es posible que tengas que revisar tu forma de hacerlo si tienes otros hijos, porque las circunstancias cambian y cada hijo es distinto...

Por suerte, existen elementos que nos sirven de pauta. Conocemos las reacciones y la manera de desarrollarse de la mayoría de los niños y eso nos ayuda: todos los niños caminan en un determinado momento, hablan a una cierta edad y hacen las mismas cosas en edades parecidas.

Conocer lo que podemos llamar normalidad, que no es más que lo que hace 94% de la población, puede servirte como orientación (no obligación) para introducir determinados hábitos o normas.

Pero en la crianza de los hijos no sólo importan estos elementos, sino también otros: cada familia transmite valores, normas, culturas... Y eso sí que depende totalmente de los padres, que tienen que pensar qué quieren enseñar a su hijo.

Lo que sí debe ser una norma para todos es que siempre debes educar a tu hijo desde el amor. Tú educas a tu bebé porque lo quieres y esto tienes que recordarlo siempre. A pesar de que le pongas límites que no le gusten o te enojes, él siempre debe saber que lo quieres y respetas.

Y aunque no sea obligatorio, ¡el buen humor en la educación es un arma muy poderosa!

Por ejemplo (y seguro que la situación no te es desconocida), a lo mejor te planteas si debes ir con un niño pequeño a comer a un restaurante. A veces, la comida en un restaurante es una tortura para los niños, su familia y los demás clientes. Es cierto que los pequeños deben aprender a comportarse, pero piénsalo dos veces antes de llevar a un bebé a un sitio donde tiene que pasarse dos horas sentado (a no ser que sea un gourmet asombrosamente precoz). Si te lo llevas, asegúrate de llevar también juguetes que lo mantengan distraído un rato (y para ti, una buena dosis de paciencia).

La coherencia es clave

Cuando se educa a un hijo, es fundamental que jamás reciba información contradictoria de quienes lo educan. Si uno de los progenitores dice algo, el otro no puede contradecirle. Parece lógico y fácil, pero la experiencia me dice que es más difícil de lo que imaginas y que muchas veces, cuando estamos en desacuerdo con lo que la pareja defiende, intervenimos. No lo hagas: aunque te cueste, muérdete la lengua y calla. Luego, en privado, cuando el niño no te vea, coméntalo con tu pareja e intenten pactar una postura común.

Seguro que cometerás errores, como todo el mundo, pero los detalles son poco relevantes. Aunque tu hijo sea pequeño, es importante explicarle el porqué de las cosas (siempre adaptado a su edad) y cuando convenga, rectificar o pedir perdón. Nadie espera que seas una *superwoman*, una mujer perfecta, y así también lo educas.

El trabajo de los primeros años es muy importante para el futuro. Una buena educación, afectuosa y coherente, es la mejor base para un futuro adulto equilibrado y feliz.

Premios y castigos

Éste es un tema polémico y mi postura es que se debe premiar frecuentemente a los niños, aunque no con objetos sino con felicitaciones y elogios por aquello que hacen bien (los premios materiales deberían ser puntuales y sólo para grandes ocasiones). Sobre los castigos, creo que deben ser proporcionados, inmediatos y el niño debe entender por qué se le castiga (es inútil castigar a un bebé). Si puede reparar el daño que ha provocado, es aún mejor.

Aunque el niño haga algo mal, nunca se le debe humillar ni asustar. No es positivo hacerle sentir torpe, mala persona o compararlo con otro niño. Nunca se le debe insultar ni, desde luego, pegarle bajo ninguna circunstancia. Aunque no le duela físicamente, pegar no es educativo y puede conllevar consecuencias negativas para la autoestima del niño. Si siente que su madre o padre no lo protegen, ¿quién lo hará?

Los cuidados físicos

El bebé es un ser muy vulnerable que necesita cuidados continuos. Si nunca has cuidado a uno, seguro que te preguntarás: ¿sabré cuándo está enfermo?, ¿tengo que bañarlo cada día? o ¿es normal que aún tenga costra en la cabeza? Tranquila: las cuestiones físicas son aún más sencillas de cumplir que las de educación. Piensa que cuentas con profesionales que te pueden orientar.

La figura del pediatra es importante, ¡y no lo digo porque sea mi trabajo! Es tan importante que debes tenerle confianza y preguntarle todo lo que te preocupe, aunque te parezca una tontería (y más aún si eres primeriza). Un buen profesional te informará, solucionará tus dudas y te ofrecerá la confianza que necesitas. (En el capítulo 15 trato más extensamente el tema de la salud y el papel de los pediatras.)

En los temas de salud es importante que no hagas caso de la gente, pues cada cual te hablará desde su experiencia, que siempre es limitada. Por ello, te recomiendo que escuches educadamente, pero haz lo que te parezca o lo que te aconsejen los profesionales.

Lo mismo ocurre con la información que puedas obtener por Internet, ya que muchas veces es inexacta o directamente falsa. Ya sé que es casi imposible reprimir la tentación de consultar por el ciberespacio las dudas que te asaltan, pero debes ser prudente con la información que obtengas, y no hagas de ella un dogma de fe sin verificarla. La salud de tu hijo está en juego y con eso, valga la redundancia, no se juega.

Palabra de madre

En mi hospital, el primer consejo que doy a los médicos residentes es que siempre hagan caso a lo que les dicen las mamás y papás. Cuando una madre nos dice que el niño no está bien, seguramente será así: no estará bien. Casi siempre no será grave, pero el niño no está bien o, al menos, no todo lo bien que debería.

Los médicos experimentados muchas veces preguntamos a los padres: "¿Cómo lo ves hoy?". Y ésta es una de las informaciones más importantes que podemos recibir en nuestro trabajo. Cuando un niño está enfermo y una madre nos dice "Hoy lo veo mejor, ha cambiado", es que el curso de la enfermedad va por buen camino. Confía en ti: tu visión del niño es muy importante, tú eres quien mejor lo conoce.

Capítulo 2

Volvemos a casa

· ·

· ·

Durante la corta estancia en el hospital te han protegido los profesionales que han cuidado de ti y de tu hijo, pero a partir de ahora tendrás que ocuparte de todo. En estas páginas te contaré qué ocurre justo antes de que los den el alta y cómo trasladar al bebé. Ya en casa, es probable que si tienes más hijos sientan ilusión y celos. Los abuelos tendrán un importante papel, y además te hablaré de las visitas. Todos ellos ocuparán gran parte de tu tiempo en estos primeros momentos y, aunque son muy importantes, intenta que interfieran lo mínimo posible con tu labor del cuidado del bebé. Su cuidado está lleno de emocionantes —y a veces inquietantes— primeras veces: dormirlo, bañarlo, cortarle las uñas, sacarlo a pasear...

Aprovecha el hospital

El tiempo que pasas en el hospital se compone de días de descanso, visitas... y momentos en los que tendrás que aprender muchas cosas. Mientras te recuperas del parto, aprovecha la ayuda de las enfermeras para conocer los trucos a la hora de cambiar pañales, lavar al bebé y aprende a ponértelo al pecho para alimentarlo (o darle el biberón, si es tu caso).

Los primeros días también te servirán para conocer a tu hijo o hija. Claro, es el más bonito del mundo, pero seguramente no es como te lo imaginabas: sus movimientos son un poco raros, su piel no es tan rosada como en los anuncios; incluso puede que su cabeza esté un poco deformada. ¡No te preocupes! En unos días todo se habrá normalizado y tendrás un bebé más parecido al de los anuncios.

Desde el principio comprobarás que eso de dormir más de 4 o 5 horas seguidas es una utopía. El niño duerme muchas siestas cortas las 24 horas, así que el día y la noche se funden en un ritmo muy particular de sueño y vigilia que para el bebé es natural, pero para ti será muy intenso.

Las primeras heces que hace el niño son de color negro, pegajosas y malolientes. Se conocen con el nombre de *meconio* y el niño empezará a eliminarlas el primer día de vida (si no es así, el médico necesita saberlo). En unos tres o cuatro días se acaba el meconio y empieza a hacer excrementos verdosos que luego pasan a ser amarillos o anaranjados. Como el bebé sólo toma leche son muy líquidos y los expulsa casi cada vez que come.

El ombligo (sujeto con una pinza que parece demasiado grande en relación con el niño) está salido y cada vez se vuelve más oscuro. Aunque parezca imposible, en unos diez días se caerá y dejará en su lugar un bonito botón. Es importante que lo mantengas lo más limpio posible y que lo desinfectes hasta que se caiga. Lo único que debes hacer es mojarle los bordes con alcohol unas cuantas veces al día. Y no te preocupes, no le duele ni le arde.

Mientras el niño tenga el cordón, conviene no mojarlo para que la piel no se ablande y así se caerá antes, evitando posibles infecciones. Cuando se le caiga, podrás bañar al bebé por primera vez.

Al pecho desde el primer momento

Si has decidido amamantarlo, es recomendable que te pongas el bebé al pecho lo antes posible (si es en la sala de partos, mejor: tu hijo se sentirá reconfortado y su succión te ayudará a expulsar la placenta). Las primeras succiones parecen inútiles, pues pensarás que no saca nada, pero no es así: ¡la naturaleza lo tiene todo previsto! Las primeras veces estimulan la subida de la leche mientras el bebé se toma el calostro.

El calostro es un tipo de leche con características especiales: prepara el intestino del niño y le aporta las calorías que necesita. Al poco tiempo, unas 24 horas después, notarás que tus pechos se tensan y empezarás a producir leche: es lo que popularmente se llama "la bajada de la leche". A partir de aquí, la cantidad de leche aumentará y se adaptará de forma mágica a las necesidades del niño.

Existen un par de trucos de oro que te ayudarán a llevar a cabo una buena lactancia materna:

✔ *Barriga con barriga*: Pon a tu hijo con su barriga pegada a la tuya. Así no te estirará el pezón. No te preocupes por si está demasiado pegado: si no se siente cómodo, se separará o se quejará.

✔ *Pechos al natural*: No es recomendable ponerse crema en los pezones. Después de amamantar, limpia los restos con agua o agua y jabón, nada más.

Al principio puedes pedir a alguna enfermera del hospital que te ayude. Si las primeras tomas no salen como esperabas, no te desanimes: como casi todo, es cuestión de práctica y te aseguro que el esfuerzo valdrá la pena.

Si has decidido darle biberón, deberás aprender a prepararlo y dárselo. Salvo que tengas alguna preferencia, le darán a tu hijo la leche del hospital. Te recomiendo que sigas con esa marca hasta que visites a tu pediatra. En el capítulo 4 encontrarás más información sobre la lactancia natural y artificial.

Si no quieres dar el pecho a tu hijo, avisa cuanto antes al médico para que te dé un medicamento que impida que tu cuerpo empiece a producir leche (si ya te ha bajado la leche también lo puedes tomar, pero el efecto no es tan rápido).

Últimas pruebas al niño

El pediatra habrá pasado a explorar a tu bebé. Te explicará si hay alguna pequeña anomalía (las de la piel son frecuentes) y si debes hacer algo especial. Además, podrás hacerle las primeras preguntas sobre las dudas que te asalten. Al darte el alta, incluirán un informe clínico, tuyo y de tu hijo, en el que constarán todos los datos que tu pediatra necesita conocer.

Antes de salir del hospital le harán a tu hijo unas pruebas, un cribado universal, con las que podrán detectar precozmente y prevenir algunas enfermedades congénitas. Consiste en un pequeño pinchazo en el talón del bebé para sacarle unas gotas de sangre que se mandan a analizar en un laboratorio.

El objetivo del cribado es detectar las posibles deficiencias de hormona tiroidea o una posible alteración del metabolismo de los aminoácidos. Si no se detectan y atienden en seguida, estos problemas, poco frecuentes, pueden producir retrasos en el desarrollo mental. Al cabo de unos días, en casa, recibirás los resultados. Si son anormales te avisarán tan pronto como los tengan y te indicarán dónde debes dirigirte.

Otra prueba importante es la de audición. Hay niños —muy pocos— que nacen con alguna alteración en la transmisión de los sonidos por un defecto congénito del nervio auditivo. Es decir, son sordos. En este caso, la rehabilitación es más eficaz si inicia al nacer. Por eso, si tenemos un diagnóstico preciso cuanto antes, podemos estimular muchos recursos y conseguir, en algunos casos, que consiga hablar (lo cual sería mucho más difícil si lo diagnosticáramos a los 10 meses o al año).

Pero lo más habitual es que el niño esté sano y que no tengan que volver a ver a un médico hasta que, al cabo de 7 o 10 días, vayan al pediatra para hacer la primera revisión al bebé.

Y ahora sí... al niño lo han explorado, los cribados están en marcha, sabes darle de comer, te han enseñado a curarle el ombligo y sabes cambiarle los pañales. ¡Ya puedes irte tranquila!

El traslado a casa

Parece mentira la cantidad de cosas que has acumulado en pocos días. A las maletas se han sumado los regalos que les han traído las visitas: muñecos, ropa, ramos de flores... Es hora de recogerlo todo e irse a casa. Pero antes de meterse —ustedes y regalos— en el auto, asegúrate de que el bebé viaje seguro.

No te plantees la posibilidad de llevar al niño en brazos. Piensa que, a una velocidad normal de 70 u 80 kilómetros por hora, si chocamos contra algo, el peso del niño se multiplica por 20 (¡haz cálculos!). Y el efecto es casi igual si el auto frena en seco. Tus brazos no podrían sostener al niño en esos casos. Tampoco es recomendable que te pongas el cinturón de seguridad con él en brazos, ya que el niño podría quedar atrapado entre tú y el cinturón.

El traslado de un recién nacido debe hacerse siempre en un moisés (donde puede ir acostado) o en una sillita adecuada.

¿Cómo tiene que viajar el bebé?

Situar correctamente el moisés es clave para proteger al bebé al máximo.

- ✔ **El moisés, atrás.** Lo ideal es colocar el moisés en el asiento central, lejos de las puertas laterales, en sentido perpendicular al de la marcha.

- ✔ **Mirando hacia atrás.** Es recomendable que, en el moisés, el niño tenga la cabeza mirando hacia atrás.

- ✔ **Inmovilizado.** Pon almohadas, toallas enrolladas o algo suave a los lados para evitar que se desplace y se pueda golpear con el movimiento. Pero comprueba que no le tapen la cara.

En el caso de la sillita, los consejos son los siguientes:

- ✔ **Buena sujeción.** Si usas sillita, debe tener los arneses o el cinturón tirante, no holgado, retorcido ni doblado.

- ✔ **Situación de la sillita.** El asiento central trasero es el mejor. Si quieres ponerlo en el asiento del copiloto —es más peligroso— debes desactivar la bolsa de aire.

- ✔ **En contra del sentido de la marcha.** La silla siempre debe colocarse en contra del sentido de la marcha y la cabeza del niño nunca debe sobrepasar el respaldo de la silla. Esta posición es la más segura, por lo que te recomiendo que la mantengas tanto tiempo como sea posible.

Un entorno seguro en casa

La mayoría de los padres primerizos preparan la habitación del bebé hasta el último detalle. Si aún no lo has hecho, te recomiendo que vayas paso a paso. Para empezar, hay pocos muebles imprescindibles: la cuna, una bañera, un lugar para cambiarlo con comodidad y un ropero.

Es verdad que puedes cambiar al niño en cualquier sitio —la cama, una mesa, etc.—, pero agradecerás tener un lugar cómodo para hacerlo; un lugar alto te evitará dolores de espalda. ¡Recuerda que cambiarás los pañales de tu hijo montones de veces!

No necesitas mucho más para empezar, ya irás viendo qué objetos son más útiles o necesarios.

La temperatura de la habitación

A la mayoría de los padres les preocupa qué temperatura debe tener la habitación del bebé y cómo vestirlo, ya que el niño no es capaz de decirnos si tiene calor o frío. ¿Cómo puedes saber si está cómodo?

La temperatura que se suele recomendar está entre los 21 y los 24 °C. A partir de aquí, decide si quieres poner la calefacción o el aire acondicionado, siempre que no llegues a situaciones extremas de frío o calor. Si tú estás bien, seguramente él también lo estará. Pero ten en cuenta que tu bebé está quieto y no genera energía (como te pasa a ti cuando duermes),

por lo hay que abrigarlo un poco más. ¡Pero sin pasarse! Utiliza el sentido común.

Esta norma no se puede aplicar a los niños que han nacido con muy poco peso. Los prematuros tienen más problemas para mantener la temperatura corporal y adaptarse a los cambios. En estos casos es recomendable no cambiar mucho de ambiente o de temperatura, porque pasar de un sitio a otro obliga al niño a consumir energía para adaptarse a cada situación. Cuando el niño llega a los 3 kilos, ya puede aplicarse la norma anterior.

Es importantísimo que todo lo que utilices cumpla las normas de seguridad recomendadas para evitar accidentes. Por ejemplo, en la cuna, los barrotes deben tener una separación de 6 centímetros, la pintura no debe ser tóxica y los bordes y esquinas deben ser redondeados. En principio, todos los productos fabricados o importados a Europa las cumplen, pero no está de más comprobarlo. Además de ver si los muebles de bebé están homologados, es importante colocar una valla de protección en las escaleras cuando los niños ya se desplazan solos, tapar los enchufes y poner cierres de seguridad en armarios y cajones.

El moisés y la carriola

Si duerme en un moisés, éste tiene que ser estable, difícil de volcar. Si lleva adornos, deben estar fuera del alcance del bebé. Al principio no debe utilizar almohada. El colchón debe ser firme y tiene que quedar muy ajustado a las medidas del moisés, de manera que no queden huecos entre él y la pared del moisés. Además, es recomendable que la ropa de cama (y sus vestidos) sea de fibras naturales.

La carriola también es un elemento muy importante desde el primer día y, como el resto, es fundamental que cumpla las normas de seguridad, que permita sujetar bien al niño y que entre tanto en el elevador como en casa. Los primeros dos meses es mejor que lo lleves acostado en un moisés, porque su columna aún es muy frágil; después podrá hacerlo en sillitas tipo 0+ (y hacia los 6 meses, puedes ponerlo en una sillita de paseo en la que pueda sentarse erguido y reclinarla cuando se duerma).

Para mamá: 5 trucos para disfrutar de las primeras semanas

1. ¡Que limpie otro! Aunque vengan visitas, no hace falta tener la casa impecable, hacer galletas ni ir a comprar unos bocadillos. Tú tienes un trabajo más importante: cuidarte a ti y a tu bebé, el resto es secundario. Pide la ayuda que necesites.

2. Descansa mucho. Aprovecha todos los momentos que puedas para reponer fuerzas. Conecta el contestador del teléfono y ponte a dormir sin culpabilidad cuando tu bebé duerma, aunque sean las 11 de la mañana.

3. Llora, si quieres. Es normal sentirse abrumada, insegura o triste en algunos momentos. Aún estás débil y tienes que asumir una gran responsabilidad. Echar alguna lágrima puede descargarte, siempre que la tristeza no te invada (si es así, consulta al médico).

4. Momentos para ti. Una buena ducha, sin prisas, puede ser un lujo. O mirar un capítulo de una serie que te gusta o leer un rato sin interrupciones. Pídele a alguien que vigile un rato al bebé y concédete pequeños placeres. Si tú estás contenta, tu hijo también lo estará.

5. Sácalo todo. Asumámoslo: *superwoman* no existe. Ni lo es tu vecina ni tu prima ni tu madre. Todo el mundo lo hace tan bien como puede y no debes sentirte culpable por no ser la madre perfecta. Habla con una amiga de confianza, ¡y ríete un rato de ti misma!

El hermanito

De repente, sin casi darse cuenta, tu primer hijo ya no es el único. Con 2 o 3 años, ve llegar a un bebé que se instala en *su* casa y quiere una porción de *su* familia. Y lo que más duele es que reclama un trozo de *su* mamá, que hasta ahora era exclusivamente suya. No te sientas mal: cuando sea mayor y pueda jugar y compartir buenos momentos con él, lo agradecerá. Pero tiene que acostumbrarse, y a veces cuesta.

Al principio, como el recién nacido sólo come, hace pipí, popó y poco más, puede que no lo considere un rival. En este momento el mayor se siente descolocado, nervioso, quiere llamar la atención porque están ocurriendo muchas cosas nuevas y él no entiende cómo le afectarán esos cambios. Lo que está claro es que el pequeño ha venido para quedarse, y que necesita mucho tiempo y cuidados que —lógicamente— ya no podrán dedicarle a él. Muchas visitas son conscientes de que el hermano también necesita protagonismo y se dirigen a él antes de ir a ver al bebé, pero hay momentos en que el mayor debe aceptar que el recién nacido es la nueva estrella.

Evita la frase "Tú ya eres mayor" porque no lo es, y si le decimos eso lo cargamos con una responsabilidad que no le corresponde. Es "el mayor" pero sigue siendo pequeño. Es mejor que le digas frases como "Él aún no lo sabe hacer".

Cómo minimizar los celos

Los celos son naturales e inevitables, pero puedes atenuar el malestar de tu hijo siguiendo estos consejos:

✔ **Durante el embarazo**. Cuéntale qué va a pasar. No creas que "no se entera". No dejes preguntas sin responder o con respuestas que puedan generarle dudas, ya que de lo contrario su imaginación se pondrá en funcionamiento y será peor.

✔ **Cuando llegue el momento del parto** tiene que saber que te vas dos o tres días al hospital para que te ayuden a tener a su hermanito. Dile que no se preocupe, que no estás enferma, y asegúrale que, en cuanto sea posible, él podrá ir a verlos a los dos.

✔ **No le querrás menos... ni más**. Explícale cómo estabas de contenta cuando nació él y cómo lo cuidaste (puedes enseñarle fotos). Lo más importante es dejarle claro que la llegada del hermano no hará que lo quieras menos a él. Al contrario, ahora habrá uno más para quererlo. No lo engañes ni le mientas descaradamente: "A él no lo querré como a ti", "A ti te quiero más" o cosas parecidas. Debe conocer la verdad y asumirla.

✔ **Pequeño ayudante**. Encárgale cosas que lo hagan sentir importante, como ir a buscar algo, darle un recado a papá...

✔ **Amor incondicional**. El niño debe tener muy claro que, aunque esté más nervioso o haga algo que te haga enojar o entristecer, tú siempre lo querrás.

Las reacciones que puede tener son imprevisibles. Algunos niños adoptan actitudes regresivas, o sea, se "vuelven pequeños" y dejan de controlar la pipí, quieren el biberón, el pecho o el chupón. De esta forma exigen tu atención y cariño, y lo cierto es que hay que demostrárselo, más que nunca, pero no así. Cuando el bebé no te necesite, dedica un tiempo al mayor para hacer lo que corresponde a su edad. Muéstrale en todo momento lo mucho que lo quieres, y ten paciencia y comprensión: aún no sabe expresar lo que siente de otra manera.

Para el hijo mayor, verte amamantar al bebé es uno de los momentos más difíciles, puesto que los ve compartiendo un momento íntimo. Léele cuentos o cántale canciones para que no se sienta excluido.

Cabe la posibilidad de que se muestre enojado contigo. Es capaz de rechazar besos y abrazos, como si te quisiera castigar por lo que ha sucedido. No le des importancia, durará poco. Algunos niños son capaces de hablar de su malestar, su resentimiento e incluso de los sentimientos "no muy bonitos" que les despierta su hermano. Si es el caso de tu hijo, déjalo hablar, escúchalo y no lo reprimas, sé comprensiva y dile que, aunque esté enojado o dolido, tú lo quieres igual y siempre serás su madre, y también la de su hermano. Tener sentimientos negativos y saber que, a pesar de ello, el amor de su madre es incondicional, los tranquiliza. Y la tormenta pasará...

Si crees que el hermano no consigue volver a la normalidad por culpa de los celos y muestra un enojo o tristeza que dura demasiado (en forma de insomnio, desconsuelo...), consúltalo con tu pediatra. Realmente, yo nunca he tenido que enviar a un niño al psicólogo por este motivo. Cuando hay que contactar con el especialista, lo más seguro es que el niño ya tuviera un problema y este acontecimiento ha provocado que se descompense. También es posible que la madre necesite ayuda.

Si tienes más de un hijo, las reacciones son variadas. Alguno ya ha pasado por esto, por lo cual ya sabe cómo asumirlo. El pequeño es quien suele hacerlo más evidente, pero fácilmente puedes mitigar estas manifestaciones. Por un lado, tú ya tienes más recursos para abordar la situación. Por otro, él ya no era único y estaba acostumbrado a compartir tu cariño. Además, los hermanos forman su sociedad particular, lo cual les permite adaptarse mejor a la nueva situación.

Para papá: 5 cosas que puedes hacer al principio

1. No, no eres invisible. Es cierto que en estos momentos los protagonistas son la madre y el hijo, pero tú tienes un papel muy importante. No te sientas excluido, tu mujer te necesita más que nunca.

2. Puedes hacer mucho por ella. Las madres necesitan a alguien que las apoye en el sentido práctico y también emocional. En eso, tú eres fundamental. Ten paciencia y ayúdala: protégela de visitas pesadas, ocúpate de la casa y recuérdale que la quieres.

3. Cuida a tu bebé. De acuerdo, no le puedes dar el pecho, pero no hay razón alguna por la que no puedas pasar mucho tiempo con tu hijo.

Lo puedes cambiar, llevarlo a pasear, cantarle canciones, acunarlo... ¡Disfruta a tu bebé!

4. Trae aire fresco. Seguramente estos días sales más que tu mujer: a trabajar, a comprar, a hacer alguna gestión... Ella se queda muchas horas en casa y a veces se agobia. Aprovecha que tú estás fresco para relevarla un rato de sus tareas con el bebé.

5. Propón un plan divertido. Es normal que su mundo gire alrededor del bebé, pero a veces es necesario pensar en otra cosa. ¿Y si encargas comida especial, alquilas una película y se desconectan los dos mientras alguien cuida un ratito al bebé?

Los abuelos

Estabas convencida de que tus padres saltarían contentos al saber que iban a ser abuelos y, llena de ilusión, les dijiste: "¡Van a ser abuelos!". Suerte que estas cosas se anuncian con tiempo para digerir la noticia, porque de repente tus padres han envejecido veinte años: ¡tan llenos de vida, activos, modernos y ya abuelos! Eran conscientes de su edad y situación, pero así, de golpe y porrazo, sin anestesia ni nada, les hiciste darse cuenta de que acababan de dar un paso más en el camino hacia la vejez. Algunos necesitan un tiempo para digerirlo, pero en seguida les embarga un sentimiento de alegría por sus hijos y porque un nuevo ser va a llenar la casa de felicidad y vida. Es una noticia que los ilusiona pero también los impresiona.

Los abuelos son una figura muy importante en la vida del bebé, y también en la tuya. ¡Cuántas cosas de tus padres que hasta ahora no habías entendido empezarás a comprender! Su ayuda (en especial la de la abuela materna) puede ser clave en estos momentos, porque puede echarte una mano en cuestiones prácticas y ofrecerte tranquilidad, además de un montón de cariño para ti y para el bebé.

Pese a todo, los abuelos han de mantenerse en su lugar: en un segundo plano, cercano pero sin invadir el papel de los padres. De ellos necesitas apoyo, comprensión y consejo, pero no órdenes, lecciones o reproches. Aunque saben más que tú por su experiencia, cada caso es distinto y hay muchas cosas que han cambiado desde que ellos fueron padres por primera vez. Pueden decir cosas como: "En mi época les curábamos el ombligo con Mercromina" o "En mi época respetábamos los horarios para dar el pecho", por ejemplo. Hoy en día eso ya no se hace y deben entenderlo. Si es así, serán una ayuda perfecta, pero si se quieren imponer tendrás que poner las cosas en su sitio lo antes posible, siempre con educación y cariño.

Las visitas

El nacimiento de un niño es una noticia de primer orden. Se extiende como la pólvora y todos los amigos y familiares quieren venir a conocerlo y felicitar a los padres. Primero en el hospital y luego en casa, el desfile es continuo e incluso pueden llegar a aglomerarse en la habitación.

Siempre es emocionante que la gente venga de visita, pero son unos momentos en los que tanto tú como el recién nacido necesitan tranquilidad y descanso. No dudes en poner orden cuando sea necesario y, si se sobrepasan, marca los límites. Los primeros días puedes pedir ayuda al personal de la clínica, a tu pareja o a algún abuelo, o poner la excusa del niño: "Es que se pone muy nervioso si hay escándalo", "Es que con la gente se distrae y no come", "Es que le cuesta dormir" o cualquier otra razón que sirva para conseguir tu objetivo.

En casa, la situación es similar: siguen las visitas y tú tienes que recuperarte. Cuando vengan, protege tu intimidad y la del bebé: si no lo pueden ver despierto, mala suerte, tú déjalo dormir; si necesita comer, no hay que hacerlo esperar, y esto requiere tranquilidad absoluta. Si está despierto, está bien donde está: no hace falta cargarlo y pasarlo de brazo en brazo, en la cuna se ve muy bien. En casa suele ser fácil conciliar la atención a las visitas y su tranquilidad, pero si no es así habrá que apelar nuevamente a la diplomacia para marcar los límites.

Cuidados y pequeños placeres

El sueño

El sueño del bebé está ligado a su necesidad de comer, y es igual de importante. Como come muchas veces al día, también duerme a intervalos cortos y frecuentes. Lógicamente, tú también sigues este ritmo infernal que, por suerte, cambia tras los primeros meses.

Muchos papás creen que el niño no duerme, pero es una sensación: si ves a tu hijo tranquilo y relajado es que duerme suficiente, sean las horas que sean. Por lo tanto, a la pregunta "¿Cuánto debe dormir?", la respuesta apropiada es "Las que necesite para estar descansado".

Desde el primer momento puedes empezar algunas rutinas que le serán muy útiles cuando crezca. Un par de consejos que te pueden ayudar son:

✔ **De día**, déjalo donde acostumbren a estar ustedes, con la luz y el ruido habitual (conversaciones, música, televisión...). Evita que haga pausas de sueño muy largas y despiértalo para comer si es necesario.

✔ **De noche**, llévalo al cuarto, a oscuras o con poca luz, y sobre todo con poco ruido. Si duerme, déjalo, aunque los primeros cuatro meses procura que no sean más de 6 horas seguidas.

Cuando nacen, los niños no saben que el día es para estar despierto y la noche para dormir. Bueno, es lo que solemos hacer los adultos... aunque no siempre. Yo me pasé una vez 15 minutos explicando en la consulta cómo enseñar al niño a cambiar los hábitos para que durmiera de noche y, al acabar, sus papás me dijeron: "¿Y no puede dormir de día? Es que los dos somos enfermeros y trabajamos de noche...".

A la hora de dormir, lo mejor es que pongas al bebé boca arriba. Ésta es la postura recomendada por todas las asociaciones científicas de pediatría. La razón es que así se reduce el riesgo de padecer el Síndrome de la Muerte Súbita del Lactante (SMSL). No pienses que puede tragarse su propio vómito por estar en esta postura: es muy difícil que pase y mucho menos grave que la posibilidad de la muerte súbita. De todas formas, de vez en cuando es bueno colocarlo de lado porque hay bebés que, si no, se despiertan más a menudo. Cambiar de postura evita que se aplane la parte del cráneo en la que se apoya. Un almohadón especial también puede evitar este problema.

Encontrarás más información sobre la prevención del Síndrome de la Muerte Súbita en el capítulo 8.

El primer baño

Cuando se cae el cordón umbilical, ha llegado el momento de darle su primer baño. A partir de ahora podrás hacerlo cuando quieras. Como médico, sé que no es necesario bañarlo muchas veces a la semana; los bebés de esta edad se ensucian muy poco, pero es un momento tan agradable para la mayoría que a muchos padres les gusta hacerlo cada día.

Cosas que debes tener en cuenta a la hora de bañar a tu hijo:

✔ Escoge un **momento tranquilo** para disfrutar con tu hijo sin prisas.

✔ **El ambiente** debe ser agradable: temperatura cálida, sin corrientes de aire y con poco ruido.

✔ **La bañera**, independientemente de su tamaño, debe ser segura y no estar demasiado llena de agua.

✔ Debes **estar cómoda**: no te agaches mucho y comprueba que puedes sujetar bien al niño.

✔ **El agua** debe ser cálida, no caliente. Puedes utilizar un termómetro de bañeras o mojar el codo, como se ha hecho siempre: si la sensación es agradable, la temperatura es correcta, ¡nunca falla!

✔ **El jabón** debe ser especial para bebé y suele ser neutro. Ten en cuenta que no necesita que lo enjabones mucho, pues muy sucio no puede estar (el sudor y los restos de pipí no necesitan más que agua).

Prepáralo todo antes de meter el niño en el agua, ya que después no podrás dejar de sujetarlo ni un momento y no podrás ir a buscar el jabón o la toalla. Es fundamental que nunca lo dejes solo, ni en el agua ni fuera de ella, y así evitarás que se pueda caer o sufrir algún accidente.

La mayoría de los niños se sienten cómodos en el agua, pero algunos reaccionan mal y lloran (si te sientes insegura, ellos lo notan). No lo fuerces, poco a poco se irá acostumbrando y al final, como a todos, le encantará el agua. Aprovecha estos momentos para susurrarle, cantarle, contactar con él y convertir esta labor necesaria de higiene en un rato de placer para los dos.

Cómo limpiar los genitales

Si es una niña: Lava siempre sus genitales de delante a atrás para no ensuciar la vulva con restos de excrementos. Límpiala sólo por fuera, sin frotar el interior (esto también sirve en el cambio de pañal).

Si es un niño: Límpialo por fuera, sin bajarle el prepucio. Los recién nacidos lo tienen muy cerrado y, si se lo tocas, puedes hacerle daño. Si sigue así cuando cumpla su primer año, el pediatra te recomendará que intentes bajárselo y comprobará si tiene fimosis (si hay que operar, se recomienda hacerlo alrededor de los cinco años).

Cortarle las uñas

Durante las primeras semanas, el niño crece rápidamente y sus uñas también, así que lo mejor es cortárselas para que no se arañe. No es peligroso, como cree mucha gente, pero hay que hacerlo con seguridad. Para empezar, debes saber que las uñas del bebé son muy blandas, muy tiernas y suelen estar muy pegadas a la piel. Si a esto le añades que el niño no colaborará ni se estará quieto, queda claro que es una tarea que requiere mucho cuidado.

Para hacerlo con tranquilidad, lo mejor es aprovechar cuando está relajado, incluso dormido. Usa siempre una tijera de bordes redondeados, para no hacerle daño si se mueve, y no cortes muy cerca de la piel: dejáselas un poco largas.

Una vez, una mamá preocupada me preguntó cómo debía cortarle las uñas a su hija de 15 días, ya que le habían crecido mucho y se arañaba. Le expliqué cómo hacerlo pero, una semana más tarde, volvió y me pidió que se las cortase yo porque ella se sentía incapaz. Entonces descubrí que las abuelas y alguna amiga le habían inculcado la idea de que era malo cortar las uñas a los bebés porque podían quedarse tartamudos o crecerles las uñas torcidas. Aquel día le corté las uñas a la niña y tranquilicé a la madre. Actualmente, Carla es una preciosa joven que estudia bachillerato y habla perfectamente, sin tartamudear.

El paseo

Junto con el baño, el paseo es otro de los placeres compartidos entre padres e hijos. Cualquier excusa es buena: puedes aprovechar el momento para hacer un mandado, pero lo importante es disfrutar del paseo como momento de tranquilidad y de relax.

Los primeros días casi no tenías tiempo para ducharte o para hacer una llamada con tranquilidad, pero poco a poco estás ganando tiempo, te organizas mejor y empiezas a tener momentos de descanso. Hay gente que te recomienda esperar quince días desde el parto antes de salir, pero no hay estudio médico alguno que lo demuestre. El momento idóneo es cuando te sientas con ganas, tiempo y fuerzas.

Poco tiene que ver el clima con el momento de salir por primera vez. Si fuese necesario un día cálido y soleado, los niños de los países nórdicos, donde suele hacer mucho frío, nunca saldrían, y los de los países calurosos lo harían desde el primer día. Obviamente, ten en cuenta el clima, pero sólo para saber qué ropa ponerse. En épocas de mucho calor es bueno evitar las horas del mediodía; el resto del día hay que evitar que el sol le dé directamente; en invierno aprovecha las horas en las que más calienta el sol.

Y un consejo final: evita los lugares con mucha gente. Tu hijo aún es muy vulnerable y es mejor que no lo expongas a un resfriado o a cualquier virus. Por lo demás, ¡disfrútenlo!

Capítulo 3

Los cuidados del bebé

Cuando pensamos en un bebé nos vienen a la mente los de anuncio: gorditos, rosados y suaves. Pero lo cierto es que, al nacer, su aspecto no suele encajar con esa imagen. En las próximas páginas te mostraré cómo evoluciona el bebé y también cuáles son las particularidades de ese cuerpo tan pequeño. Así podrás cuidarlo de la mejor manera y no te sorprenderás ni te asustarás si tu bebé no cumple esos cánones y tienes otras cosillas perfectamente normales (pero que no salen tanto en la tele).

Una piel en transformación

Nuestro aspecto físico en gran parte se define por nuestra piel, ya que es lo primero que se ve. Si miras a tu bebé desnudo, lo que le verás es su piel y seguramente en seguida te darás cuenta de sus particularidades y los pequeños defectos que pueda tener.

Protectores naturales

Si te fijas, en cuestión de días, incluso de horas, verás muchos cambios en la piel de tu bebé.

Antes de salir al mundo, el niño estaba a una confortable temperatura de 36 o 37 °C dentro de tu cuerpo, y ahora le toca adaptarse a la temperatura del ambiente. Por ese motivo sale recubierto con una capa de grasa blanca llamada *vérnix caseoso*: es su primer *abrigo*. Aunque limpien al bebé siempre le dejan un poco para que no tenga frío.

Bajo esta capa de grasa, su piel tiene un color azulado o violáceo. Es normal: para adaptarse a la temperatura exterior, sus vasos sanguíneos se contraen y la sangre, al circular lentamente, se queda sin oxígeno y toma este color azulado. Pero el azul cambiará en pocas horas hasta convertirse en un intenso rosado, tanto que es casi rojo. Eso significa que tu hijo ya se ha adaptado a la temperatura exterior y ahora muestra en su piel su enorme cantidad de glóbulos rojos.

Un buen color es señal de salud, y al revés

Aquí no terminan los cambios de color. Después del rojizo prepárate para observar que su piel adopta un tono amarillento. Es el hígado, que entra en escena para eliminar tantos glóbulos rojos y provoca la famosa ictericia. En principio, esta "batalla" terminará en un par de semanas y el bebé tendrá por fin el color rosado que te imaginabas. Pero si el amarillo es intenso, los médicos tomarán medidas.

Una pelusilla pasajera

Además del vérnix caseoso, la capa de grasa que recubre a tu hijo, es frecuente que algunas zonas de su pequeño cuerpo estén cubiertas de pelusilla. Es de lo más normal. No significa que tenga un problema ni que vaya a convertirse en hombre lobo cuando sea mayor.

Este vello se conoce con el nombre de *lanugo* y crece como aislante de la piel ante la ausencia de grasa o pelo. Lo habitual es que esté presente durante el desarrollo del embarazo y que, a partir de las 40 semanas de gestación, se vaya perdiendo. Sin embargo, algunos niños nacen con él; en unos es muy visible mientras que en otros es imperceptible. En cualquier caso, caerá y desaparecerá durante las primeras semanas sin mayor importancia.

Pequeñas manchas irrelevantes

Es posible que, después de tener a tu bebé desnudo en los brazos, sentirlo junto a ti y ver cómo se mueve y cómo llora, empieces a entrar en detalles y le descubras algunas manchitas en la piel. No voy a agobiarte con todo aquello que le puede salir a tu hijo, pero quiero comentar algunas de las más habituales e inofensivas. Son:

✔ **Mancha mongólica.** Aunque su nombre puede asustarte, en realidad no es un problema. Se trata de una mancha plana de color azulado y más o menos extensa que se encuentra al nivel del sacro, al
final de la columna (en la rabadilla, pues). Con el tiempo desaparecerá, sin más.

✔ **Angioma.** La gente suele echarle la culpa a un antojo no satisfecho cuando un niño nace con una mancha abultada, blanda y de
color rojo intenso, como una fresa. En realidad es un angioma, es
decir, una proliferación de tejido vascular llena de sangre y por
eso tiene ese color. Aunque estas manchas no suelen ser muy
grandes, durante el primer año crecen con el niño. Pero a partir
de esa edad, el angioma suele ir secándose hasta desaparecer. De
no ser así, se puede tratar y eliminar.

✔ *Nevus flammeus.* Es frecuente que los bebés presenten esta
mancha de color rojo suave que aparece en la nuca (y a veces en
la frente) y que recuerda a una llamarada (de ahí su nombre). Hay
momentos en que se ve muy poco y otros, cuando se llena de
sangre por el calor o el llanto, aparece más roja. Lo importante es
que, con el tiempo, desaparece sola.

La piel hay que mimarla

¡Qué bien huele tu niño! Y además tiene una piel muy fina, sensible y
suave. Hay que cuidarla con todo el cariño del mundo para mantenerla
sana, pues sus glándulas sebáceas todavía no funcionan al 100%, por
lo que es más fácil que se irrite o que padezca infecciones.

Como te decía en el capítulo 2, no es necesario que bañes cada día a
tu bebé. Pero deberás mantener su piel bien hidratada. Así, cuando lo
saques de la bañera:

✔ **Sécalo con cuidado.** Es mejor haciendo presión que frotando.
Asegúrate de no dejar zonas húmedas, sobre todo en la zona de
pliegues que suelen tener los bebés en las piernas, brazos y cuello cuando están gorditos.

✔ **Hidrata su piel con crema o aceite.** En cualquier tienda encontrarás muchas cremas y aceites. Lo importante es que no conten-
ga sustancias irritantes o perfumes... y que a él le funcione.

No hace falta más. Si lo haces así, tu niño olerá bien, a bebé, que es lo
que corresponde. Si a pesar de ello te gusta ponerle colonia, hazlo,
pero no se la pongas directamente en la piel o en el pelo: olerá igual
de bien si se la aplicas en la ropita y evitarás irritaciones y alergias.

Además, como he comentado en el capítulo anterior, procura que su ropita sea de fibras naturales. Los tejidos sintéticos son más agresivos y es más fácil que provoquen rozaduras e irritación.

Y no te preocupes si durante los primeros días de vida de tu hijo ves que su piel se descama, sobre todo en las manos y pies: debajo hay siempre una piel nueva y sana.

¿Ya tiene caspa?

Durante los primeros meses es frecuente que en el cuero cabelludo del niño aparezca una placa más o menos gruesa, de color blanco o amarillento, que se descama al frotarla. Se conoce como *costra láctea*. Aunque no se sabe exactamente cuál es el motivo de su aparición, parece que se debe al excesivo crecimiento de la piel de esta zona. Es otra muestra de lo mucho que crecen los niños a tan tierna edad.

A tu hijo no le molesta ni le duele, y en unos meses desaparecerá. Pero si quieres eliminarla antes porque no te gusta su aspecto, puedes frotarla suavemente con una gasa seca, sobre todo si antes la has ablandado con vaselina (pregunta en tu farmacia). Entonces las escamas saltan y desaparece la costra. Si esto no basta, tu médico te recetará alguna pomada, seguramente con cortisona u otro producto que la hará desaparecer con facilidad.

El ombligo

Relacionado con la piel, aunque sólo sea por ser visible y externo, el ombligo es otro elemento al que hay que prestar mucha atención. Tal como he explicado en el capítulo 2, lo normal es que el cordón umbilical se seque y caiga una semana o diez días después de nacer, aunque a veces puede mantenerse entre quince o veinte días. Mientras, tu misión es hacer que ese ombligo esté limpio y seco.

Consejos para antes y después de la caída

Antes

✔ Mantenlo al aire libre el máximo tiempo posible.

✔ Mójalo un par de veces al día con alcohol de 70°.

✔ No es necesario usar un antiséptico tópico y está contraindicado el uso de productos que contengan yodo.

✔ Si detectas algo anómalo como mal olor, secreción amarillenta, un sangrado constante o que los bordes se ponen rojos y tensos, contacta con tu pediatra.

✔ Es mejor que no lo bañes (si decides hacerlo, sécale concienzudamente el ombligo).

Después

✔ Continúa la desinfección y limpieza durante unos días, mientras observes que aún sangra un poquito o que le salen algunas gotitas que manchan con un líquido transparente.

✔ Cuando esté seco ya no necesita más cuidados, aunque al principio se vea algo salido y el fondo del ombligo sea de color negro.

Con el tiempo adquirirá su color y forma normal, y al final le quedará un ombligo precioso para lucir en la playa cuando sea mayor.

Cuando el ombligo queda hacia fuera

Una minoría de niños tiene una hernia umbilical que hace que el ombligo quede salido. Es una anomalía de la pared del abdomen. Aunque sea muy aparatosa (y en algunos casos lo es, pues pueden llegar a sobresalir hasta uno o dos centímetros), lo normal es que acabe metiéndose por sí solo.

Antiguamente se les ponía a los niños una faja o venda con un botón. No era una buena solución, pues impedía que la hernia se cerrase, pero tenía la ventaja de que las mamás no la veían y evitaban la angustia. Luego se usaron dos tiras de esparadrapo cruzadas que también ocultaban la hernia, pero no servían para nada más.

Lo mejor es dejarse de inventos y esperar a que el tiempo actúe. Total, lo único malo que tiene esta hernia es su feo aspecto. Desde luego, al niño no le duele y el peligro de que se complique es casi inexistente. En mis más de 40 años de experiencia, sólo he hecho operar dos hernias de este tipo (una de ellas, la de mi hija). El resto se solucionaron por sí solas antes de los dos o tres años...

Un bebé para comérselo

Cuando nace un bebé, suele estar más bien delgado. Pero desde el nacimiento hasta más o menos los ocho o diez meses la grasa que está debajo de la piel va aumentando poco a poco y dándole al niño el típico aspecto de bebé. Popularmente se considera que están gorditos porque son redondos, con contornos suaves, sin que se les noten los relieves óseos ni musculares. Además, si los tocamos, están blandos, elásticos, turgentes. A veces te entran ganas de darles un mordisquito porque están para comérselos. Por suerte, ¡sólo es un antojo y te quedas con las ganas!

Hay quien afirma que si a los adultos nos parecen tan gustosos es por razones evolutivas: el cuidado de los bebés puede ser tan duro en algunos momentos que, si no fueran tan apetecibles, poca gente se animaría a tenerlos.

Luego, más o menos coincidiendo con la época en la que el niño empieza a andar, su cuerpo cambia y parece adelgazarse, se estiliza. Esto se debe a que empieza a perder la grasa subcutánea, y seguirá siendo así hasta los tres años.

Pañales y baberos, siempre a mano

En el capítulo 4 te hablaré de la alimentación de tu bebé. Pero ya que estoy metido en el tema de los cuidados básicos, creo que puede ser interesante avanzar algunas ideas al respecto.

Todo lo que entra... sale

Seguro que en más de una ocasión te quedarás sin pañales. Y no por falta de previsión... Durante sus primeros meses de vida, el niño hace un sinfín de heces, tantas, que hay veces que parece que los pañales desaparecen como por arte de magia.

En sus primeros meses de vida, muchos bebés defecan cada vez que comen. Es lo que se llama *reflejo gastrocólico*. Eso explica el vertiginoso ritmo al que se le tienen que cambiar los pañales. Pero cuando una mamá me comenta en la consulta que su hijo ha hecho un excremento "muy feo" (¿es que los hay bonitos? ¡Yo no los he visto!) normalmente se refiere a que el color y consistencia es diferente a los muchos que hace su niño. Antes de asustarse, conviene saber lo que es normal:

✔ En el niño que toma el pecho, el excremento es líquido o semilíquido, a veces grumoso y de un color amarillento o ligeramente amarronado.

✔ En el niño alimentado con biberón, las heces son más sólidas, más consistentes que las del niño alimentado con leche materna. Además, suelen ser menos frecuentes.

El color de estas deposiciones es poco importante, ya que es consecuencia del lugar del intestino donde fermentan. Cuando el tránsito intestinal es muy rápido, lo cual es frecuente en los lactantes, las heces toman un color verdoso. No te preocupes.

Lo único que debes vigilar es si, además del color, las deposiciones cambian de consistencia y son más líquidas y frecuentes; es decir, con un tránsito rápido, pues es sinónimo de diarrea.

En el extremo contrario, si los niños tienen dificultad para deponer (sobre todo si aparece desde los primeros días), te recomiendo que hables con tu pediatra, ya que hay leches especiales para combatir el estreñimiento.

Devuelve la leche

Es probable que el bebé devuelve leche durante los primeros meses de vida. A lo mejor te dará la sensación de que lo vomita todo, pero no es así: son pequeñas bocanadas normales. Otra cosa es el vómito, del que te hablaré más adelante.

El verdadero culpable de esas regurgitaciones tiene nombre, *cardias*, el esfínter que está entre el esófago y el estómago, y que en estos primeros meses de vida del bebé aún no está bien cerrado. Por eso el paso de la comida del estómago al esófago es fácil. Si a esto añades que la alimentación de tu hijo es exclusivamente líquida, que su esófago es muy corto y que pasa mucho tiempo acostado, se justifica que los bebés regurgiten con facilidad. La verdad es que esta actividad es molesta, ya que te obliga a llevar baberos y huele a agrio, pero no tiene repercusión alguna en la salud del pequeño.

¡Parece yogur!

Otro motivo de preocupación de algunos padres es que lo que regurgita el bebé parece cuajada o yogur, y que además saca más cantidad de la que ha comido.

Eso se explica porque, cuando llega al estómago, la leche entra en contacto con los ácidos que hay allí y se cuaja, por lo que, si vuelve a salir al exterior, parece un poco apetitoso yogur. Pero es que, además, el niño regurgita no sólo una parte de su comida, sino también otra, generalmente mayor, de jugo gástrico. El resultado es que, aunque parezca mucha cantidad, realmente hay poca comida. Por eso el niño sigue engordando y defecando, porque, a pesar de todo, se sigue alimentando bien.

Tu hijo puede regurgitar sin que tengas que preocuparte hasta que cumpla un año. Aunque lo habitual es que, a medida que crece, saque menos, ya que come más sólido y está menos tiempo acostado. Sólo debes consultar al pediatra si el niño no crece con normalidad, no gana peso o si aparecen hilillos de sangre en lo que saca.

Vómitos, síntoma de enfermedad

Es muy distinto si tu bebé vomita, lo que suele indicar que su estómago está enfermo. Así como un niño puede regurgitar muchos días sin que pase nada, si vomita mucho puede deshidratarse, ya que con el vómito vacía el estómago y provoca que el niño pierda mucho líquido. Además, al vomitar, no podemos reponer con facilidad el líquido que pierde. En seguida te darás cuenta de que no son las regurgitaciones habituales, porque para vomitar suele ser necesario un importante esfuerzo.

La mayoría de los bebés vomitan si padecen gastroenteritis que, como su nombre indica, es una inflamación, generalmente de origen infeccioso, que afecta al estómago (*gastro*) y al intestino (*entero*), y que viene acompañada por otro fenómeno, la diarrea. Cuando esto ocurre, lo más importante es evitar que el niño se deshidrate (en el capítulo 16 encontrarás más información sobre esta enfermedad). No obstante, como también podría vomitar por otras causas, lo mejor es que, si lo hace continuamente —sin períodos en los que pueda tomar algo— es aconsejable llevarlo al pediatra.

El cólico, la pesadilla de los padres

Aunque más adelante en este capítulo quiero hablarte del llanto del bebé, tengo que tocar un tema relacionado con la alimentación que es fuente de llantos, de muchos llantos. Me refiero al cólico.

Durante los tres primeros meses de vida es probable que tu hijo tenga lo que se conoce como *cólico del primer trimestre*. Provoca mucho llanto en los niños y mucha angustia en los padres a pesar de que no es síntoma de enfermedad alguna. En biología, las cifras nunca son exactas pero acostumbra a durar unos tres meses, de ahí su nombre, y en cada niño tiene su propia intensidad.

Te darás cuenta de que tu hijo tiene cólicos si, en vez de quedarse tranquilo y relajado tras la comida, llora, está inquieto y se mueve, sobre todo las piernas. Si consigue dormirse, descansará hasta la siguiente toma. Lo distinguirás de un niño que se queda con hambre porque el ritmo del llanto es al revés: en su caso se relaja y se duerme después de comer, pero no aguanta hasta la otra toma y se despierta antes.

A veces, el llanto o el malestar de los cólicos le empieza mientras come y no puede terminar la toma. Al comer, empieza a moverse, se muestra inquieto y acaba rechazando la comida. Esto ocurre por el reflejo que he comentado. Durante la toma se mueve el intestino y al niño con cólico del primer trimestre le provoca malestar.

Todo esto no suele empezar antes de los 15 días de vida y lo habitual es que aparezca al mes. Suele durar hasta los tres meses, aunque por suerte muchas veces se acaba antes. Algunos niños lloran poco, pero los hay que lloran mucho y durante mucho tiempo.

La causa, un misterio

Aunque molesto, el cólico del primer trimestre no es una enfermedad, así que no tendrá repercusiones en la salud del bebé, que engordará, crecerá y se desarrollará con absoluta normalidad. Entre crisis y crisis, el niño se mostrará contento y feliz.

Es distinto detectar qué lo genera. Se barajan varias posibilidades y eso, en medicina, viene a ser lo mismo que decir que no sabemos cuál es la causa. Entre ellas figuran:

✔ El estrés del niño en un período de adaptación.

✔ La excesiva ingesta de aire durante la toma.

✔ La inmadurez del sistema nervioso.

Como no sabemos la causa, carecemos de un tratamiento eficaz. Existen muchas posibilidades de tratamiento sintomático, pero ninguna tiene una eficacia de 100 %. Si tu hijo es de los que lloran mucho, te recomiendo que sigas mi sistema de las 3P:

✔ Paciencia.

✔ Paciencia.

✔ Y paciencia.

Soy el primero en reconocer que no me darán el Nobel por eso, pero te aseguro que en tres meses el problema será un recuerdo pesado...

Hip... hip... hipo

Como puedes ver, durante los primeros meses pasan cosas que en un adulto serían anormales y en cambio no lo son en un bebé. El hipo es otra de ellas. Además, se da el caso de que el niño que tiene hipo también suele tener cólicos y seguramente regurgitará a menudo, mientras que el que no tiene una cosa tampoco tiene las otras. El hipo es otra manifestación —molesta pero sin importancia— de la inmadurez del bebé.

El hipo se produce por la contracción rítmica del diafragma, un músculo que separa el tórax del abdomen. Al comer, el estómago se dilata y toca el nervio que inerva el diafragma, éste se contrae repetidamente y provoca ese ruido tan característico.

Muchos bebés lo padecen con frecuencia durante los primeros meses de vida. Como su abdomen es muy pequeño, ese nervio está cerca del estómago y, cuando éste se dilata, habitualmente con la comida, lo estimula y provoca el hipo. A medida que el niño crece, la separación es mayor y es más difícil que se produzca esta estimulación.

Por supuesto, olvida eso de darle un susto para que se le pase, porque lo único que conseguirás es que, además de seguir con el hipo, llore...

Un buen eructo, la mejor prevención

Tanto la regurgitación como el cólico y el hipo tienen una relación directa con la cantidad de aire que el niño traga cuando come. Si este aire no se expulsa con un eructo, el organismo lo reabsorbe, pero se toma su tiempo. Y si no elimina una gran cantidad de aire, se puede favorecer la aparición del cólico, el hipo y las regurgitaciones. Por eso es importante hacer que eructe después de cada comida.

Por supuesto, cada niño es un mundo. Algunos hacen grandes eructos y con suma facilidad, mientras que otros tienen serias dificultades y no siempre lo hacen. Casi ninguno lo hace los primeros días de vida, sino que tardan un poco en aprender a hacerlo. Lo importante es que le des la oportunidad de intentarlo después de comer. Para ello, mantén a tu bebé erguido antes de acostarlo. Pasado un tiempo prudencial, yo diría unos diez o quince minutos, si no lo ha hecho, ponlo a dormir. Verás lo descansado que se queda cuando eructa. Es el momento de decirle "¡Buen provecho!".

¿Por qué llora?

Al principio, cuando el niño llora se te encoge el corazón y no sabes qué le pasa; en poco tiempo aprenderás a identificar su llanto. Para los bebés, es su manera de expresarse, de llamar la atención, y por eso la mayoría de las veces es algo muy normal. ¿Recuerdas esa famosa frase que dice "quien no llora, no come"? Pues es lo mismo.

Para identificar si se trata de algo normal o si tiene problemas, sigue estos pasos:

✔ Comprueba si tiene hambre, ya que es el motivo de llanto más frecuente.

✔ Mira si lleva el pañal sucio.

✔ Comprueba que en su piel no haya una lesión como herida, arañazo o una zona enrojecida y caliente que pueda explicar el llanto.

✔ Observa si mueve todas las extremidades sin quejarse para asegurarte de que no se ha torcido, distendido o incluso roto algo.

✔ Tómale la temperatura para asegurarte de que no tiene fiebre.

✔ Si tiene menos de tres meses, considera la posibilidad de que tenga un cólico del primer trimestre.

✔ Comprueba si se calma cuando lo coges y lo meces. Si es así, es difícil que llore por enfermedad, lesión o causa orgánica.

Señales de dolor

Puedes pensar que llora de dolor si observas un llanto distinto al habitual y además:

En el niño de menos de un mes:

✔ Músculos faciales tensos, frente arrugada, barbilla y mandíbula tensas, ceño fruncido.

✔ Más que llorar, se queja.

✔ Extremidades tensas y rígidas o exageradamente flácidas.

✔ Intranquilidad, inquietud.

En el niño de 1 a 3 años:

- ✔ Cara con expresión de tensión, nariz arrugada, ceño fruncido.
- ✔ Piernas inquietas o se dobla sobre el abdomen con las piernas encogidas.
- ✔ Se queja, gime.
- ✔ Puede distraerse, aunque cuesta mucho consolarlo.

Es importante que tengas en cuenta que, a veces, aunque le duela algo y eso sea el motivo de su llanto, quizá no sea grave. Un ejemplo claro es el cólico del primer trimestre. El niño, cuando llora, siente dolor pero es un cuadro benigno que curará solo.

Que no te chantajee con llantos

Sé cautelosa con el llanto. Ese bebé que ahora ves tan desvalido no tardará mucho en aprender que puede conseguir lo que quiera si rompe a llorar ¡y ya verás con qué habilidad lo usará! Por ello, ten cuidado y no caigas en un error que luego pagarás. Cuando el niño reclama atención debes dársela, pero no siempre debes cargarlo, pasearlo o mecerlo...

Tienes muchas otras alternativas: hablarle, acariciarlo, tocarlo, cantarle, susurrarle, pero dejándolo en la cuna o donde lo tengas, sin necesidad de cargarlo al menor amago de llanto. Te arriesgas a que se convierta en un niño consentido. Aunque quizás al principio te cueste resistirte, con el tiempo verás que esta actitud beneficia a todos, empezando por el niño.

Dejar de respirar

La situación típica es la siguiente: un niño de entre uno y tres años llora por alguna frustración y, de pronto, deja de llorar y de respirar durante unos segundos (15 o 20). A veces los labios se le ponen morados e incluso puede llegar a desmayarse un instante. Luego, bruscamente, hace una fuerte inspiración y sigue llorando como si nada hubiera pasado.

Esta escena, terrorífica para quien la presencia, no indica peligro. Es lo que los médicos llamamos *espasmos afectivos del sollozo*, y popularmente, *perder el llanto*. Se les tilda de afectivos porque es una manera de llamar la atención (inconsciente, claro).

Si le sucede a tu hijo, debes mantener la calma, no gritar, correr o hacerle algo (darle golpes en la espalda o mojarlo). Aunque sufras muchísimo, espera a que se le pase.

Unos sorprendentes ronquidos

"Increíble, con lo pequeño que es y el ruido que hace al respirar. ¡Ronca como su padre!". ¿No lo has pensado más de una vez mientras observas cómo duerme tu retoño? Si es así, ¿no has pensado que se ha resfriado y que deberías limpiarle los mocos? Pues bien, ya puedes ahorrarte esas preguntas, pues lo más seguro es que tu bebé ni esté resfriado ni tenga mocos.

La explicación es muy sencilla: los niños pequeños tienen las vegetaciones adenoideas (un tejido como las amígdalas situado encima del paladar) muy grandes en proporción al tamaño del conducto nasal, y esto hace que, al respirar, algunos hagan ruidos parecidos a los ronquidos. Por eso muchos padres creen que el niño tiene mocos cuando en realidad no es así.

La prueba de que tu bebé no tiene la nariz tapada la puedes hacer cuando le des de comer. En ese momento tiene la boca tapada y sigue respirando por la nariz sin problemas. Por lo tanto, no tiene mocos, así que no debes hacer nada.

Los mocos reales

Efectivamente, hay otro tipo de mocos. Existen en el mercado múltiples artilugios para aspirar y sacar mocos a los niños. Personalmente, pienso que son una cochinada, además de poco eficaces e incluso peligrosos.

Todos los orificios naturales tienen sus mecanismos de protección y, cuando tratamos de limpiarlos, podemos empeorar o provocar un problema. Un ejemplo clásico son los oídos. ¿Por qué empeñarse en sacar la cera? La cera está ahí para proteger el oído; si la sacamos metiendo cosas en el conducto auditivo, además de quizás hacerle daño, lo desprotegemos.

De la misma forma, el moco protege nuestras fosas nasales y el sistema respiratorio: es el primer mecanismo de defensa. Su función es captar todas las impurezas que contiene el aire que respiramos (entre ellas los gérmenes y virus), que quedan atrapados en el moco y así los destruimos y eliminamos. Por tanto, lo mejor es dejar el moco tranquilo, que está bien donde está.

Si tu hijo tiene mucha mucosidad puede estar enfermo, y más si los mocos se acompañan con tos, fiebre u otros síntomas. Entonces, lo

¡Sacar los mocos no implica tragárselos!

Un día, una madre muy preocupada me dijo, casi llorando, que ella era incapaz de sacar los mocos a su bebé de pocas semanas porque le daba asco. La verdad es que en un principio me sentí desorientado, pues era la primera vez que una madre me decía algo así. Le pregunté qué era lo que le daba asco y ella me dijo que lo de tragarse los mocos. Atónito ante sus palabras, le pregunté por qué se tenía que tragar los mocos.

Entonces la mujer sacó un pequeño tubito de plástico con una pieza en cada extremo: una para introducir en la nariz del niño y la otra para introducir en la boca del adulto. Éste debía succionar para sacar los mocos del bebé y trasladarlos al recipiente intermedio que luego se vaciaría. El problema era que la succión de la señora era tan potente y tan grande su voluntad de sacar mocos que, al succionar, sobrepasaba la capacidad del recipiente y los mocos del bebé le llegaban a la boca.

Le recomendé que se olvidase de los orificios del niño y, para que no se sintiese culpable, le aseguré que a mí también me hubiera dado asco, y que no pasaba nada si el niño tenía un poco de mocos. Le expliqué cómo usar el artilugio correctamente y, días después, en otra visita, le expliqué por qué su bebé hacía ruido y que no era un problema de mocos. Creo que logré tranquilizarla.

más adecuado —tanto más cuanto más pequeño es el niño— es hablar con su pediatra. Si le pones unas gotas de suero fisiológico por la nariz antes de comer lo ayudarás a sacar los mocos y destapar la nariz. Es una medida que no cura, pero lo aliviará un poco y podrá comer con mayor comodidad.

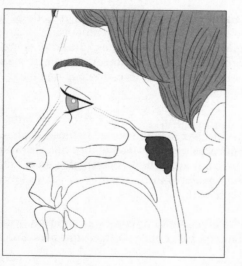

Figura 3-1: Vegetaciones adenoideas de un niño pequeño

Lagañas y moqueo, dos en uno

Otra consecuencia de tener pequeños los conductos de paso son las famosas lagañas. Hay días que tendrás que limpiárselas más de una vez, pero eso no significa que tenga conjuntivitis. Si fuera así, el blanco del ojo estaría enrojecido.

Igual que sucede con los conductos nasales, los conductos lagrimales del bebé son muy pequeños y se obstruyen con facilidad. Todo ello hace que a veces no sean capaces de drenar debidamente todas las lágrimas que produce el ojo, por lo que, cuando éstas se secan, se transforman en lagañas. No hay más.

Estas lagañas frecuentes desaparecerán con el tiempo, ya que el conducto lagrimal del niño se irá ensanchando, agrandando y en un futuro cercano será capaz de drenar sus propias lágrimas.

Sin embargo, quizás el niño nazca con una obstrucción congénita de uno o de ambos conductos lagrimales. Es un caso muy poco frecuente, pero provoca que el niño siga teniendo lagañas a pesar de ir cumpliendo años. Si es el caso de tu hijo, no te preocupes. Cuando llegue el momento, tu pediatra te recomendará acudir al oftalmólogo, quien liberará la obstrucción con una pequeña sonda.

Por último, una curiosidad sobre el lagrimal que te atañe tanto a ti como a tu bebé. ¿Sabías que el lagrimal es un conducto que se comunica con la nariz? Pues sí, y eso hace que moqueemos cuando lloramos. Ya lo sabes, cuando lloras, moqueas. Y lo mismo le pasa a tu bebé.

El frenillo, ¿qué es eso?

Es posible que, al dar a luz, empieces a oír hablar del frenillo lingual y te preguntes si tu hijo lo tiene bien.

El frenillo lingual es un pequeño trozo de tejido fino que une la base de la lengua con el suelo de la boca. Normalmente une los dos tercios posteriores de la lengua y así queda libre el tercio anterior para que la lengua se puede mover y levantar. Pero en algunos niños esta unión se hace en el tercio anterior y a veces incluso en la punta, lo que dificulta su movilidad.

Las consecuencias son que el niño puede tener algún problema a la hora de comer y, según algunos autores, a la hora de pronunciar alguna letra. Desde luego, no estoy de acuerdo. Salvo en algunos casos extremos y puntuales en los que el niño tenía dificultades para comer, nunca he visto un frenillo lingual que cause problemas. En toda mi carrera sólo he mandado diez frenillos al cirujano pediátrico, quien les realiza una pequeña incisión para solucionar el problema.

Capítulo 4

Tiempo de leche

• •

En este capítulo

▶ Las diferencias entre la lactancia natural y la artificial

▶ Cómo dar el pecho

▶ Cómo preparar un biberón

▶ La lactancia mixta

• •

El recién nacido y el lactante de pocos meses sólo puede digerir leche. Será su único sustento durante el primer semestre. Después, a pesar de que introduciremos más alimentos, la leche seguirá siendo un alimento de máxima importancia. Por eso hablamos de "lactante" cuando nos referimos a un niño de hasta un año más o menos.

La primera cuestión es: ¿cómo quieres darle esa leche? Si aún no te has decidido, en estas páginas encontrarás información sobre cómo amamantar o alimentar con biberón.

Leche materna, el alimento perfecto

Todos los buenos profesionales de la salud te recomendamos que, si quieres y puedes, des el pecho. Lo hacemos porque sabemos que tiene muchas ventajas tanto para el niño como para ti, y además será una experiencia maravillosa para ambos. Como soy varón no puedo hablarte de mi experiencia personal, pero a lo largo de los años y de hablar con muchas mamás que han amamantado a sus hijos, sé que el grado satisfacción que les produce es enorme. He resumido las ventajas en la siguiente lista:

✔ Es la única leche específica para tu niño.

✔ Es el único alimento que el niño necesita hasta los seis meses.

✔ Permite que el niño autorregule la ingesta y controle su apetito.

✔ Protege frente a infecciones y futuros problemas alérgicos.

✔ Elimina la posibilidad de contaminación y errores en la preparación del biberón.

✔ No necesita preparativos y se transporta con facilidad.

✔ Favorece la involución uterina de la madre.

✔ Reduce el riesgo de padecer cáncer de mama.

✔ Favorece la relación madre-hijo.

✔ Es gratuita.

✔ Tiene la temperatura adecuada.

El Diccionario de la Lengua Española de la Real Academia defina los mamíferos como animales con tres características básicas: temperatura constante, desarrollo casi siempre dentro del cuerpo materno y alimentación de sus crías con la leche de sus mamas. La prestigiosa doctora norteamericana Ruth A. Lawrence, para explicar por qué la leche materna es ideal, afirma: "La leche humana posee innumerables ventajas para la especie que pueden resumirse en que es específica para su especie".

Ten en cuenta que cada especie animal tiene una leche específica para su especie y su composición se adapta a sus necesidades de crecimiento. Así, como ves en la tabla adjunta, las especies que duplican su peso en poco tiempo tienen en la leche un mayor contenido de proteínas que las demás. Eso será lo que necesitan. La de los humanos contiene lo que necesita el ser humano.

Tabla 4-1: Relación entre el contenido de proteínas de la leche materna y los días que tarda la cría en duplicar su peso

Especie	Días que tarda en duplicar su peso	Porcentaje de proteínas en la leche
Mujer	180	1.1
Yegua	60	2.5
Vaca	47	3.4
Oveja	10	5.5
Rata	6	12.0

Un escudo para tu bebé

Sé que hay muchos factores que influirán en tu decisión de dar el pecho y no voy a eludirlos, pero mi obligación como médico de niños —y por convencimiento— es darte la información de salud, que es de suma importancia.

Las leches artificiales de hoy en día, fabricadas a partir de la leche de vaca, son muy buenas y se aproximan a la composición de la leche humana, pero hay una serie de componentes que no se pueden fabricar. La leche materna tiene unos componentes biológicos de los que carece la leche artificial.

Como ejemplo de lo que te digo están las células y las inmunoglobulinas. Por tu leche pasarán algunas células, principalmente glóbulos blancos, que forman la primera barrera defensiva de nuestra inmunidad frente a las infecciones.

Además, parte de tus inmunoglobulinas, también encargadas de defendernos de infecciones, pasarán a tu hijo por la leche. Principalmente lo hará la inmunoglobulina A, que protege nuestras mucosas (respiratoria y digestiva), principal puerta de entrada de las infecciones a esta edad.

Protección para las madres

Las ventajas para la madre no son pocas. Además de favorecer y ayudar a devolver el útero a su lugar y evitar problemas durante el posparto, está demostrado que las madres que amamantan a sus hijos tienen menos posibilidades de padecer cáncer de mama o de ovario.

Desde otro punto de vista, hay estudios que demuestran que cuando la madre amamanta a su hijo, reduce su estrés, aumenta su autoestima y ayuda a conectar con el bebé.

A lo mejor te preocupa pensar que el niño vaya a depender exclusivamente de ti y temes sentirte tan atada. En eso tengo que darte la razón: si lo amamantas, depende de ti. Un día, por algún motivo concreto, puedes darle un biberón, pero habitualmente tendrás que estar con él. Desde otro punto de vista, es una de las maravillas de la lactancia. Crearán una relación única, que sólo tú y tu hijo vivirán y sentirán durante un tiempo breve de sus vidas. ¿Te lo quieres perder?

Parece que todo el mundo entiende de este tema, del cual se habla mucho, incluso demasiado. Además, se han asumido algunas falsas verdades que se creen ciertas. Repasemos algunos de los mitos más populares:

✔ **Los pechos se afean si amamantas.** Falso. Los cambios en la flacidez o turgencia de las mamas se deben a otros factores, como los cambios hormonales del embarazo, edad, herencia, etc. Le des o no el pecho, tus mamas evolucionarán igual.

✔ **Mi leche no es buena.** Eso no es cierto: tu leche es perfecta para tu hijo porque está fabricada especialmente para él.

✔ **Los pechos pequeños producen poca leche.** Tampoco es cierto: el tamaño del pecho no tiene nada que ver. Lo normal es que tengas leche suficiente, tanto si son pequeños como si son grandes.

✔ **Dar el pecho implica problemas de pareja.** A veces los padres se sienten desplazados porque no pueden tener una relación tan especial como la de la madre y el hijo, pero si hay problemas serios en la pareja suelen deberse a otros motivos.

✔ **Mis pezones no le permitirán succionar.** Tener los pezones planos no imposibilita la lactancia. Consúltalo con tu comadrona o con un grupo de lactancia y te propondrán soluciones.

¿Come suficiente?

En mi consultorio oigo a muchas madres preocupadas porque, al dar el pecho, no saben cuánta leche toma su bebé. Pero para mí, como médico, es una ventaja, ya que sé que el niño toma exactamente lo que necesita, ni más ni menos: los bebés se autorregulan.

Siempre digo que los biberones deberían ser opacos para que las mamás no supieran lo que comen sus bebés. Así el bebé se alimentaría como hace con el pecho, tomando sólo lo que necesita, no los centilitros de leche que han decidido la mamá, la abuela o el pediatra.

Un alimento seguro, rápido y gratis

Dar el pecho tiene grandes ventajas prácticas. Te puedes desplazar con él sin necesidad de cargar con todo el equipo de biberones, artilugios de limpieza, leche en polvo, el agua a la que el bebé está acostumbrado, etc. Con el pecho, la comida del niño va en un envase estéril, cómodo, a temperatura perfecta y siempre a punto. Y tal como están las cosas hoy en día, no hay que olvidar que la leche materna es gratuita. ¡Esperemos que ningún gobierno decida intervenir y añada el IVA a tu leche!

Casos en que no conviene amamantar

Son pocas las situaciones que contraindican que amamantes a tu hijo. Las enfermedades habituales como resfriados, catarros, gripes, diarreas, etc. no son motivo para dejar de dar el pecho. Eso sí: antes de tomar medicamentos, informa al médico que estás dando el pecho, para que te recomiende el producto que menos afecte a tu leche.

Algunas enfermedades de la madre que estan contraindicadas con la lactancia son:

✔ Madre portadora del virus del VIH (sida).

✔ Madre portadora del virus HTLV tipo 1 o 2.

✔ Madre con tuberculosis activa no tratada.

✔ Herpes en el área del pezón o de la areola.

✔ Madre que ha recibido isótopos radiactivos como diagnóstico o tratamiento.

✔ Madres en tratamiento con antimetabolitos, quimioterapia u otros medicamentos especiales.

Y en el caso del niño, la lactancia debe evitarse en casos de:

✔ Enfermedades metabólicas congénitas raras (galactosemia, fenilcetonuria, etc.). Muchas se detectan en los cribados neonatales.

✔ Malformaciones físicas que imposibiliten una succión correcta (en este caso se puede extraer y dar de otra forma).

¿Cómo dar el pecho?

La primera recomendación es que te pongas muy cómoda. Unos te dirán que te sientes en un sofá, otros en una silla, otros que te acuestes por completo o a medias. Hazlo como quieras: lo importante es estar cómoda. Piensa que tendrás que darle muchas veces, así que debes cuidarte: una mala postura puede provocarte dolor de espalda, de brazos... Al principio, cuando acabas de dar a luz, lo más aconsejable es que te sientes con la espalda apoyada y con los brazos que sujetan al niño reposando sobre algo (un almohadón, por ejemplo). Quizá luego encuentres otras posturas que te resulten más cómodas.

Los recién nacidos tienen un reflejo que se conoce como "reflejo de búsqueda". Cuando le tocas en un lado de la boca, cerca de la comisura de los labios, el niño se gira hacia ese lado con la boca abierta.

Aprovéchalo: tócalo en el lado que quieres que se gire y, cuando lo haga, ofrécele el pezón. Procura que abarque no sólo el pezón, sino toda la areola. Sus labios deben quedar vueltos hacia fuera. Si no la abarca, vuelve a intentarlo hasta conseguirlo. No te pongas nerviosa, lo conseguirán. ¡Aún son novatos!

Si ves que el niño no se ha prendido bien del pecho (sólo chupa el pezón), no lo saques dando un tirón porque te lastimaría. Métele un dedo por un lado de la boca y, como no podrá hacer el vacío con la succión, lo podrás soltar.

Es normal que al principio la lactancia te parezca muy difícil. No te desanimes: con calma y un poco de paciencia, tu bebé y tú aprenderán. No dudes en pedir ayuda si la necesitas, y seguro que acabarás por disfrutar esta experiencia que recordarás como una de las más especiales de tu vida.

Siempre que puedas, aprovecha el rato de la comida del bebé para darte un respiro, tener un tiempo de descanso, relax e intimidad con tu hijo.

¿Cuánto tiempo?

Como no sabes cuánto ha comido porque no lo ves, tampoco tienes claro cuánto tiempo tiene que estar pegado. No creas que cuanto más esté, más va a comer: no suele ser así.

En los primeros días o semanas el niño se duerme cuando lleva un ratito chupando. No hay quien le despierte, y al cabo de una hora u hora y media vuelve a pedir. Es normal. Piensa que durante nueve meses ha estado alimentándose de forma continua durante todo el día. Su estómago debe adaptarse a la nueva situación; y su capacidad es pequeña. Es lógico que al principio tenga hambre y quiera comer con frecuencia. Por eso es importante darle el pecho a demanda, es decir, cuando pida, tanto de día como de noche. Ten paciencia: lentamente irá estableciendo sus pausas, dejará pasar tiempo entre toma y toma y todo se normalizará.

A veces comen de un solo pecho mientras que otras veces lo hacen de los dos. En este caso puede ser bueno intentar que eructe entre pecho y pecho. Pronto sabrás identificar la situación: si suelta el pecho, deja de chupar aunque siga pegado o si notas que tus pechos están vacíos, sabrás que ha comido suficiente. Habitualmente la comida no dura más de media hora, pero eso depende del niño y de las circunstancias.

Una vez, en el hospital, un residente de segundo año me dijo que había una madre ingresada con su hijo de cuatro meses, al que le daba el pecho sin seguir las normas recomendadas. Lo hacía cuando le parecía, sin horario, cada vez con un tiempo diferente, etc. Teóricamente, diríamos que lo hacía muy mal. Le dije a mi residente: "No te preocupes, ven conmigo y le explicaré cómo se debe hacer. Así verás cómo lo explico y también tú lo aprenderás".

Con aires de maestro, entré en la habitación con mi pequeño séquito de residente y estudiantes, y me encontré ante una mujer alta y fuerte de unos cuarenta años, de origen magrebí. El ojo clínico me salvó, y le pregunté: "¿Cuántos hijos tiene?". "Doce", contestó ella. "¿Y les ha dado el pecho a todos?". "Sí, cuando nace otro dejo de dar al mayor y empiezo con el pequeño". "¿Todos sus hijos están bien?". "Sí, señor", me contestó. "Muy bien, muchas gracias, luego vendré a darle el resultado de los análisis", le dije, y me fui de la habitación con mis acompañantes mirándome extrañados.

Ya en la sala me dirigí a los médicos jóvenes y les dije: "La lección de hoy es que si la madre y el niño se entienden y les va bien, nosotros, los médicos, debemos mantenernos al margen, ya que no somos importantes". Y así es, lo importante es que la relación madre-hijo funcione. Si es así y el niño crece como debe, no hay problema.

¿Hasta cuándo?

Está demostrado que la leche materna es el único alimento que el niño necesita hasta los seis meses. A partir de entonces, la leche es insuficiente. Pero eso no significa que se deba abandonar la lactancia; de hecho, la Organización Mundial de la Salud recomienda mantenerla al menos durante dos años. En nuestra sociedad eso no es fácil de hacer, por presiones sociales, por la dificultad en conciliar la vida laboral y familiar...

En cualquier caso, el momento de dejar la lactancia depende de cada pareja madre-hijo. Los momentos clave para el destete suelen ser los siguientes:

- ✔ **Los primeros días.** Puede que las dificultades te desanimen y decidas no continuar. Si estabas decidida a darle el pecho, abandonar no es lo más deseable porque lo puedes vivir como un fracaso.

- ✔ **Cuando surgen desajustes entre la oferta y la demanda.** Cuando el niño crece, quizás exista un desajuste entre lo que el niño necesita y lo que tú tienes. Estas situaciones son normales en algunas etapas (normalmente a las 3 y 6 semanas y a los 3 meses), o porque el niño ha enfermado, y se superan rápidamente: si el bebé necesita más, tus pechos producirán más. La cosa se complica si la madre está estresada y eso afecta a la producción de leche. En cualquier caso, hay madres que en estas pequeñas crisis introducen entonces los biberones de leche artificial y dejan la lactancia.

✔ **Cuando la madre vuelve al trabajo.** Es el momento más habitual, porque compaginar las dos cosas suele ser complicado. Sin embargo, cada vez existen más mujeres que deciden continuar la lactancia. Algunas introducen la lactancia mixta (leche materna cuando están ellas y artificial cuando trabajan) y otras se sacan la leche para que se la puedan dar a su bebé mientras están fuera. Existen unos pequeños aparatos manuales o eléctricos, los tiraleches, que facilitan la extracción.

Trucos para dejarlo

Pasados los seis meses es posible que tú o (en raras ocasiones) tu bebé se cansen de la lactancia materna. En ese caso debes planificar el destete para que sea lo más gradual posible, de manera que el niño se adapte, y tu cuerpo deje poco a poco de producir leche. Puedes ir sustituyendo tomas por biberones (o vasos de leche adaptada) y comidas sólidas. Si quieres, puedes ofrecerle el pecho después de que haya comido otra cosa, de forma que succionará menos y tú irás bajando la producción. Por cierto, es normal que cuando dejes la lactancia te sientas liberada y un poco triste a la vez: se acaba una relación muy íntima con tu hijo. Pero piensa que es un paso importante hacia su autonomía, significa que va creciendo. No te preocupes: compartirás muchos otros momentos especiales con él.

A partir de los seis meses es imprescindible que el niño tome otros alimentos y disminuya la ingesta de leche. A partir del año debe aprender a masticar. A esta edad ya se han introducido prácticamente todos los alimentos y la leche, aún siendo de los alimentos más importantes, se convierte en otro de los componentes de la dieta del niño.

A estas edades muchos niños utilizan el pecho como relajante y no como fuente de alimento. En algunos casos la lactancia materna interfiere en la introducción de nuevas comidas ya que el niño se aferra al pecho y rechaza los cambios. Algunos expertos recomiendan que en ese caso se ofrezca el pecho después de probar la comida nueva, como postre (si quieres bajar la producción, por ejemplo).

Considero que, a partir de los dos años, el niño debe masticar y no succionar (y eso incluye tanto el pecho como los biberones). Para eso tiene los dientes. La succión no deja de ser un reflejo arcaico que, como otros del recién nacido, va desapareciendo.

Una fórmula "mágica"

Aún hay mujeres que dudan sobre si su leche es buena. De eso no tengo duda alguna. Es tan perfecta que incluye pequeñas variaciones de composición según las necesidades de cada momento: la hora del día, el clima, lo que necesita el niño en esa etapa, etc.

La producción de la leche pasa por tres etapas diferenciadas:

- ✔ **Cuando nazca el bebé** segregarás calostro. Su composición es idónea para estos momentos de la vida y además lleva una serie de sustancias que permitirán la aparición de la flora intestinal, de las enzimas digestivas, etc.

- ✔ **A los 2-4 días** notarás la bajada de la leche. Tus pechos parecen llenarse de golpe. Se tensan y empiezas a producir gran cantidad de leche. Es una leche que médicamente conocemos como *leche de transición*. Cabe la posibilidad de que en este momento tengas algunas pérdidas de leche porque el niño aún es incapaz de tomar tanta. En pocos días lo que él come y lo que tú produces se equilibrará.

- ✔ **Alrededor de las 4 semanas** ya produces leche madura, que se mantendrá durante toda la lactancia. A partir de aquí empezará una relación mágica entre la leche que produces y lo que el niño necesita, tanto en cantidad como en composición. ¡Es un producto 100% a la medida!

Si decides darle el pecho y luego piensas que te has equivocado, puedes dejarlo sin problema y pasar a los biberones. Al revés no puedes hacerlo.

Circunstancias especiales

La mayoría de las madres tiene leche suficiente para alimentar a sus hijos. Pero siempre hay excepciones. Una de ellas es que alguna circunstancia extraordinaria, como un disgusto, estrés o enfermedad, reduzca la producción al principio, pero una vez iniciada suele mantenerse.
A partir del quinto o sexto mes introducirás nuevos alimentos, retirando algunas tomas, y la producción de leche se adaptará sin problemas.

En algunos casos, durante los primeros días y sobre todo en niños muy pequeños o que han nacido prematuros, cuesta que te baje la leche porque la succión del bebé no es suficientemente fuerte. La succión fuerte y el vaciado de los pechos son los dos estímulos fundamentales para que tú tengas leche. Si esto ocurre, suele ser suficiente complementar la alimentación con un biberón los primeros días hasta que el niño adquiera fuerza, estimule la producción de leche y puedas seguir alimentándolo sola. En ese caso el biberón se convertirá en tu aliado para la bajada de la leche.

¿Comer por dos?

Siempre tenemos que cuidarnos, pero si eres madre y das el pecho debes hacerlo un poco más. Ya ha pasado aquella época en la que las abuelas engordaban a las madres bajo la premisa de "debes comer por dos", pero tu leche aporta muchos nutrientes al bebé, sobre todo calcio, y si no tienes para los dos, lo sacará de tu organismo —básicamente de tus huesos— y se lo dará al bebé. Éste es el único complemento extra que se suele recomendar a las madres que amamantan.

Durante la lactancia, tu dieta tiene que ser variada y completa. Es importante comer de todo: carne, pescado, verduras, frutas, legumbres, productos lácteos, etc., y cocina de la forma más natural posible.

Si eres una madre vegetariana con una dieta muy estricta, cabe la posibilidad de que te falte hierro y vitamina B12. Si das el pecho, tu hijo manifestará esta falta y deberás complementar su dieta.

El calcio suplementario puedes tomarlo en forma de productos lácteos como yogur, queso fresco o leche. Si no toleras la lactosa o eres alérgica, tu médico puede recetarte preparados farmacéuticos como los que tomaste durante el embarazo. En principio, si la dieta es correcta, no es necesario que tomes otros complementos como vitaminas o suplementos energéticos.

También en la lactancia existen creencias que no se han comprobado científicamente. Dos de las más arraigadas son:

✔ **Hay que beber mucho líquido.** Se cree que el volumen de leche materna está relacionado con la cantidad de líquido que toma la madre y no es cierto. Es posible que durante la lactancia la madre tenga más sed, pero esto no quiere decir que si toma más líquido producirá más leche. Para que te hagas una idea de que lo que digo piensa que una madre que padezca una gran deshidratación tendrá una disminución de producción de orina, pero nunca del volumen de leche.

✔ **El ajo da mal sabor a la leche.** Nadie ha demostrado que determinados alimentos den mal gusto a la leche. Es más: en una ocasión se estudió qué pasaba si la mamá tomaba mucho ajo y se vio que los bebés no sólo no rechazaban el pecho sino que se prendían mejor. Sabemos que la cantidad de producto que la mamá tendría que ingerir para cambiar el sabor es superior a lo que se ingiere normalmente. Por tanto, come lo que te apetezca.

Si quieres perder peso...

Muchas madres tienen prisa por recuperar la figura. Tengo una buena noticia para ti: amamantar es una excelente forma de perder peso de

Alcohol, tabaco y otras drogas

Cualquier cosa que tomes pasará a tu hijo por la leche y puede perjudicarlo. Por eso es muy importante dejar cualquier hábito tóxico.

✔ **El alcohol.** Si bebes, parte de lo que tomes pasará al niño y él tendrá que eliminarlo. Y si el alcohol hace daño al hígado de los adultos, aun le hará más daño al suyo. Por tanto, evita la ingesta de alcohol durante la lactancia.

✔ **El tabaco.** No sólo los productos tóxicos del cigarrillo que están en tu sangre pasarán a tu hijo, sino que además inhalará el humo y, por las características de su pulmón, absorberá mucho más que tú. Si eres madre fumadora, no te engañes, tu hijo inhalará humo. Digo que no te engañes porque las madres fumadoras suelen engañarse ellas mismas y pretenden engañar, sin mala intención, al pediatra. "No se preocupe, doctor, yo nunca fumo delante del niño, me voy al balcón", dicen muchas. Y es verdad, a veces salen al balcón, pero en otras ocasiones sólo abren

la ventana e incluso ni esto. Hay muchos estudios científicos que demuestran que los hijos de madres fumadoras tienen una incidencia de enfermedades respiratorias muy elevada y, sobre todo, mucho mayor que los hijos de madres no fumadoras. Por eso te recomiendo que aproveches el nacimiento de tu hijo para dejar de fumar.

✔ **Otras drogas.** Con las drogas no legales ocurre igual aunque con mayor peligro porque la mayoría son muy adictivas y casi todas tienen efectos perjudiciales sobre el sistema nervioso central. Como médico hospitalario he tenido la oportunidad de ver bebés con síndrome de abstinencia o con problemas neurológicos como consecuencia del consumo de drogas de la madre.

Teniendo en cuenta los problemas que pueden provocar, si no puedes dejarlo, dale biberones a tu hijo.

forma natural y paulatina. Pero no esperes algo milagroso: dicen que se necesitan nueve meses para engordar con el embarazo y otros nueve para recuperar la línea. Si quieres acelerar el proceso, puedes hacer dieta mientras sea equilibrada, completa y con suplementos de calcio. Es mejor que te supervise un profesional; si no, ten en cuenta lo que te he dicho y usa tu sentido común (y sobre todo no te pases, en este momento de tu vida necesitas una buena dosis de energía).

La ciencia del biberón

Cuando hablamos de la alimentación con biberones solemos referirnos a lactancia artificial, aunque sólo utilizamos esta palabra para distinguirla de la leche materna o natural. En realidad, la leche que se utiliza no se fabrica artificialmente sino que es leche de vaca modificada hasta conseguir una composición lo más parecida posible a la humana. Hoy en día, existen leches de gran valor nutritivo y muy similares a la natural.

La leche

Aunque existen en formato líquido, lo más habitual es usar leche en polvo, que es leche a la que le han sacado el agua. Para reconstituirla debemos añadir al polvo la misma cantidad de agua que se le sacó.

Se distinguen dos grandes tipos:

✔ **Leches de inicio:** son capaces de nutrir a un bebé hasta que cumple los 6 meses, como lo hace la leche materna.

✔ **Leches de continuación:** existen las fórmulas 2 y 3, que cambian la composición y se utilizan a medida que el niño va creciendo. Se utilizan a partir de los seis meses —incluso un poco antes— y hasta el año y medio como mínimo.

A la hora de decidir qué marca utilizar, lo mejor es dejarte aconsejar por tu pediatra, aunque puedes estar tranquila con cualquiera porque todas deben cumplir unas normas muy estrictas sobre su composición, pasan controles... En Europa las dicta un comité de expertos formado por especialistas en Gastroenterología y Nutrición agrupado bajo las siglas ESPGHAN.

Biberones y tetinas

Los biberones suelen ser de plástico o de cristal. Mientras el niño es pequeño y eres tú quien se lo da, poco importa que uses uno u otro, porque no hay peligro de que se rompa. Cuando el niño empiece a sujetar el biberón utiliza el de plástico, así evitarás posibles accidentes.

En cuanto a las tetinas, encontrarás de muchos tipos. Suelen ser de caucho o de silicona y además se fabrican de diferentes tamaños, formas, con más o menos agujeros, antihipo, etc.

Compra el que quieras. En realidad, lo único que importa es que caiga bien; es decir, que con la leche fría, al poner boca abajo el biberón y sin tocar la tetina, caiga gota a gota de forma continua. Si ves que no cae suficiente, amplíale el agujero con una aguja gruesa quemada. Si cae demasiado, cambia de tetina.

No es imprescindible que esterilices los biberones, aunque es recomendable hacerlo los primeros meses para asegurar la higiene. Esto se puede conseguir hirviéndolos o utilizando esterilizadores químicos o eléctricos. Lo que importa es que estés segura de la limpieza de tus biberones.

El agua

Algunas madres utilizan agua embotellada, siempre de la misma marca. El problema surge cuando tienen que desplazarse unos días: he visto a madres cargando paquetes y paquetes de botellas para preparar el biberón. Te aconsejo que uses cualquier agua potable. No toda el agua que sale del grifo de cualquier población urbanizada es potable ni cumple numerosas garantías.

Durante mucho tiempo se ha recomendado hervir el agua del biberón. Si usas agua con suficientes garantías sanitarias, no es necesario. Es verdad que los primeros meses, en los que la inmunidad del niño es pobre, hervir el agua garantiza su higiene. Desde luego, ante la más mínima duda de que el agua no sea suficientemente buena debes hervirla. Bastará con un hervor de entre 5 y 10 minutos (y después deja que se enfríe, claro).

La preparación, paso a paso

Preparar un biberón tiene pocas complicaciones pero, como todo, hay que aprender a hacerlo. Uno de los pocos riesgos de la lactancia artificial es que debemos manipular los alimentos y podemos contaminarlos. Por eso, una de las medidas que nunca debes saltarte es hacerlo con cuidado y con la mayor higiene posible.

Los pasos que debes seguir para preparar el biberón son:

✔ Lávate las manos con agua y jabón.

✔ Pon la cantidad de agua indicada por tu pediatra. Los biberones suelen tener una escala que señala la cantidad vertida.

✔ Añade las medidas rasas de leche en polvo, sin apretar el contenido. Normalmente es una medida por cada 30 cc de agua.

✔ Pon la tapa y agita la mezcla para que no queden grumos. Si el agua está caliente, se deshace mejor.

✔ Quita la tapa.

✔ Pon la tetina sin apretarla excesivamente para no bloquear la entrada de aire.

✔ Comprueba que la temperatura es correcta. Para ello, deja caer una gota de leche en la cara interior de la muñeca.

✔ Comprueba que la tetina fluye bien; es decir, que no está bloqueada y que no cae a chorro. Lo más adecuado es que, con el biberón frío y sin tocar la tetina, al poner el biberón boca abajo, la leche caiga gota a gota de forma continua.

✔ Cuando acabes de usar el biberón lávalo a fondo y comprueba que no queden restos. Existen cepillos largos específicos para limpiarlos.

Algunas normas generales

✔ **Cuidado con las proporciones.** Si ponemos menos agua de la necesaria, la mezcla quedará muy concentrada y se corre el riesgo de que el niño se deshidrate. En cambio, si ponemos demasiada agua la leche quedará muy diluida. Es menos peligroso que un exceso de concentración, pero será una leche que nutrirá menos a tu hijo. No te preocupes, no pasa nada si pones 4 o 5 cc más o menos de agua: hablo de errores importantes y sobre todo cuando se mantienen una toma tras otra. Un pequeño error no suele provocar problemas y las pequeñas diferencias son totalmente normales.

✔ **Que coma cuanto quiera.** Ten presente que no es necesario que el niño se acabe el biberón cada vez. Las cantidades recomendadas en los botes de leche, hasta las que te dice el pediatra, siempre son orientativas. Lo importante es que te fijes en tu hijo: él te marcará lo que necesita. Si le haces caso, todo irá bien.

✔ **No olvides el eructo.** Cuando acabes de darle de comer procura que eructe. Ya sabes que no siempre lo hará, pero tienes que darle un tiempo. Es posible que se acompañe de una pequeña regurgitación, normal a esta edad.

✔ **Horario flexible.** Durante el primer mes debes darle el biberón cada tres horas como mínimo, aunque este horario nunca debe ser estricto: adáptalo a tu hijo. Tras el primer trimestre es posible espaciar las tomas a cada 4 horas si el niño y tú aceptan el trato. Si el bebé aumenta de peso, se puede empezar a marcar la pausa de sueño, por lo general de noche, que puede llegar a ser de 8 horas.

Igual que las madres que amamantan, es bueno que la comida de tu bebé se convierta en un momento de relax, tranquilidad e intimidad con él.

La lactancia mixta

Hay situaciones en las que, independientemente de la causa, el niño no obtiene suficiente alimento con tu leche, pero tú quieres seguir dándole el pecho. En estas circunstancias te puedes plantear alimentar a tu bebé con el pecho y el biberón. De esta manera, el biberón te permite nutrir al niño dándole las calorías que le faltan y tú, con el pecho, sigues dándole todo aquello de lo que carece la leche artificial.

Se puede hacer de muchas maneras, pero deberás estimular al máximo tu producción de leche. Por ello puedes empezar dándole el pecho unos 10 minutos o hasta que notes el pecho vacío, y luego ofrecerle un biberón. Lo importante es que el niño succione con fuerza y aproveche los primeros minutos de la toma, ya que durante los cinco primeros minutos sacará 70% del alimento, y que luego vacíe el pecho, ya que eso estimulará la nueva bajada de leche.

Como desconoces la cantidad de leche que ha comido, es difícil calcular la cantidad de biberón que debes darle. No te preocupes: como el biberón es un complemento, prepara una cantidad y verás si se la acaba. Si se la acaba, ponle más. Si no, es suficiente. Aprovecho para remarcar algo que repetiré muchas veces: nunca fuerces a tu hijo a comer.

Mucha gente te dirá que, cuando empiezan con el biberón, dejan el pecho. Es cierto que puede ocurrir, pero suele ser porque la cantidad de leche materna es escasa. Además, como la succión en una y otra lactancia es distinta (el biberón le es más fácil), su interés por la lactancia natural acaba siendo mínimo. En este caso, plantéate si vale la pena seguir dándole pecho, aunque cualquier opción es buena.

Algunos extras

Los pediatras nos hemos cansado de repetir que la leche materna y las leches artificiales pueden alimentar a tu bebé hasta que cumpla los seis meses. Sin embargo, no es del todo cierto: algunas circunstancias nos aconsejan complementar la dieta con aportes diferentes.

Durante los primeros meses, el crecimiento de tu hijo es exponencial. La vitamina D es imprescindible para el metabolismo del calcio, su absorción y su fijación en los huesos. La leche materna suele ser pobre en esta vitamina, y aunque en raras ocasiones un niño que toma el pecho muestra déficit de vitamina D, los comités de expertos aconsejan complementarla con aportes externos.

¿Qué razones hay para hacerlo? El cuerpo humano fabrica esta vitamina a partir de los rayos solares. Si tu hijo tomase el sol unos 15 minutos varios días a la semana sería suficiente para producir la vitamina D, pero como intentamos protegernos del sol, nos tapamos por el frío o vivimos en lugares con pocas horas de sol, se podría dar el caso de que algunos bebés tuvieran déficit de esta vitamina. Por eso los pediatras recomendamos que le des un suplemento durante los primeros 3 o 4 meses (normalmente basta con 1 o 2 gotas al día). Sólo es necesario si le das el pecho; en la lactancia artificial no es necesario, ya que todas las leches están enriquecidas con vitamina D.

Más discutidos son los aportes de flúor. El flúor es necesario para la dentición y la salud dental de tu hijo. El agua potable suele llevar flúor, aunque las cantidades varían de un lugar a otro. Por eso, si es necesario, el pediatra te recomendará un suplemento que le aporte lo que le pueda faltar.

Agua, sólo en el desierto

Seguramente te habrás preguntado si debes dar agua a tu hijo. En condiciones normales, tu hijo no la necesita. Si en algún momento el niño tiene fiebre y come menos, tiene diarrea y pierde líquidos o está en un lugar en el que hace un calor descomunal, puedes ofrecerle agua y estará bien, pero en condiciones normales no hace falta. La leche, tanto la tuya como la artificial, llevan un alto porcentaje de agua.

Parte II

Cómo crece y se desarrolla

—¡VEO QUE YA LE ESTAN SALIENDO
LOS PRIMEROS DIENTES!

En esta parte...

Los cambios físicos de tu hijo durante los primeros tres años serán espectaculares. Su cuerpo no sólo cambiará, también se transformará: pasará de ser un bebé dormilón y gordito a convertirse, delante de tus ojos, en un niño esbelto y activo.

Además de su cuerpo, crecen sus habilidades: aprenderá a mantener la cabeza erguida, a sentarse, gatear... y un día podrás llevarlo a pasear caminando de la mano. Ese día, tu hijo te entenderá bastante bien y habrá aprendido a pronunciar sus primeras palabras. En esta parte te cuento cómo pasarán todas estas cosas y muchas otras igualmente impresionante.

Capítulo 5

Creciendo día a día

- -

En este capítulo

▶ El crecimiento desigual del cuerpo de los bebés

▶ Qué importancia tiene el peso y la altura en cada etapa

▶ Por qué se mide la cabeza de los bebés

▶ La dentición y sus mitos

- -

Todos los padres recuerdan el peso y la talla de su hijo al nacer y desde ese momento anotan cómo crece. Aumentar de peso o de altura es algo que se comenta con orgullo, porque dentro de ciertos parámetros, es signo de salud e indica que el niño se va haciendo mayor.

Un cuerpo que no para

"Será pianista", dicen muchas mamás al ver los largos dedos de su recién nacido. A lo mejor lo será, pero seguro que entonces sus manos habrán dejado de ser tan grandes respecto de sus brazos. El cuerpo de los bebés es muy diferente del de los adultos, no sólo por su tamaño, sino sobre todo por la diferente proporción de sus miembros.

Los primeros meses, cada parte del cuerpo crecerá de forma y en momentos diferentes. Comparado con los adultos, un bebé tiene unas manos y una cabeza grande, un tórax largo y unos brazos y piernas cortos.

Un hecho importante es que, en los niños, los huesos se remodelan y acaban de formarse con el uso. La fuerza muscular ayuda a que tomen su forma final. Por ejemplo, las manos son rechonchas y gordas en el período de lactante, pero en cuanto aprenda a usarlas se irán estilizando para acabar teniendo la mano grácil y estilizada de la adolescencia.

Cada miembro a su ritmo

Voy a ponerte algunos ejemplos de cómo crece cada parte del cuerpo para que puedas observarlo en tu hijo a medida que se haga mayor:

✔ **El cráneo.** Es el conjunto de huesos que crece más rápido debido al aumento de volumen del cerebro de su interior. Proporcionalmente, la cabeza del bebé es más grande que en la edad adulta.

✔ **El tórax.** Al principio es circular y con el tiempo se vuelve más ancho. Es un cambio que se produce lentamente. Al principio, cuando lo comparamos con las extremidades, nos parece muy grande.

✔ **La pelvis.** Aumenta hasta llegar a la pubertad, cuando la de las niñas crece más.

✔ **Los brazos.** Crecen muy lentamente los primeros 6 meses y, a partir de aquí, aceleran su crecimiento hasta pasada la pubertad.

✔ **Las manos.** Primero son muy grandes, pero su crecimiento se ralentiza poco a poco.

✔ **Las extremidades inferiores.** En el recién nacido son cortas y están curvadas. Durante los tres primeros años crecen muy de prisa y luego empiezan a frenar la velocidad de crecimiento hasta adoptar una velocidad constante. Cuando el bebé se ponga de pie y empiece a caminar, las piernas se enderezarán y se pondrán rectas hasta que desaparezca la curvatura inicial.

✔ **Los pies.** Los primeros 24 meses no tienen una forma muy definida. Están rellenos de una almohadilla de grasa. Esto les da un aspecto redondo y parece que son planos. Gracias a la musculatura y a su uso van tomando forma y aparece el arco plantar (el puente). Los pies crecen de forma acelerada hasta los tres años y luego lo hacen de forma regular y constante.

La importancia de las curvas

Cuando lleves a tu hijo al pediatra, él comprobará su altura y peso, pero también se fijará en las proporciones de las diferentes partes del cuerpo y en otras muchas cosas de las que tú no te darás cuenta. Es posible que compruebe que todo va bien comparando sus medidas en las curvas de crecimiento de las que dispone (cuando hablemos del peso entraremos más en este tema).

Aunque durante los primeros meses esté en la parte alta o baja del gráfico, es difícil predecir si de mayor podrá ser muy alto. En su altura final influyen muchos factores, pero sobre todo la genética y el momento del cambio sexual: la pubertad. Mientras, lo que realmente tiene valor es que, sea cual sea su lugar en la curva, su crecimiento sea regular y homogéneo.

Si todo va bien, tu hijo crecerá de forma muy rápida durante el primer trimestre y a partir de ahí cada vez crecerá menos hasta llegar a una época de crecimiento regular. Por eso las mediciones del bebé son frecuentes al inicio, pero llega un momento en que no tienen sentido si no hay un intervalo de seis meses entre medida y medida. Con intervalos más cortos, los cambios podrían no notarse.

Para confirmar lo que acabo de decir, piensa que durante el primer año de vida crece unos 25 centímetros, y no de forma regular: 10.5 los ganará el primer trimestre; 6.5 el segundo; 4.5 el tercero; y 3.5 el cuarto. A partir de ahí crecerá unos 15 centímetros el segundo año y entre 8 y 9 en el tercero. Luego lo hará de forma constante, hasta llegar a los cambios puberales, cuando dará el típico estirón.

El peso justo

En las consultas pediátricas he comprobado que las familias han pasado de un extremo al otro. Antes, todas las mamás querían que sus hijos estuviesen gorditos, llenos de llantitas en brazos y piernas. Así eran los que salían en los anuncios. Ahora, cuando el niño está así, nos preguntan si hay que ponerlo a régimen. ¡Ningún extremo es bueno!

Es cierto que el control de peso puede ser importante los primeros días para ver, sobre todo, si la lactancia materna funciona, si todo va bien. Luego, pasados los cambios iniciales, no es más que otro de los parámetros que nos ayudan a valorar su estado de salud. Tranquila, cuando revise a tu hijo, tu pediatra observará otras muchas cosas, algunas más importantes que el peso.

De todas formas, ten presente que la evolución más habitual del peso es la siguiente:

✔ **Días 3-4:** Puede llegar a perder hasta 10% del peso del nacimiento. Es debido al ajuste metabólico necesario al pasar de un medio líquido a uno aéreo, a la expulsión del meconio, a que aún no te ha bajado la leche, etc.

✔ **Final de la primera semana:** Se detiene la pérdida de peso y empieza la recuperación.

✔ **Días 12-15:** Vuelve a pesar lo mismo que cuando nació.

✔ **Hasta los 18 meses:** El peso aumenta de forma rápida, aunque el cambio es más evidente los primeros meses. A medida que crezca, ganará peso más lentamente.

A modo de ejemplo, y con la prudencia con la que hay que tomar las cifras en biología —porque nunca son exactas ni sirven para todos— durante el primer trimestre gana unos 25-30 gramos diarios, 20 en el segundo, 15 en el tercero y 10 en el cuarto. Evidentemente, no siempre es así. Por ejemplo, un día ganará 50 gramos, el otro 10, otro 30 y así sucesivamente. Lo que importa es la media de lo que gane a la semana o durante un mes.

Se le tiene que pesar a intervalos regulares, teniendo en cuenta los cambios del bebé. Si crees que tu hijo engorda poco, habla con tu pediatra, pero no le peses cada día, ¡o te volverás loca!

Tablas y percentiles

Para ver si el crecimiento del niño es correcto, los médicos solemos consultar unas tablas de crecimiento. Estas gráficas muestran los porcentajes que se consideran normales dentro de la estadística actual de nuestro país (si has adoptado a un niño extranjero, el pediatra debería valorarlo según las tablas de su país de origen).

Para una edad, se considera normal el peso o talla que entra en la franja entre mayor y menor de 94 % de la población. Quedan fuera los que están del 0 a 3% o los de 97 a 100%. El valor que divide la población por la mitad es la media. Si

tu hijo está en este valor, por ejemplo, significa que, en la población estudiada, es decir, los que han servido para elaborar la tabla, 50% pesa más que él y 50%, menos. Si tu hijo está en el percentil 75 significa que 75% miden menos que él y 25%, más que él. Las tablas no dicen más.

Las tablas suelen despertar mucho interés entre los padres, pero para el pediatra son otro dato que le permite valorar en conjunto el peso, la talla, el desarrollo psicomotor, el tono muscular, etc. Y es que un niño, igual que le pasa a un adulto, se debe valorar de forma global.

No debes preocuparte por un posible sobrepeso de tu hijo, sobre todo si es aún lactante. Siempre me he negado a limitar la ingesta de un lactante sano para bajar peso: me parece una barbaridad. Cada niño es como es y hay lactantes que engordan con más facilidad que otros, pero el desarrollo de un niño debe ser armónico tanto física como psicológicamente. Si tu hijo crece bien, su desarrollo psicológico es normal, es feliz y tú eres feliz, deja las cosas como están.

Pero debes tener en cuenta dos aspectos:

✔ El niño debe seguir una dieta equilibrada y acorde con su edad. Por ejemplo, si toma demasiados cereales porque "el biberón le gusta más si lleva cereales", si le damos alimentos que aún no debe tomar a su edad o por la razón que sea, no hay que ponerlo a dieta sino equilibrar y regular la dieta.

✔ Nunca, bajo ningún concepto, fuerces a tu hijo a comer. Desde los primeros días hay que dejar que se autorregule y nunca debes hacerlo comer si él no quiere. Un niño gordito no es un niño más sano que otros.

Si tu hijo está sano, come lo que le corresponde y no lo fuerzas, no te preocupes si lo ves gordito. Otra cosa es cuando el niño tiene un peso exagerado por enfermedad, por ejemplo, por retención de líquidos. En este caso debe hacerse un diagnóstico y ponerle remedio, no ponerlo a dieta sin saber por qué.

La importancia de la cabeza

En un año, un bebé que no sabía hacer casi nada ya camina, habla y es capaz de hacer muchas otras cosas. Es tanto lo que aprende que no es raro que el cerebro le crezca a marchas forzadas. Y si crece el cerebro, también debe hacerlo la caja de huesos que lo protege.

Para que te hagas una idea de lo espectacular que es este crecimiento, te diré que la capacidad craneal es de unos 350 cc en el recién nacido, de 750 cc hacia el año, de 900 cc a los dos y entre los 4 y los 6 años alcanza los 1,500 cc, la capacidad del adulto. La cara, en cambio, crecerá lentamente, pero no se detendrá hasta los 20 años.

Este aumento tan espectacular se produce porque los huesos del cráneo no están soldados, sólo separados por un tejido (que no es de hueso) que deja un espacio que llamamos suturas. Además, entre los huesos existe un espacio blando cerca de la coronilla, la fontanela, que no se cierra hasta que el niño cumple aproximadamente unos 14 meses. En las revisiones, el pediatra la revisará, pero es mejor que nadie más se la toque, es una zona muy delicada.

Un crecimiento normal del cráneo será sinónimo de un crecimiento normal del cerebro. Por eso, en las revisiones médicas miden la cabeza del bebé. Luego, con estas medidas, los pediatras elaboramos su curva de crecimiento, como con el peso y la talla, y si vemos algo que no encaja (como una fontanela que se cierra antes de tiempo o un cráneo que crece poco o demasiado), investigamos por qué ha pasado y qué se puede hacer.

Le salen los dientes

La salida de los dientes es uno de los hitos de la evolución de los niños (y uno de los hechos que genera más mitos infundados). Por mi experiencia te diré que los dientes salen como y cuando quieren. Es de las cosas más irregulares que he visto. Cuando un padre me pregunta sobre esto, siempre le explico lo que se considera normal, pero añado que he visto salir los primeros dientes a niños de pocos meses y a muchísimos de más de un año.

En este cuadro exponemos lo que se considera normal en la salida de los dientes, aunque, insisto, la variabilidad es muy grande.

Hay que tener en cuenta que los dientes acostumbran a salir por parejas, casi a la vez. Si la pareja de un diente que ya ha salido tarda más de seis meses en asomar, coméntaselo al pediatra.

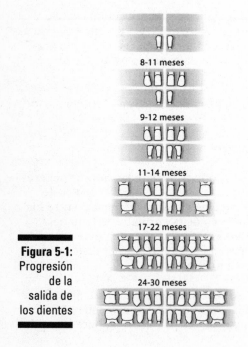

8-11 meses

9-12 meses

11-14 meses

17-22 meses

Figura 5-1:
Progresión
de la
salida de
los dientes

24-30 meses

Algunos mitos de la dentición

Seguro que si tu bebé muerde cosas o babea más de lo habitual alguien te dirá que es porque están a punto de salirle los dientes. ¿Qué hay de cierto en eso?

✔ **Babea mucho.** Hacia el mes o mes y medio, el niño empieza a producir y secretar bastante saliva, pero aún no sabe tragarla continuamente como hacemos los adultos (que producimos unos dos litros al día). Las glándulas salivales aumentan progresivamente hasta que el niño cumple los cuatro meses. Pero aún no sabe muy bien qué hacer con ella, y así la saliva cae y el niño babea. Mucha gente relaciona este babeo con la salida de los dientes, pero, aunque podría coincidir, no tiene nada que ver una cosa con la otra.

✔ **Se mete cosas a la boca.** ¿Crees que al niño le duelen las encías porque van a salirle los dientes? Ves cómo tu bebé se mete las cosas a la boca, las muerde y, además, está inquieto, irritable. A diferencia de lo que cree mucha gente, he de decirte que los dientes no duelen cuando salen. El hecho de meterse cosas a la boca, que provoca más saliva, y apretar o morder forma parte de la evolución psicomotriz normal del lactante. La boca es su manera de contactar con las cosas, con el mundo exterior, y morder es el inicio del proceso normal de masticación que irá aprendiendo poco a poco. Al principio sólo aprieta y no será capaz de masticar hasta que cumpla los 18-24 meses.

✔ **Se le irrita la zona del pañal.** Otra alteración atribuida a la dentición es que haga popó un poco blanda que le irrita la piel más de lo habitual. Muchas veces me dicen: "Doctor, le están saliendo los dientes porque mire qué rojo e irritado se le pone el trasero". Lo cierto es que no se ha demostrado que esa irritación tenga que ver con los dientes.

Si, a pesar de todo lo dicho, crees que a tu hijo le duelen las encías, díselo al pediatra; se puede atenuar con algún analgésico. Los juguetes que sirven para morder, fríos o no, son buenos porque lo ayudan a aprender a masticar, lo estimulan y le gustan. Además, parece que "lo alivian", así que puedes dárselos.

Una vez vinieron a verme un bebé de dos meses y medio y una mamá acompañados por la abuela materna. Era una revisión rutinaria y debía vacunarlo. La mamá me preguntó si era posible que le estuviesen saliendo los dientes porque babeaba mucho. Le contesté que el babeo era normal a esta edad, que se debía a que empezaba a producir saliva y no la sabía tragar y que lo más normal es que no fuese por los dientes. La abuela, en un tono un poco seco, me dijo "Doctor, el niño babea porque le salen los dientes. Siempre ha sido así". Volví a darle mi explicación, pero no convencí a la abuela, que insistió en su punto de vista.

A los 9 meses, en otra revisión rutinaria, la abuela volvió a acompañarlos. Les pregunté cómo iba todo y la mamá, ilusionada, me dijo: "Le ha salido el primer diente". Antes de darme la oportunidad de felicitar a la mamá, la abuela, esta vez con tono despectivo, me espetó: "¿Ve cómo yo tenía razón y le estaban saliendo los dientes?". Evito transcribir lo que le contesté. Desde entonces, cuando alguien está convencido de que a su niño le duelen los dientes, si después de las explicaciones pertinentes sigue sin aceptar lo que le explico, le doy algo que no sea nocivo para aliviarlo (a lo mejor no al bebé, pero seguro que sí a la mamá).

Quiero dejar constancia de que habitualmente me llevo muy bien con las abuelas, básicamente porque no discuto con ellas de cosas poco importantes. ¿Usted no cree que sea por esto? Bueno, tiene razón.

La lucha contra la caries

Los dientes del bebé han de lavarse desde que salen. Al principio deberás hacerlo tú, con agua (sin pasta) y un cepillo de cerdas blandas o una gasa estéril; intenta llegar a todos los rincones.

Hacia el año y medio puedes a enseñarlo a hacerlo. En ese momento se puede utilizar pasta de dientes, pero es importante que sea especial para niños pequeños, porque lo normal es que al principio se trague algo de pasta cada vez. Lo hace porque huele bien, pero también porque le cuesta enjuagarse y escupir. Es normal, no pasa nada. Con el tiempo aprenderá a lavarse solo y es recomendable que lo haga dos veces al día.

Hay que evitar que el niño vaya por la casa con el cepillo, porque además de ensuciarlo, si se cae se lo puede clavar y hacerse daño en la boca.

Si aparecen caries antes de los tres años es un signo precoz de caries graves. La mayoría de las veces es a causa de la alimentación; es decir, indican que algo estamos haciendo mal. Comer chucherías, caramelos y dulces no es recomendable a esas edades. También es muy importante que no tome bebidas azucaradas —como jugo de frutas— con el biberón: este tipo de caries suele ser muy importante. Cuando el niño ya tiene dientes hay que procurar evitar las comidas nocturnas y abandonar el biberón a los dos años.

¿Qué debo tener en cuenta?

Aunque los controles del pediatra comprueban que todo va bien y sirven para prevenir posibles problemas de salud, como tú convives con el bebé serás la primera en notar algo que no funciona. Algunas de las señales que deben encender tu alarma desde el punto de vista del crecimiento son:

✔ **Crecimiento exagerado.** Fuera de lo normal. Es raro, suele corresponder a enfermedades y se acompaña de otros signos.

✔ **Crecimiento reducido.** Si un adulto mide entre 1.40 y 1.45 metros, hablamos de enanismo. Suele ser congénito, genético, y por ello se diagnostica al nacer o de pequeño. Muchos enanos son disarmónicos, es decir, asimétricos (cabeza grande, piernas cortas, etc.), rasgos que se detectan desde el primer momento. El enanismo armónico, es decir, proporcionado, se produce por un déficit de la hormona del crecimiento. Es importante diagnosticarlo porque, además, se puede tratar. Es una forma de enanismo que no suele diagnosticarse hasta pasados los tres años, sobre los 4 o 5 años.

✔ **Aumentos exagerados o bruscos del peso.** Puede ser que, de repente, en cuestión de días, te des cuenta de que no puedes abrocharle un pantalón o un vestido que antes le quedaba bien. Si le pasa a tu bebé, puede que esté enfermo, así que llévalo al pediatra. Sigue esta recomendación si ves que tu hijo está hinchado —no gordito— porque quizá retenga líquidos.

En cuanto a los dientes, no te preocupes si le tardan en salir. Los retrasos preocupantes suelen aparecer en niños con alguna enfermedad (pero en estos casos suele haber otros síntomas).

Capítulo 6

El desarrollo de tu hijo

*L*os pediatras sabemos que cada niño va a su ritmo. Por eso, cuando vienen unos padres preocupados porque su hijo aún no camina mientras que un primo de su misma edad ya lo hace, les propongo que me traigan al bebé al cabo de unas semanas. La mayoría de las veces, el problema se ha resuelto. Aun así, conviene observar el desarrollo para asegurarse de que todo va bien.

De la cabeza a los pies

El recién nacido no sabe hacer casi nada: sus movimientos son inconexos, no sabe hablar y se comunica poco contigo. Pero durante el primer año vivirá los cambios más importantes y rápidos de toda su evolución y aprenderá a caminar, hablar, relacionarse con los demás, etc. La maduración del sistema nervioso central es responsable de que esto suceda. Por eso, en proporción, su cerebro crece más que otros órganos durante este período.

Los niños se desarrollan de arriba a abajo: primero controla la cabeza, luego las manos y así sucesivamente hasta llegar a los pies, que será lo último. A partir de aquí el objetivo será refinar, mejorar y perfeccionar el control de todos los músculos del cuerpo para perfeccionar sus movimientos y habilidades.

Acaba de nacer... ¿y ya camina?

Al nacer, tu hijo tiene unos reflejos que sólo se dan en esta época. Algunos son realmente curiosos:

✔ **Reflejo del paso o marcha automática.** Si sujetas a tu bebé por el tronco y lo pones de pie, con la planta de los pies sobre una superficie plana, primero se pondrá de pie, estirará las piernas y, si lo inclinas un poco hacia delante, dará unos pasos como si supiese caminar. Este reflejo desaparece pasado el primer mes.

✔ **Reflejo de Moro.** Se llama así en honor al pediatra que lo describió por primera vez. Ante un estímulo fuerte cerca de él (un ruido, un golpe o cuando el pediatra lo provoca para explorarlo), tu hijo abrirá las manos y brazos al máximo, como si se cayese, y luego, inmediatamente, los flexionará y unirá en su pecho, como si quisiera abrazar algo. Te darás cuenta de que lo hace muchas veces al día, ya que recibirá muchos estímulos, pero eso no significa que tu hijo sea cobarde. Este reflejo desaparece hacia los dos meses.

✔ **Cerrar manos y pies.** Si le tocas la planta del pie verás que flexiona los deditos. Igual sucede con la mano: si le tocas la palma, la cerrará muy fuerte.

✔ **Reflejo de búsqueda.** Es uno de los más interesantes y útiles. Si le tocas una de las comisuras de los labios, girará la cabeza hacia donde lo has tocado, y seguramente con la boca abierta. Hay que aprovechar este gesto para ofrecerle el pezón para que se prenda al pecho. Para ello usará su reflejo de succión, lo que le permite comer (y, por tanto, sobrevivir).

Con los cinco sentidos a punto

¿Cuándo empiezan a ver los bebés? En contra de lo que piensa mucha gente, tu hijo ve desde el primer momento. Lo que ocurre es que no es capaz de enfocar a diferentes distancias y por eso al principio le cuesta seguirte con la mirada. Cuando acaba de nacer sólo es capaz de fijar la vista en un punto central cercano a su ojo. La distancia a la que ve mejor es a 20 o 30 centímetros: la distancia que hay entre tu pecho y tu cara cuando lo amamantas. A esta edad oye perfectamente, y es sensible al olor: es el primero de los sentidos que desarrolla (al principio te reconocerá por el olor; si te aplicas perfume, quizá lo despistes).

✔ **Reflejo del espadachín.** Es uno de los más curiosos, pues el niño adopta una posición de luchador de esgrima. Cuando le gires la cabeza hacia un lado, estirará el brazo que corresponde al lado hacia el que ha girado la cabeza mientras flexiona el otro brazo.

Los pediatras siempre comprobamos que los niños tengan estos reflejos y que reaccionen igual con las dos partes del cuerpo: es señal de que todo va bien.

Los cambios del primer año

Poco a poco, los reflejos de recién nacido desaparecerán para dar lugar a todas las habilidades normales de un niño, que irá aprendiendo a hacer todo lo que hacemos los adultos.

Cada niño desarrolla sus habilidades cuando está preparado, no antes. Así, mientras un bebé sostiene la cabeza antes del mes, puede haber otro que no lo haga hasta el mes y medio, sin que ello indique que exista un problema; lo importante es que tu hijo, poco a poco, haga cada vez más cosas, una tras otra, sin pausas y de manera armónica, ordenada. ¡Su evolución psicomotriz no es una carrera de fondo!

Durante el primer año o año y medio —el tiempo que conocemos como período de lactante—, tu hijo pasará de ser totalmente dependiente a ganar cierta autonomía, ya que podrá desplazarse solo. También mejoran sus habilidades comunicativas: cada vez te será más fácil saber qué quiere y cómo se siente. Verás que, poco a poco, aquel bebé que lloraba y no te daba muchas pistas para saber por qué, será capaz de decirte muchas cosas.

De 0 a 5 meses: acostado

Durante los primeros meses, tu bebé pasará la mayor parte del día acostado, aunque intentará estar cada vez más atento a lo que ocurre a su alrededor:

✔ **Las primeras semanas,** si lo pones boca arriba —apoyado sobre la espalda—, te darás cuenta de que mantiene las piernas flexionadas sobre la barriga y que mueve la cabeza hacia los lados para mirar todo lo que le rodea.

✔ **A partir del mes de vida** será capaz de fijar la mirada, aunque poco rato, y seguir con ella un objeto que se mueve. Si lo ponemos boca abajo, es decir, con la barriga apoyada sobre una superficie plana, es capaz de levantar la cabeza y empezar a controlarla (pero no la puede sostener mucho rato).

✔ **Hacia los 3 meses** controlará la cabeza con seguridad y empezará a dominar su tronco. Ya no mantiene la mano siempre cerrada y con el pulgar dentro, como hasta ahora.

✔ **Hacia los 5 meses** será capaz de seguir con la mirada, de conocerte a ti y a todos los que están a su alrededor habitualmente. Se pone serio si ve a un desconocido (cuando lo lleves al pediatra verás que empieza a llorar cuando éste se acerca para explorarlo). Ya conoce voces y, si le dices algo, se queda quieto e incluso te busca. Por su parte, él empieza descubrir su voz, ve que es capaz de emitir sonidos y eso le gusta. Podrá sujetar todo aquello que tenga a mano, aunque sin hacer la pinza con los dedos, y se lo llevará todo a la boca: es su manera de entrar en contacto con ese objeto, su forma de conocerlo.

Es muy importante no forzarlo a hacer cosas para las que aún no está preparado. Por ejemplo, aunque alrededor de los cinco meses empiece a controlar el tronco y a sentarse, aún no está preparado, y si lo obligas a mantener esta posición durante mucho rato podrías provocarle lesiones o deformidades. En este momento conviene que esté en una sillita ligeramente inclinada: en esta posición se incorporará cuando quiera y reposará cuando lo necesite.

De 5 a 12 meses: sentado

Durante estos meses lo acompañarás en una maravillosa evolución. Lo más importante es que pasará de estar sentado a ponerse de pie, pero además aprenderá otras pequeñas cosas de gran interés. El lenguaje evoluciona: vocaliza, grita y acaba pronunciando sus primeras sílabas (si quieres saber más, ve al capítulo 7 dedicado al habla).

Ten mucho cuidado a partir de ahora porque entre los 5 y 6 meses aprenderá a darse la vuelta solo y, si lo dejas en un lugar alto, como el cambiador o la cama, se puede caer. Cuando lo cambies, ya no lo puedes dejar solo ni un segundo.

✔ **Entre los 5 y 6 meses**, si lo sentamos un momento le gusta mucho porque ya controla la cabeza y así puede mirar a su alrededor, pero no puede hacerlo mucho rato, ya que su tronco aún no aguanta.

✔ **Hacia los 6 meses** es capaz de agarrar objetos voluntariamente.

✔ **Hacia los 7 meses** puede mantenerse seguro en posición sentada, incluso puede moverse para agarrar un objeto y volver a su posición inicial.

✔ **Entre los 8 y 9 meses** será capaz de desplazarse arrastrándose, reptando y después empezará a gatear. Ya hace pinza con el índice y el pulgar para sujetar cosas.

✔ **Entre los 9 y 10 meses** sigue experimentando con su voz y puede empezar a decir silabas como *pa*, *ma*, *ta*. De momento no tienen sentido, son sólo pruebas.

✔ **Hacia los 10 meses** empieza a agarrarse a personas y objetos para levantarse y mantenerse un momento de pie. Al cabo de un rato se soltará y caerá. No pasa nada, no tardará ni un minuto en volver a intentarlo. Se pasa cosas de una mano a otra, agarra objetos suavemente y mete y saca cosas de un recipiente. Lo que le cuesta es soltarlos. Pronto aprenderá a lanzar las cosas a voluntad.

✔ **Hacia los 11-12 meses** se sentirá más seguro en posición vertical. Primero se podrá soltar de una mano y, mientras con una se sujeta, con la otra hará otras cosas. El paso siguiente es que, de pie, se desplazará lateralmente. Si lo tomamos de la mano puede dar algún pasito.

✔ **Hacia el año**, un día se soltará y empezará a dar sus primeros pasos solo, con las piernas abiertas para crear una base más ancha y los brazos abiertos para equilibrarse. Se caerá muchas veces, pero si no lo fuerzas y lo dejas hacerlo solo, se levantará una y mil veces hasta que consiga caminar. La coordinación entre la vista y la mano es muy buena y ya puede sujetar un vaso y beber solo o coger una galleta y comérsela.

Al final de esta etapa está muy pendiente del ambiente, reconoce a quienes lo rodean, es capaz de responder con imitaciones a los adultos haciendo juegos de manos, diciendo adiós y otros gestos. Si le das pequeñas órdenes las entiende y ejecuta: aplaude, saluda, etc. Ya no se limita a imitar tus gestos, sino que te entiende. Se acerca a otros niños con curiosidad, aunque en seguida los evita. Le gusta la música, sabe si estás contenta o enfadada y es capaz de manifestar alegría o enfado.

Tu niño ya es más independiente, ha dejado de ser un "bebé-bebé"... Sólo ha pasado un año, pero las cosas han cambiado mucho.

¿Y si no gatea?

El gateo es un momento importante de su evolución porque le permite desplazarse y dirigirse hacia los objetos y cosas que le interesan. Como la mayoría de los niños, lo más probable es que tu hijo gatee, pero si no es así no te preocupes. Hay niños que nunca gatean y no tiene importancia. Lo que hacen todos sin excepción es desplazarse de una manera u otra para agarrar lo que quieren. Incluso los que gatean lo hacen de diferentes maneras: a cuatro patas, lo más habitual, arrastrando el trasero con un pierna flexionada debajo de él, hacia atrás, etc. Lo importante es que se desplace y busque todo aquello que llame su atención.

De 1 a 3 años: de pie

Cuando tu hijo tenga entre 12 y 18 meses ya te hará compañía en casa. Empieza a caminar y a hablar, entiende órdenes cortas, sabe interactuar con lo que le rodea... A partir de este momento, los cambios físicos dejarán de ser tan espectaculares, dejando paso a los cambios psíquicos. De todas formas, para que no olvides que tu hijo aún es pequeño, seguirá babeando hasta que cumpla más o menos los dos años.

✔ **Hacia los 15 meses** ya sabe hacer la pinza con el pulgar y el índice para sujetar cosas.

✔ **Hacia los 18 meses** puede meter un objeto circular en un orificio redondo.

✔ **A los dos años** aprende a correr. Las primeras veces no sabrá parar o cambiar de velocidad: irá aprendiéndolo poco a poco. Aún no puede saltar, pero lo intenta poniendo un pie delante y otro detrás, como si diese un gran paso hacia delante. Construye torres de seis cubos y puede meter un objeto cuadrado en un orificio cuadrado, pero no le gusta mucho el juego sedentario con las manos. Ya sabe arrojar los objetos lejos y disfruta haciéndolo.

✔ **A los tres años** es capaz de dar un salto con los pies juntos. No le pidas grandes alturas pero ya puede hacerlo desde el último escalón (te pedirá que observes atentamente su proeza cuando lo haga). También puede pedalear en un triciclo. Es capaz de hacer torres de nueve cubos e introducir objetos de formas distintas en los agujeros correspondientes. Empieza a disfrutar jugando con cosas manuales y puede hacerlo solo durante un ratito (pero prefiere que juegues con él).

El reto de las escaleras

Bajar y subir escaleras no es fácil para un niño pequeño: exige la coordinación de muchos grupos musculares y por eso es de las últimas cosas que aprenderá. Normalmente seguirá este proceso:

- ✔ **15 meses.** Sube las escaleras gateando.

- ✔ **18 meses.** Las sube de pie, tomado de la mano, poniendo primero un pie y luego el otro en el mismo escalón.

- ✔ **20 meses.** Las sube solo, poniendo los dos pies en el mismo escalón.

- ✔ **2 años.** Empieza a bajar las escaleras poniendo primero un pie y luego el otro en el mismo escalón.

- ✔ **30 meses.** Las baja poniendo un pie en cada escalón. En este momento ya controla la musculatura de las piernas.

Yo soy yo

Un hecho importante del desarrollo psicológico de tu hijo es que irá descubriendo que es una persona diferenciada del entorno y, a partir del año, aprenderá a expresar sus deseos y necesidades. Como consecuencia, aprenderá a decir que no, primero con el movimiento de la cabeza de un lado a otro y luego con la palabra. Está adquiriendo el concepto de individualidad, aunque le asusta un poco hacerse mayor y por eso llama tu atención. Por eso a veces no quiere comer o irse a la cama...

Entre los 18 y los 24 meses no sólo aprende a decir "mío" sino también comprende lo que significa "tuyo" o "suyo". Manifiesta sus emociones con gran carga motora. Salta, baila, tienen rabietas, pega, muerde, rompe... Su memoria es inmediata y tendrá que esperar a cumplir los dos años para recordar lo que ha ocurrido en días anteriores. Imita lo que tú hagas y suele jugar solo, no con otros niños.

En esta etapa es muy importante que le cuentes cuentos o juegues con él. A través de la fantasía no sólo comparten un rato divertido, sino que le ayudas a entender el mundo, a vencer el miedo y lo haces sentir más seguro y feliz.

Exploradores sin miedo

Los primeros tres años de tu hijo están llenos de pequeñas y grandes metas. Esperas con ilusión que empiece a gatear, caminar y decir sus primeras palabras. Son momentos muy emocionantes, pero para aprender y perfeccionar esas habilidades necesita experimentar y practicar. Y tú debes estar allí para asegurarte de que lo hace con confianza, ayudándolo cuando te lo pida y animándolo. Ármate de paciencia porque tendrás que seguirlo por toda la casa cuando gatee, darle la mano para que camine (aunque te duela la espalda) y recoger muchísimos objetos esparcidos alegremente por tu hijo cuando aprenda a hacerlo...

A medida que crece, aumenta su campo de acción. Verás qué feliz se siente cuando puede mirar las cosas sentado y más aun cuando empieza a levantarse y descubre todo lo que hay más arriba. Y como además está aprendiendo a desplazarse por su cuenta, la sensación de libertad se duplica.

El problema es que descubrir el mundo tiene efectos secundarios, claro: los peligros se multiplican. Aquellos objetos que antes no estaban a su alcance, ahora sí lo están y debes vigilarlo constantemente. Por supuesto, los enchufes deben estar tapados, pero es que incluso un inocente libro mal colocado en una mesa puede ser peligroso si quiere agarrarlo y se le cae encima. No te obsesiones ni bajes la guardia, ¡tienes en casa a un explorador que no tiene miedo a nada! (En el capítulo 14 encontrarás más información sobre la seguridad en el hogar).

Aprende a caminar

Si piensas en cualquiera de tus movimientos te darás cuenta de que, para hacer eso, combinas acciones opuestas. Por ejemplo, si sujetas un bolígrafo para escribir, utilizas una serie de músculos que tienen que contraerse para hacer presión y sostener el bolígrafo. Y al mismo tiempo debes relajar los músculos que sirven para estirar los dedos (si no lo haces, el bolígrafo se te caerá).

Cuando tu hijo empieza a caminar aún no controla la musculatura de las piernas. Al principio domina los músculos cercanos al abdomen y poco a poco irá controlando el resto. Por eso, cuando empieza a caminar, puede hacer gestos que parecen un poco raros. Si el pediatra lo ve normal, no te preocupes: poco a poco sus movimientos serán más gráciles. Hacia los tres años el niño caminará más o menos como los adultos.

Igual pasa con los pies planos o las piernas torcidas como si montara a caballo: en la mayoría de los casos son así porque son pequeños, pero dentro de poco tendrán puente y piernas normales.

Recuerdo que una vez visité a un niño que andaba con los pies metidos hacia dentro, hasta tal punto que tropezaba consigo mismo. Sus padres estaban muy preocupados, pero a pesar de ser tan espectacular, el "problema" se solucionó solo y a los tres años el niño caminaba bien.

Mejor descalzo

Como en tantas otras cosas, utiliza el sentido común. Lo que importa es que el pie se vaya moldeando y debe tener la posibilidad de hacerlo. No es bueno que el zapato sea muy rígido, de manera que el pie del niño quede aprisionado en su interior. Siempre que puedas, deja que ande descalzo y cuando le compres zapatos procura que sean flexibles y que permitan la movilidad del pie. Tampoco es necesario ni aporta beneficio alguno el que el zapato sujete el tobillo del niño.

¡Cuidado con las andaderas!

El aprendizaje de la marcha es, como todo, fruto de la posibilidad y de la necesidad. Para caminar, tu hijo debe estar suficientemente maduro físicamente y debe tener la necesidad de moverse para esforzarse y aprender. Las andaderas no ayudan en esta labor porque le permiten hacer cosas que, por su madurez, aún no puede hacer y con ella llega a lugares y cosas que no alcanzaría sin esfuerzo. Además, con la andadera no ejercita los músculos ni el normal movimiento de la marcha. El niño se desplaza remando con ambos pies, empujando en el suelo pero sin el gesto propio de caminar. Los niños que usan andadera suelen tardar más en caminar que los que no la usan.

Por si fuese poco, son peligrosas. Se han dado casos de numerosos accidentes —algunos graves— como consecuencia del uso de las andaderas. El motivo es que pueden volcar si se chocan con algún obstáculo o si se deslizan por un desnivel. Cuando esto ocurre, lo más probable es que el bebé se golpee en la cabeza, ya que aún no saben protegerse con las manos.

Deja que tu hijo aprenda a caminar con su esfuerzo personal, con sus ganas de alcanzar sus objetivos. Que lo haga cuando pueda y como quiera: es la mejor manera de ayudarlo.

¿Cómo sé que se desarrolla bien?

Es imposible establecer una fecha para las habilidades que adquirirá tu hijo, pero existen algunos datos que los médicos utilizamos para saber cuándo las adquiere la mayoría. A continuación encontrarás pistas para saber si tu hijo sigue esas pautas. Si algo no te cuadra, no te agobies; consúltalo con el pediatra y él sabrá qué hacer.

✔ **El control de la cabeza**, lo primero que controlará. Se da entre los 2 y 3 meses. A esta edad empezará a sonreírte.

✔ **La simetría del cuerpo.** A los seis meses debe utilizar las dos manos por igual. La preferencia por una u otra, es decir, el ser zurdo o diestro, no aparecerá hasta más tarde. Por tanto, si hay una clara asimetría en sus movimientos, hay que averiguar a qué puede deberse.

✔ **Abrir las manos.** Hacia los tres meses el niño ya no debe mantener la mano con el puño cerrado y el pulgar dentro. Si no está sujetando algo, debería tener los dedos relajados y la mano abierta. En caso contrario, hay que investigarlo.

✔ **Interés por el mundo.** A los seis meses debe estar muy atento al entorno. Ya debería ser capaz de seguir objetos arriba y abajo, en horizontal hasta 180° y coordinar vista y mano. La falta de coordinación y, sobre todo, la indiferencia hacia lo que le rodea puede ser una señal de que algo no va bien.

✔ **Otros progresos importantes hasta el año.** Entre los 9 meses y el año tiene que girar sobre sí mismo y mantenerse sentado solo. Antes del año también suelen desplazarse por el suelo de una forma u otra: algunos gatean y otros no, pero todos deben moverse de una manera u otra. Además, si le pones un pañuelo sobre la cara, es capaz de quitárselo. También reconoce a sus cuidadores y, a su manera, parlotea. Si tu hijo no hace estas cosas, habla con el pediatra.

✔ **Entre los 12 y los 18 meses** pasa de acostado a sentado y aprende a caminar. Agarra los juguetes y objetos y los examina con interés. Entiende órdenes sencillas y mantiene un excelente contacto con el entorno. Si no lo hace, hay que consultar con el médico.

Capítulo 7

Las primeras palabras

Tras pasar unos meses en los que tu hijo se comunicará contigo sobre todo a través del llanto, hacia su primer cumpleaños empezará a pronunciar palabras. ¡Qué revolución! El habla cambia la relación con los demás. Poco a poco aprenderá a decirte qué quiere, cómo se siente y se sabrá el nombre de muchas cosas. En este capítulo te mostraré cómo llegará a este punto y algunas otras cuestiones relacionadas con este acontecimiento.

Del gu-gu a la conversación

Como en la mayoría de sus progresos, para que tu hijo empiece a hablar necesita dos cosas: estar físicamente preparado (es decir, que tenga el utensilio listo para su uso) y sentir que tiene algo que decir a los demás. En lo primero no puedes ayudarlo, pero en lo segundo eres fundamental. ¿Estás preparada?

Cuando tienes un bebé llorón en los brazos parece mentira, pero es cierto: dentro de tres años —o incluso antes— podrás mantener una auténtica conversación con él. Pero primero deberá aprender muchas cosas. En la llamada *etapa prelingüística* o *preverbal* tu hijo aprenderá a usar la voz sin la intención de decir cosas concretas; pretende, sobre todo, ensayar. Durante esta época, que coincide con el primer año, se comunica con su entorno, fundamentalmente contigo, mediante gestos y muestras de afectividad. Cuando por fin domine su instrumento, entrará en la *etapa lingüística*, aquella en la que utilizará los vocablos para emitir un mensaje preciso y luego sólo tendrá que ir mejorando su vocabulario y expresiones.

Es muy importante que siempre hables con tu hijo y que, además de utilizar gestos, uses expresiones verbales como si él entendiera lo que le dices, ya que esta actitud lo ayudará en su desarrollo y etapas posteriores. Explícale siempre las cosas: así aprenderá a hablar.

Etapas de la comunicación

✔ **De recién nacido** prácticamente sólo llora. Al principio el llanto es una manifestación mecánica, refleja. En el segundo mes de vida tu hijo, al llorar, te dirá si necesita algo o si se encuentra mal.

✔ **Entre el tercer y cuarto mes** empezará a vocalizar y a responder a la comunicación verbal. Es decir, responderá, a su manera, pero responderá. Al principio hará ruidos guturales no muy largos, como si estuviese probando su voz. Emitirá algunos gritos y, si te fijas, verás que en ocasiones él mismo se sorprende del ruido que ha hecho. Se irá dando cuenta de que es él quien lo produce. Pronto empezará a balbucear y a redoblar sílabas sin intención, como *ma, pa, ta*. En esta etapa, por el tono de voz que uses, aprenderá a distinguir el enfado, la alegría, la sorpresa, etc. y él también expresará sus emociones:

• Si está contento y feliz dice "ga-ga" o "gu-gu".

• Si le duele algo o está triste añade consonantes nasales: "nga", "ngue".

De esta forma tu hijo pretende comunicarse y es muy importante que le hagas caso y aún es más importante que le contestes, que atiendas su demanda y que lo hagas hablándole. Mientras esto pasa, su atención hacia lo que le rodea aumenta y podrás ver como hace mucho caso a objetos sonoros, campanas, música, etc.

✔ **Al cumplir los 6 meses** ya emite muchas más combinaciones de vocales y consonantes. Primero emite sus propios sonidos y luego repite, poco a poco, los de los adultos. Los sonidos suelen aparecer en el siguiente orden:

1. La *a* y fonemas cercanos a la *e*.

2. La *o*.

3. La *i* y la *u*.

4. Labiales (*p*, *m*, *b*: hará pa-pa, ma-ma).

5. Dentales (*d* y *t*).

6. Palatales y velares (*g* y *j*).

Las bases ya las tiene, así que desde ahora hasta que cumpla un año intentará comunicarse contigo mediante el habla, te imitará y usará gestos y palabras. En cuanto cumpla un año utilizará cuatro o cinco palabras a su manera e irá aumentando su número progresivamente.

✔ **A los 7 meses** está muy pendiente de ti y pasa de comunicarse sólo con gestos a incluir sonidos. Aunque aún no tienen un significado concreto, los usa uno tras otro como respuesta a lo que tú le dices y parece que intenta mantener una conversación.

En esta "conversación" debes hablarle, ya que este intercambio es de gran utilidad para su aprendizaje. Cuéntale cualquier cosa, anímalo, muéstrale cómo te alegras de que te "cuente cosas".

Un ejemplo:

Bebé: Gu-gu-gu-ma-ma-ma-pa...

Mamá: Muy bien, quieres decirme muchas cosas, ¿eh? ¡Cómo estás creciendo! Estás aprendiendo mucho y estoy muy contenta contigo.

Bebé: Ga-ga-ga...

Mamá: Luego llegará la abuela... ¡cómo te gusta que te haga cosquillas!

Lentamente adquirirá habilidad, será capaz de controlar mejor la boca y la lengua y conseguirá decir algunas palabras. Al principio la gesticulación lo ayuda a hacerse entender: con un "ta" y un gesto con el dedo puede hacerte entender que quiere tal o cual cosa. A veces los demás necesitarán que les traduzcas lo que quiere decir. Pronto no será necesario.

✔ **A los 10-11 meses** llega el momento clave, uno de esos instantes que recordarás siempre: la primera vez que dice papá o mamá. Seguramente cuando empiece a pronunciar estas palabras no sabrá qué significan. Pero tanto si dice mamá o papá como cualquier otra cosa que se parezca a una palabra ("opa" en lugar de sopa, "aua" por agua...), al bebé le estimulará tu interés y las repetirá una y otra vez.

✔ **Alrededor del año** suele usar cuatro o cinco palabras, a las que da su propio significado, pero las usa para designar y explicar muchas cosas. Parece que para él todo se llama igual, aunque el tono, el dedo, la cara y los gestos expresan lo que realmente quiere decir. El vocabulario de tu bebé aumentará día a día, aplicará mejor el significado de cada palabra y, por si fuera poco, hará inflexiones de voz cuando pretenda identificar algunos objetos o situaciones. Está acabando su etapa prelingüística. En esta época dirá por fin "mamá" para llamarte, y "papá" para referirse a su padre.

✔ **Entre los 15 y los 18 meses** suele aparecer el habla real. Los más precoces son capaces de juntar dos palabras y nombrar acciones. Otros no tienen prisa y siguen con su dedo mágico; con él y algunas palabras se hacen entender.

✔ **Entre el año y medio y los dos años** notarás un cambio importante. Ya usa unas 50 palabras y de vez en cuando las junta formando frases cortas: "nene come", "pelota guapa", "sopa buena" o cosas parecidas. Así, cuando cumpla los dos años, el niño usará unas 300 palabras y además empezará a decir "yo", "tú" y "mío" con sentido.

Su vocabulario aumenta de forma progresiva y ya no le basta hablar de lo que ve o explicar lo que pasa sino que es capaz de hablar de algo que no tiene delante, de cosas que han pasado, utiliza verbos como "ser" y "haber", artículos determinados y, sobre todo, ya no necesita traducción. La gente es capaz de entender lo que está explicando.

Háblale normal

Los bebés y niños pequeños suelen pronunciar mal las palabras, pero tu labor es enseñarles a hablar bien. Aunque puede ser graciosa su forma de decir algunas cosas, debe aprender a decirlas correctamente. No le ayudas a crecer si te refieres a los gatos como "miau-miau" o al excremento como "popó". Debe saber cómo se llaman realmente (entre otras cosas, para que nadie se ría de él más adelante).

Eso no significa que debas corregirle todo el rato, lo que podría desanimarle a hablar. Háblale normal, no lo imites. Si él te pide "aua", puedes decirle: "Ah, ¿quieres agua? Ahora te la traigo". Así le demuestras que lo has entendido, pero le recuerdas cómo se dice correctamente.

Si sólo se comunica con gestos

Siempre me ha llamado la atención la capacidad de algunos bebés para hacerse entender con un dedo y pocas o ninguna palabra. Señalando hacia algo con el dedo, e incluyendo alguna palabra, "tata" o algo similar, tú serás capaz de decirle al pediatra o a otras personas "quiere esto". Y lo más alucinante es que es cierto, porque le das lo que pide y el niño muestra cara de satisfacción y lo explora o usa a su manera. En cambio, si te equivocas, lo cual suele ocurrir cuando el que interpreta al niño no es la madre, se enfada, ignora lo que le das y sigue con su gesto y su palabra hasta que se hace entender.

Los niños capaces de hacer esto no suelen tener problemas: pueden tardar más o menos, pero acaban hablando. La mayoría, además, se pasan al lenguaje verbal cuando lo necesitan; por ejemplo, cuando quieren comunicarse con otros niños, ya que éstos no se esfuerzan tanto por entenderlo.

Sin embargo, hay niños que se las arreglan tan bien para comunicarse sin palabras que es posible que pasen meses hasta que alguien se dé cuenta de que el niño tiene alguna dificultad. Una de las más importantes es no oír bien.

En toda mi vida profesional sólo me he encontrado un caso de un niño que nació con una sordera congénita. Era en la época en la que aún no se podían hacer las pruebas auditivas a recién nacidos. Tanto los padres como yo tardamos nueve meses en darnos cuenta de que el niño no oía. Desde entonces, la audición de los bebés ha sido una importante preocupación en el seguimiento y los controles médicos habituales de los niños.

Cómo saber si oye bien

A la mayoría de los recién nacidos les hacen una prueba con la que se comprueba que no tienen problemas físicos para oír. Si a tu hijo no le han hecho esta prueba por alguna razón, mantente atenta y obsérvalo para comprobar que oye correctamente. En la siguiente tabla te explico lo que el niño debería hacer según su edad, lo cual te ayudará a comprobar que todo va bien.

Tabla 7-1: Todo va bien si...

Edad en meses	Desarrollo normal
0-4	Le asustan los ruidos y se suele tranquilizar con la voz de la madre.
	Si oye ruidos, por ejemplo una conversación, durante unos segundos deja de hacer lo que estaba haciendo.
5-6	Acostado, gira la cabeza hacia el lado del que provienen los ruidos. Él también empieza a hacer ruidos.
7-12	Localiza los sonidos en cualquier plano. Responde a su nombre.
13-15	Señala un ruido inesperado. Si se le pide, puede señalar a personas u objetos conocidos.
16-18	Sigue indicaciones sencillas sin que le hagamos gestos. Puede dirigirse a algún lugar que le llame la atención al oír una señal.
19-24	Señala las partes del cuerpo cuando se le pide (si se le han enseñado).

Tabla 7-2: Consulta al pediatra si...

Edad en meses	Signo de alarma
12	No balbucea ni imita con la voz.
18	No utiliza palabras sueltas.
24	No tiene un vocabulario de 10 palabras.
30	Habla de forma ininteligible. No une dos palabras. Utiliza un vocabulario pobre, de menos de 100 palabras.
36	No usa frases telegráficas y se le entiende muy mal, menos de la mitad de lo que dice. Usa un vocabulario de menos de 200 palabras.

Cuando no hay un defecto físico, las infecciones de oído pueden causar problemas de audición, pero, por suerte, en este caso la solución es fácil.

No hace mucho recibí en consulta a un niño de 18 meses que no decía más de una o dos palabras, y ambas eran ininteligibles. Su madre estaba muy tranquila, pese a que yo le había manifestado muchas veces mi temor a que el niño pudiese tener un problema. Era el segundo hijo de aquella señora, y como el niño se comunicaba con gestos y se hacía entender, la mamá no estaba preocupada.

Cuando el niño tenía unos 22 meses —y seguía sin hablar—, conseguí que la madre llevara al niño al otorrinolaringólogo. El informe que me trajo era normal, pero casi no hizo falta leerlo: el pequeño entró hablando, construyendo frases de dos e incluso tres palabras y usando un vocabulario correspondiente a su edad. Aquel día me quedé tranquilo (y admirado).

El motivo de contar esta anécdota es doble. Por un lado, dejar claro que los signos de alarma no siempre se confirman: como dice un compañero mío, un signo de alarma debe ocuparnos, no preocuparnos. El segundo motivo es que demuestra una vez más que la evolución de cada niño es propia y única, y que las desviaciones de lo que identificamos como normal, aunque siempre han de tenerse en cuenta, deben tomarse con precaución.

Bilingüismo en casa

Hay quien cree que hablar dos idiomas en casa puede causar problemas en el desarrollo lingüístico del niño. Sin embargo, existen numerosísimos estudios que demuestran que no es cierto: los niños bilingües desarrollan su lenguaje dentro de los límites de normalidad como todos los demás. Quizás al principio creas que tu hijo está confuso porque mezcla ambas lenguas. Es normal, pero pronto las distinguirá y hablará las dos. Además, está demostrado que a los dos años los niños ya son capaces de cambiar de código de manera socialmente apropiada. Dicho de otra forma, tu hijo sabrá perfectamente cuándo y a quién debe hablar en una u otra lengua.

Tampoco creas que si tu hijo domina dos lenguas significa que va a ser más listo que los demás. El bilingüismo no da lugar a un aumento de la inteligencia desde un punto de vista global, aunque puede ser una ventaja a la hora de viajar o de encontrar trabajo cuando sea mayor...

¿Cómo enseñarle una segunda lengua?

Hay familias bilingües porque ambos progenitores tienen diferentes lenguas maternas, y otras que lo son porque quieren que su hijo aprenda una segunda lengua en casa. En este último caso, tienes varias formas de hacerlo: puedes optar por mezclar las lenguas indistintamente o que cada persona le hable siempre en un idioma.

Existen muchas ofertas de películas, programas de televisión, música, etc., para que tu hijo aprenda una segunda lengua. Esto lo puede ayudar, pero lo más eficaz es que te oiga utilizar a ti esa lengua, aunque sea para contarle un cuento o cantarle una canción.

Parte III
Los hábitos

—QUERIDA... SI QUIEREN QUE SU HIJA LOS DEJE DORMIR, CREO QUE DEBERÍAN EMPEZAR POR REQUISAR EL MEGÁFONO...

En esta parte...

Desde el primer día tu hijo come, duerme y hace pipí y popó. Para todo ello necesita tu ayuda: tú le proporcionas la comida, lo mantienes limpio y le facilitas el entorno para descansar. Pero, ¡que sean cosas naturales no implica que sean fáciles de hacer!

En la cuestión de los hábitos no sólo cuentan las necesidades físicas: también las culturales e incluso las filosóficas. Obligarlo o no a terminarse el plato, compartir cama con los adultos, quitarle el pañal cuando lo indiquen en la guardería o a la edad apropiada... En las próximas páginas te hablaré también de esas cosas, para que puedas tomar la mejor decisión.

Capítulo 8

La hora de la cuchara

D espués de mis muchísimos años como pediatra aún no he llegado a comprender por qué tantas madres están preocupadas —a veces incluso obsesionadas— con las comidas de sus hijos perfectamente sanos. Es el motivo de consulta más frecuente, aunque seguramente en 90% de las veces no existe un problema de salud.

En este capítulo te enseñaré los pasos que debes seguir para introducir los alimentos sólidos en la dieta de tu hijo y cómo puedes enseñarlo a comer como un niño mayor. Y también te explicaré lo importante que es que el momento de la comida no se convierta en una tortura, sino en una experiencia de bienestar para todos.

El primer año: de la leche a los sólidos

Los adultos comemos porque lo necesitamos, pero también es un elemento muy importante para relacionarnos en sociedad (por eso todo lo celebramos con comilonas). En el caso de los bebés no es así: ellos no lo hacen para quedar bien, para celebrar algo ni —lo siento— para hacer feliz a su madre. Su meta instintiva es crecer física y psíquicamente. Ya sé que disfrutas dando de comer a tu hijo, pero a ciertas edades es importante tener presente que si no come no es que quiera hacerte sentir mal: es que no necesita más.

Durante el primer año de vida, el niño debe comer de forma especial porque su organismo aún no está preparado para digerir diversos alimentos. Por eso al principio el bebé casi no produce saliva ni otros enzimas en el estómago, elementos importantes para digerir sólidos. Aún tardará unos meses en hacerlo y no lo hará como un adulto hasta que crezca.

Durante este primer año, el objetivo es introducir los diferentes alimentos según las necesidades del niño y sus posibilidades digestivas. Otro objetivo es presentarle diferentes sabores para que vaya conociendo lo salado, lo dulce, lo amargo, etc. Si todo va bien, cuando cumpla el primer año tu hijo comerá prácticamente de todo.

Las etapas de la nutrición son:

1. Período de lactancia. Desde el nacimiento hasta el sexto mes.

2. Período de transición. Desde el sexto mes (puede ser desde el cuarto) hasta el año.

3. Período de adulto modificado. Desde el año hasta los 7 u 8 años.

4. Período de adulto. A partir de los 8 años.

Comida natural y al gusto

Tu bebé se alimenta de leche hasta los seis meses, tanto si le das el pecho como si toma biberones con leche de vaca. Es cierto que hay quien introduce otros alimentos a partir del cuarto mes, pero los niños no los necesitan. Aunque te ilusione empezar una nueva etapa, recuerda que por muchas cosas que le des tu hijo no crecerá más. Además, cuando sea mayor, a lo mejor lamentarás que todo haya ido tan de prisa y lo poco que duró la lactancia. Como dice el refrán, "No por mucho madrugar amanece más temprano".

Cuando tu bebé cumpla los seis meses podrás darle a conocer otros sabores. A la hora de decidir cuáles y en qué orden los introducimos existen varios factores a tener en cuenta. Por ejemplo, dependerá de las materias primas que tengamos a nuestro alcance. Lo más probable es que la papilla de frutas de un niño español y la de un niño brasileño sean diferentes.

De igual forma influirán tus gustos. Muchas veces, cuando les digo a las mamás qué debe llevar la papilla de verduras, me dicen: "Es que esta verdura no me gusta" o "¿Puedo ponerle puerro? Es que me gusta mucho". ¡No hay problema! Tampoco existe un orden específico a la hora de introducir una u otra papilla; hay quien da fruta a los niños y otros prefieren empezar por los cereales. Lo importante es que se introduzcan todos los gustos y grupos de alimentos.

Siempre que sea posible utiliza productos naturales preparados por ti, ya que muchas vitaminas y nutrientes se conservan mejor que en los productos industriales (por no hablar del sabor). No quiero decir que las papillas comerciales no sean de fiar: suelen ser muy equilibradas, se fabrican en condiciones de máxima higiene y están sometidas a controles exhaustivos. Incluso las hay ecológicas. Pero te recomiendo que los uses puntualmente, para los días que estén fuera de casa y no puedas cocinar.

Deja el biberón

Además de la leche, los alimentos que presentarás a tu bebé pueden dividirse en tres grandes grupos:

- ✔ Frutas, verduras y hortalizas.
- ✔ Carnes, pescados y huevos.
- ✔ Cereales.

Al menos hasta que tu hijo cumpla un año es aconsejable prepararle la papilla bien batida, sin grumos, para evitar que se atragante.

 Es importante que le des la comida con cuchara. Ya sé que es más cómodo dársela en biberón, pero durante este primer año nuestro objetivo es que aprenda a comer y, para ello, hay que enseñarlo y educarlo. Un biberón con un agujero grande, suficiente para que pase la papilla, se convierte en una especie de embudo: el niño se traga la comida pero no aprende a masticar, a tener la comida en la boca, a salivarla (que es la primera parte de la digestión) ni a saborearla. Al principio la cuchara los sorprende, pero pronto se acostumbran.

Es conveniente que la introducción de los nuevos alimentos la hagas poco a poco, dejando un tiempo entre la introducción de un alimento nuevo y otro para que tenga oportunidad de habituarse a cada uno de ellos. También nos sirve para comprobar su nivel tolerancia y que no se produzca una reacción alérgica. Cuando hayamos introducido un alimento nuevo y él se habitúe a su sabor tras unos días comiéndolo, añadimos otro.

Las primeras papillas

La primera papilla es una experiencia emocionante. Es un paso adelante, otra señal de que tu niño se hace mayor. Como en la mayoría de las primeras veces de la vida, no siempre es tan fácil ni maravilloso como esperabas. Al principio, cuando le acerques la cuchara, succionará y vaciará la cuchara con la succión, como si estuviese tomando el pecho o el biberón. Necesita tiempo para acostumbrarse a nuevos sabores y a una nueva técnica para comer.

Cereales

Siempre recomiendo empezar por introducir los cereales. Como se toman con leche, el sabor no le es tan extraño y así se habitúa más fácilmente a la cuchara. En principio sirve cualquier cereal, pero si tiene menos de seis meses es muy importante que no contengan gluten.

El gluten es una proteína que se encuentra en algunos vegetales, principalmente el trigo, y que si se introduce demasiado pronto, antes de los seis meses, puede sensibilizar el intestino del niño y enfermarlo. Tampoco debes añadir miel u otras sustancias que potencien el sabor a la papilla.

Si quieres hacerlo poco a poco, puedes empezar por introducir una pequeña cantidad de cereales en el biberón para que tu bebé se acostumbre al nuevo sabor e ir aumentando la cantidad hasta convertirlo en una papilla. Cuando sea así, no olvides dársela con cuchara.

Papilla de cereales

Mezcla 150 cc de agua y 5 medidas rasas de leche en polvo en un biberón. Cuando esté lista la mezcla, vuélcala en un plato hondo..

Añade suficientes cereales para que espese y puedas darle la papilla con cuchara.

La proporción de agua y leche debe mantenerse siempre. Si quieres darle más cantidad, pon más agua y más leche en las proporciones correctas. Los cereales pueden añadirse hasta conseguir la textura deseada.

Fruta

La fruta aportará a tu hijo gran cantidad de vitaminas y fibra, por eso tiene tanta importancia en la dieta. Sin embargo, su introducción no es tan fácil como la del cereal. En un primer momento, la diferencia de sabor y textura puede provocar rechazo por parte de tu hijo. No te preocupes; si insistes, acabará comiéndosela y seguramente será de las que más le gustarán.

 Si la rechaza, no caigas en el error de cambiársela por un biberón. Déjalo sin comer y entenderá que eso es lo único que hay. Si no se la come varios días seguidos, deja de dársela durante unos días y vuelve a probar. Para que una comida nueva llegue a gustarnos (y lo mismo le ocurre a tu hijo), en ocasiones hay que probarla más de diez veces. Por tanto, insiste, cúbrete bien por si la escupe y en unos días se la comerá. Tal como decíamos con la papilla de cereales, no le des la fruta en biberón, ya que puede traer problemas.

Puedes utilizar cualquier fruta, pero ten en cuenta que algunas, como el melocotón, las fresas y los frutos rojos, no deben introducirse hasta el año, como mínimo, porque pueden producir alergias. Te aconsejo que empieces con lo más fácil, es decir, plátano, pera, manzana y zumo de naranja; después ya podrás introducir frutas nuevas de una en una, dejando unos diez días entre cada una. De esta forma, si alguna le sienta mal o le produce alergia podremos saber cuál es.

Papilla de frutas

✔ Media manzana.

✔ Media pera.

✔ Medio plátano.

✔ El zumo de una naranja.

Tritura todas la frutas finamente y dáselas con la cuchara. Si ya toma gluten, puedes añadirle una galleta.

En cuanto el niño te indique que se queda con hambre, aumenta la cantidad según tu criterio.

Puedes añadir otras frutas siempre que sea de una en una y que evites el melocotón y los frutos rojos hasta que cumpla un año.

Verduras

Mucha gente se refiere a la papilla de verduras como papilla salada, aunque en realidad no es así, ya que se recomienda prepararla sin sal (para prevenir la hipertensión en la adultez). Pero sí es cierto que en esta comida se introducen de manera gradual los alimentos que más adelante se tomarán como platos salados: verdura, legumbres, carne, pescado, huevo, etc.

✔ **Vegetales.** Son importantes porque aportan agua, proteínas vegetales, minerales y, sobre todo, fibra, que lo ayudará a evacuar. Se preparan en forma de puré y en ellos podrás introducir los diferentes vegetales. Igual que has hecho con la fruta, es bueno empezar con algo sencillo y poco a poco ir añadiendo diferentes verduras, dejando un tiempo entre una y otra para que el niño se habitúe y para que veamos si las tolera.

✔ **Legumbres.** Se introducen después de las verduras, sin piel y en pequeñas cantidades. Los niños pequeños no deben tomar un plato de lentejas o garbanzos, pero se les pueden añadir al puré de verdura a partir del noveno o décimo mes. Aportan hierro, vitaminas, fibra y proteínas.

✔ **Carne.** Representa una parte muy importante de la dieta. Pese a ello, los bebés no necesitan una gran cantidad: al principio, con 30-50 gramos al día tendrán suficiente. A medida que tu hijo crezca podrás aumentar la cantidad, aunque siempre tiene que ser pequeña. En contra de lo que mucha gente cree, no existen grandes diferencias entre una carne y otra.

Puedes empezar con el pollo, la más fácil de digerir y la de menor riesgo de alergia, y seguir con la de ternera, que es la que tiene más valor nutritivo. A partir de aquí se pueden introducir las demás, de una en una. La carne se puede cocinar a la plancha o hervida.

✔ **Pescado.** La calidad de las proteínas que aporta es muy alta y además contiene vitaminas, minerales y fósforo. Conviene empezar cuando el niño haya cumplido los 9 meses, porque sus proteínas son muy alergénicas. Al principio han de ser pescados blancos a la plancha, al vapor o hervidos, alternándolos con las carnes.

El pescado azul se puede introducir a partir del año, ya que sus proteínas se toleran peor y son más alergénicas. Para tu economía es importante que sepas que el pescado congelado es, desde un punto de vista nutritivo, igual de bueno que el fresco.

✔ **Huevo.** Es un buen alimento, aunque con un alto contenido en colesterol. Por eso, y porque sus proteínas a veces producen alergias, se recomienda su introducción cuando el niño está a punto de cumplir el año. Alrededor del noveno mes puedes introducir la yema, alternándola con la carne y el pescado, aunque con menor frecuencia. Cuando cumpla el año puedes darle todo el huevo, la yema y la clara.

Las primeras veces que le des huevo asegúrate de que el niño no tenga una reacción, sobre todo en la piel. Si ves que padece una reacción alérgica, no vuelvas a darle huevo hasta que hables con su pediatra.

Papilla de verduras

Pon a hervir o cuece al vapor verduras peladas, limpias y no muy troceadas para mantener las vitaminas. Ejemplo: patata, zanahoria, cebolla, calabacín y judías verdes.

Tritura la verdura cocida con un poco de caldo.

Añade un poco de aceite de oliva crudo y unos 30-50 gr de carne, pescado o huevo cocido (según la edad) y tritúralo todo junto.

Puedes usar otras verduras: calabaza, acelga, espinaca, lechuga, tomate (sin piel ni pepitas), etc.

El puré de verduras no debe llevar sal.

En cuanto a la cantidad, el niño te marcará lo que necesita. Él te dirá si tiene suficiente con lo que le sirves o necesita más. A medida que crezca y le vayas dando más deberás adecuar las proporciones de los alimentos, sobre todo de las carnes y pescados.

Puedes preparar papilla para varios días y, una vez hecha, guárdala en recipientes de plástico duro o cristal de ración individual. Hecho esto, puedes meterlos en el congelador. A la hora de dárselos, lo más importante es descongelarlos correctamente: para ello, saca el recipiente el día anterior y deja que se descongele a temperatura ambiente o en el refrigerador, dependiendo del calor que haga.

A la hora de darle la papilla, puedes calentarla al baño María o en el microondas. Si antes de ponerla en el plato la aprietas con una cuchara, eliminarás todo el líquido sobrante y así te quedará espesa (y tu hijo no la tirará tanto). Después, cuece la carne o el pescado, lo añades al puré descongelado y lo trituras todo junto.

Entre 1 y 3 años: aprendiendo a ser mayor

Cuando sople la primera vela, tu hijo ya habrá probado casi todos los tipos de alimentos. Pero aún tiene muchísimo que aprender: durante los próximos meses ganará autonomía y sus comidas se parecerán cada vez más a las de los adultos. En resumen: al principio de esta etapa, tú le darás papillas de verduras sin sal y al final lo verás comer solito un plato de macarrones con un tenedor.

Lo primero que debes tener en cuenta es que, para que tu hijo coma bien, hay que educarlo. Como ser humano, tendrá hambre y necesitará comida, pero no sabe lo que es bueno para él. Para que coma de todo, hay que enseñarlo. Por eso tu trabajo será decidir qué debe comer según sus necesidades (siempre con cariño e intentando adaptarte a sus gustos cuando sea posible). Seguro que si dejásemos decidir a los niños, casi siempre comerían hamburguesa con patatas fritas...

Lo que aún debe esperar

A partir del año puede comer de todo, o mejor dicho, de casi todo. Los pescados azules, la clara de huevo, el marisco y los frutos rojos pueden provocar alergias; así que, cuando los introduzcas en su dieta, observa si los tolera bien.

Los dulces y el chocolate deben estar muy limitados. Como a la mayoría de las personas (¿a quién le amarga un dulce?), a tu hijo le gustará mucho todo lo que lleve azúcar. Puede comer azúcares, pero no se los introduzcas en su dieta habitual, guárdalos para momentos concretos. Y lo mismo ocurre con el chocolate.

Lo que está totalmente prohibido hasta que el niño cumpla tres años son los frutos secos. Los cacahuates, pepitas, piñones, nueces, etc. son extremadamente peligrosos para los niños pequeños: como no los mastican bien, es fácil que los aspiren y se les vayan a los bronquios. Si ocurre, el niño se atraganta y habrá que llevarlo rápidamente al hospital para sacarle el fruto seco del pulmón.

Debes conseguir que la hora de la comida sea un momento de placer, distensión, alegría. Tanto tu hijo como tú deben ir a la mesa contentos, sabiendo que pasarán un buen rato. A veces no querrá comer. Cuando ocurra, piensa que no te rechaza a ti ni a tu comida, es simplemente que no quiere comer. Es un período en el que le gusta experimentar, así que déjalo que juegue con la comida, que la toque con las manos, que se ensucie, que descubra. Prepara el entorno para que no quede todo perdido, pero déjalo que lo haga y tómatelo con paciencia y buen humor. Eso sí: pon los límites que creas convenientes. Por ejemplo: no tirar voluntariamente la comida.

"Yo solo"

Durante esta etapa, los niños empiezan a comer solos. Debes preparar todo lo necesario y dejar que lo haga, aunque esto no quiere decir que coma solo. A la hora de la comida, siéntate con él y vigílalo atentamente ya que, por un lado, puede atragantarse y además debes enseñarle lo que no sabe hacer solo, lo que está bien y lo que no.

Para ayudarlo a ser más independiente es útil proporcionarle objetos seguros. Así, aunque aún no sea muy hábil, podrá comer —y experimentar— sin hacerse daño ni romper algo.

✔ Tazón de plástico.

✔ Cuchara pequeña de plástico.

✔ Tenedor de puntas redondeadas de plástico.

✔ Vaso de plástico.

✔ Baberos grandes (más grandes que los que usaba cuando era un bebé).

✔ Silla alta o similar donde sentarlo con seguridad.

Otro paso importante es sustituir las papillas de textura muy fina por la comida de textura normal. Debe ser una transición sin traumas, paciente y progresiva. No hay que obligarlo, pero sí ir ofreciéndosela: primero le puedes moler parte de su comida y dársela a comer después, luego puedes molérsela toda, a continuación darle trocitos, y así poco a poco hasta que mastique y pueda comer como los adultos.

Sin embargo, como en todo, cada niño sigue su ritmo. Tendrás que animarlo a progresar en el aprendizaje y felicitarlo cuando avance. Por suerte, el cambio encaja con sus ganas de experimentar, lo que lo hará avanzar continuamente. También puedes aprovechar su afán de imitación: si lo sientas en la mesa con los mayores es posible que quiera hacer lo mismo que ustedes y, además, aprende.

Lo que aún no pueden hacer como los mayores es comer sólo tres o cuatro veces al día. Ellos necesitan comer con cierta frecuencia, ya que gastan mucha energía y no saben almacenarla. Por eso te recomiendo que ofrezcas cinco comidas a tu hijo: tres principales y dos tentempiés. Esas comidas secundarias pueden ser fruta, queso, pan, etc., pero nunca dulces o pastelillos procesados. En cualquier caso, sólo debe comer durante el día: de noche ya no lo necesita.

Ten presente que a esta edad tu hijo necesita menos energía —ya no crece tanto como durante primer año— y que, como consecuencia, raramente hará todas las comidas. No te extrañes de que no coma, de que, si merienda, no cene o de que se salte dos comidas. Es normal.

Manos muy limpias

La higiene es muy importante. Piensa que a través de las manos, se transmiten muchas enfermedades, como por ejemplo las diarreas víricas. Por eso es muy importante tomar las siguientes medidas:

✔ Lávate bien las manos a la hora de preparar y dar la comida a tu hijo.

✔ Haz que él también se lave las manos antes de sentarse a comer.

✔ Limpia a fondo todos los utensilios.

✔ Cuando acabe de comer, haz que se lave los dientes (tal como se explica en el capítulo 5).

Adiós al biberón

¡Cuánta tranquilidad, comodidad y felicidad proporciona el biberón! La alimentación de tu hijo, al principio sólo con leche, ha ido cambiando y, al ir introduciendo nuevos alimentos, te ha hecho suprimir los biberones. Ya no lo necesita para tomar leche ni agua, ni mucho menos una bebida dulce (y aquí incluyo los zumos).

Como ha llegado el momento de aprender a masticar, el biberón debe desaparecer. Algunas de las razones son:

✔ **Los dientes sirven para masticar, no para succionar.** La succión de algunos productos favorecerá la aparición de la llamada "caries por biberón" que, como se explica en el capítulo 5, es un tipo grave de caries que destruye los dientes y que por lo general requiere tratamientos muy pesados y caros.

✔ **La succión favorece la mala posición de los dientes,** que se echarán hacia delante y deformarán la arcada dental.

✔ **Impide la evolución normal del niño.** Para mí esto es lo más importante. Recuerda que a la hora de comer no buscamos comodidad, sino nutrir correctamente a nuestro hijo, crearle buenos hábitos, educarlo y socializarlo como es debido. Un niño que come con biberón lo hace como cuando era pequeño y se siente más pequeño de lo que realmente es. A lo mejor a ti también te cuesta aceptar que el niño ya no es un bebé, pero debes hacerlo por su bien y entender y hacerlo comprender que el biberón ya no es adecuado.

La leche sigue siendo un elemento fundamental de su dieta. Puedes dársela en forma yogur, queso tierno o leche, pero sin usar el biberón. Si ya sabe usarlo, puedes ofrecerle un vaso o un biberón de plástico duro, los cuales no le permiten succionar pero facilitan la ingesta. Como en todos los casos, la transición debe ser progresiva, adaptada a cada niño, explicándole qué hacemos y por qué y ayudándolo siempre. Puede costar esfuerzo, pero si lo haces con firmeza y cariño a los dos años el biberón habrá desaparecido de la vida de tu hijo.

Se acabaron las tomas nocturnas

El comer por la noche es molesto para ti, pero el niño lo vive como un placer especial. La mamá se despierta, está un rato con él y es suya por completo. Teniendo en cuenta que lo más seguro es que al día siguiente tengas que ir a trabajar (así que debes dormir) y que el niño ya no debe comer de noche, te recomiendo eliminar esa toma lo antes posible. Para conseguirlo, a veces es bueno ir diluyendo progresivamente el contenido del biberón para quitarle el hábito de comer a esta hora, y acabar eliminando la toma definitivamente. Ya sé que no es fácil (no puedo ahorrarte sus llantos), pero te lo recomiendo para el bien de los dos.

Hay pediatras que defienden que si al niño le gusta esta toma, es un placer para él y la sigue pidiendo, la necesita. Aunque puede ser cierto desde el punto de vista del niño, creo que el esfuerzo de los padres es bueno cuando hace falta, pero, si no es así, hay que intentar que todo el mundo viva mejor. Por eso, si consigues eliminar esta toma sabiendo que no le causarás un trauma y que toda la familia dormirá más y mejor, seguro que todos serán más felices.

Come lo que necesita

Es posible que te preguntes qué cantidad de comida debe comer. La respuesta es simple: la que él quiera. Si el niño no está enfermo, siempre come tanto como necesita. Lo único importante es que coma —poco o mucho— lo que tú le des. De esta forma lo educas. No te preocupes: al final siempre comerá para cubrir sus necesidades.

No te fijes en la cantidad que come, sino en los resultados. Si tienes un niño que juega, corre, crece, es feliz, seguro que come lo que necesita. Piensa lo que pasa con el pecho: tú no sabes cuánto come pero como crece y evoluciona, estás tranquila. Pues ahora ocurre igual. No te preocupes de cuánto come, fíjate en cómo está y cómo crece.

"Mi niño no come"

"Mi niño no come nada" es una de las frases que los pediatras oímos con más frecuencia. En ocasiones el *nada* es tan grande que te dicen "nada, nada, nada" como si pudiese haber tres nadas. Ni te imaginas la cantidad de madres convencidas de que sus hijos viven gracias a lo que lucharon ellas por la comida del niño.

Vamos por partes. La comida es una necesidad fisiológica, es decir, forma parte del animal que somos, como el hacer pipí, popó o respirar. Es tan vital para nosotros que si tenemos hambre y hay comida, comeremos. Si es así, ¿dónde está el problema?

Como hemos dicho, en esta época su crecimiento es menos espectacular y quizá nos parezca que no come bastante. También es interesante saber que muchas veces los niños pequeños padecen *neofobia* (una palabra que suena peor de lo que es): rechazo a todo lo nuevo. Hay alguno que, para deleite de su madre, se lo come todo a la primera, pero no es frecuente.

Ante esto, es posible que tu hijo raramente se acabe todas las comidas: si merienda, no cena; si come, no merienda; si come, ni merienda ni cena. No te preocupes, es normal. Creerás que el niño no come, no se alimenta, pero piensa: ¿cómo puede ser que juegue, corra, salte, haga popó y sea feliz? Está claro: en realidad sí que come. El niño come lo que necesita, no lo que tú piensas que debería comer. El problema está planteado: "Mi niño no come".

Hagamos un retrato robot de la situación:

1. El niño está sentado en su silla alta ante un opíparo plato que le ha preparado su madre con todo el cariño del mundo. Con él está mamá, papá o ambos. El niño no quiere comer.

2. Se acostumbra a empezar con un avión que lleva la comida a la boca del niño. Traga un par de veces y cierra la boca.

3. Le dan los juguetes. Come un poco más.

4. Empieza a tirar los juguetes al suelo. Los papás empiezan a recogerlos y vuelven a dárselos. Otra vez al suelo y así sucesivamente. Ahora ya no come, o come poco.

5. La mamá empieza a hacer cosas raras, muecas o algo parecido, sin éxito.

6. A veces prueban con la televisión, sin éxito.

7. Pasados más de 45 minutos, la mamá decide obligarlo. El niño llora y el disgusto es evidente. Cuando ya llevan una hora, dejan de darle la comida.

Esto puede repetirse en todas las comidas. El niño tomará un poco y dirá basta. Alguna la acabará y otra ni la querrá probar. Entonces podemos afirmar que las horas de las comidas se han convertido en un problema. La casa se detiene porque el niño come. Los adultos se enfadan y a veces discuten, y sólo falta que aparezca alguna abuela para dar consejos u opinar.

La conclusión a la que llegan los adultos es que al niño le pasa algo y hay que llevarlo al médico. Pero, ¿has intentado ponerte en la piel del niño? Imagínate lo que es sentarse dos o tres veces al día durante una hora delante de un plato de comida sin tener hambre. Un suplicio. Seguramente al niño no le pasa nada de nada: come lo que necesita, no más.

La situación puede empeorar si, cuando no come una cosa, le haces otra, o aún peor: le das un biberón de leche o leche y cereales. Así, hay niños que no hacen ni una comida completa, pero son capaces de tomarse 3 o 4 biberones al día. ¿La leche no es comida? Así sacian su hambre y no comen del plato, pero su dieta es muy desequilibrada.

Tengo un compañero pediatra que trabaja en la consulta de al lado que de vez en cuando sale al pasillo, con las manos en alto, mirando al cielo y dice: "¡Milagro, milagro! Otro niño que no come nada, nada, nada y crece, vive y está sano".

Otro compañero, cuando le dicen que el niño no come y está sano, comenta: "Por favor, señora, dígame dónde vive para presentarme allí con mi familia. Si el niño no come y está como está, el aire de su casa alimenta, seguro".

Forzar no sirve

¿Qué puedes hacer para que no te pase esto? Lo primero es recordar lo que hemos dicho hasta ahora. El niño no come para hacerte feliz; por tanto, limítate a decir "no come". Y luego acepta que, si está sano, come lo que necesita.

A la hora de la comida el niño y tú deben ser felices. Y para eso te recomiendo, en resumen:

> ✔ Si no quiere comer, no lo fuerces ni lo obligues.
>
> ✔ Si quieres jugar con él, hazlo, pero intenta no distraerlo de su objetivo, comer, y sobre todo que no sirva de chantaje (mientras se distrae le "enchufo" una cucharada).
>
> ✔ Déjalo tocar la comida, manosearla, ensuciarse si quiere.
>
> ✔ No eternices las comidas. Lo que no haya comido en unos 20 minutos retíralo sin enfadarte o reñirlo; la comida ha terminado.
>
> ✔ Nunca sustituyas una comida que no quiere por otra, y mucho menos por un biberón.
>
> ✔ No le des nada entre las comidas principales, salvo el tentempié (nunca pastelitos).

Recuerda que un niño que come más no es un niño más sano. Tampoco su complexión física (que sea gordito o delgado) tiene que ver con su estado de salud y nutrición. Cuando un niño no come suele ser porque está enfermo. Si es así, la enfermedad no se cura comiendo, sino diagnosticándola y tratándola. Es decir, en estos casos tampoco sirve forzar la comida.

No lo olvides, hagas lo que hagas tu hijo comerá lo que él quiera. Si lo aceptas no conseguirás que tu hijo coma más, pero serás y serán todos más felices, que de eso se trata.

Tuve en mi consulta una de esas mamás preocupadas por la comida del niño. Visita tras visita insistía en lo poco que comía su hijo y que debíamos darle algo para despertarle el apetito. El niño estaba precioso, cachetón, feliz. Siempre conseguía tranquilizarla con las tablas de crecimiento y así íbamos aguantando.

Un día, cuando vino a la revisión de los 16 meses, me dijo que su hijo no comía nada, que nunca había comido nada y que ella ya no podía más. Me pidió que le hiciese unos análisis para saber si estaba bien y que le diese unas vitaminas. Debo decir que si hay algo que me moleste es pinchar a un niño para hacer un análisis innecesario.

Cuando me pidió las pruebas me sentí en la obligación de tratar de convencerla de que el niño estaba bien y de que no era necesario pincharlo. Le expliqué que el niño no comía para ella, para hacerla feliz, que ella lo estaba haciendo bien, que las comidas estaban bien preparadas, que el niño crecía bien, que como todo animal comía lo que necesitaba, que la comida le proporcionaba la energía para correr, jugar, crecer y ser feliz como lo era él, etc. Durante una hora utilicé mi experiencia, conocimientos y recursos para convencerla. Cuando acabé, me dijo: "De acuerdo, doctor, pero ¿le pedirá los análisis y me dará algo, ¿verdad?".

Fiel a mis principios, y puesto que el niño no tenía la culpa, no le pedí el análisis. Le di unas vitaminas para parar el golpe y nada más. Fue la última vez que los vi.

Cuando el niño engorda demasiado

Además del caso que acabo de comentar, existe el polo opuesto: cada vez hay más niños con sobrepeso. Hoy en día hay pediatras que, en esta situación, recomiendan una dieta baja en calorías. Si el niño está sano, prefiero evitar las dietas, ya que necesita las calorías para crecer y su carencia puede crearle problemas psicológicos. Lo importante es asegurarse de que tiene unos buenos hábitos alimentarios y corregir lo necesario. Tu hijo debe comer variado, equilibrado y según tu criterio, es decir, no sólo lo que le gusta sino de todo. Evita los pastelitos (sobre todo los procesados) y las comidas abundantes con alimentos fritos, salsas y grasas en general.

En una ocasión vi a un niño de casi tres años que, por sobrepeso, lo habían puesto a dieta. La mamá me lo trajo porque estaba triste, lloraba y dormía mal. Es curioso, porque solía decir: "Estoy malito". Le quitamos la dieta, le volvimos a dar de comer, con cuidado pero sin restricciones, y el niño volvió a la normalidad.

Considero que, a estas edades, los niños deben comer bien, no poco.

Capítulo 9

El sueño

Seguramente estabas acostumbrada a dormir de un tirón hasta que sonaba el despertador. Siento decirte que con un bebé la cosa cambia: él tiene unas necesidades muy distintas a las tuyas y debes atenderlas sea la hora que sea. Al principio necesita comer cada pocas horas, además para él no existe el día ni la noche. A medida que crezca se irá adaptando al ritmo de vigilia y sueño que tenemos los adultos, pero es muy importante que lo ayudes a través de rutinas y normas adaptadas a su edad.

Dormir: un bien para todos

Nadie duda de que todos los niños del mundo nacen sabiendo dormir; por tanto, no habría que enseñarles. Algunos pediatras utilizan este razonamiento para contrarrestar las opiniones de los que dan normas estrictas para conseguir que el niño duerma. Yo creo que, como el niño vive con otras personas, además de dormir él hay que procurar que los demás también duerman, así que debemos educarlo.

Los primeros tres o cuatro meses de la vida del niño son diferentes del resto porque su forma de dormir es particular. A esta edad necesita adaptarse a una nueva situación, nuevos ritmos, un nuevo entorno con nuevos ruidos, luces, etc., y tiene que comer por la noche. Es decir: necesita un período de transición. Desde su nacimiento hasta los primeros tres o cuatro meses tu hijo dormirá mucho, pero es incapaz de hacerlo de forma continua: cada tres o cuatro horas, de día o de noche, se despierta. Tiene que comer y también necesita que le hablen, lo toquen, lo acaricien y le muestren afecto.

¿Cómo es el sueño de los bebés?

Su sueño está formado por una secuencia de ciclos: el *sueño activo* y el *sueño tranquilo*. Durante estas tres o cuatro horas en las que duerme, irá haciendo varios ciclos de sueño, en los que pasará de un sueño activo a un sueño tranquilo, tras los cuales se despertará.

✔ **El sueño activo: se mueve, pero duerme.** Cuando acaba de comer, y si no tiene cólicos, verás que se le cierran los párpados. Pero no está quieto del todo: si te fijas, comprobarás que los globos oculares se mueven tras los párpados, hace alguna mueca, respira de forma irregular, emitiendo en ocasiones algún ruido parecido a un quejido, y además hace algún pequeño movimiento con piernas o brazos.

Si lo acunas porque piensas que no ha cogido bien el sueño, lo único que conseguirás es despertarlo e impedir que entre en el sueño normal.

✔ **El sueño tranquilo: relajado y quieto**. Tras 30 o 40 minutos cambia el ciclo: ahora está totalmente relajado, con los brazos abiertos y una respiración suave, tranquila y profunda. Viéndolo no tienes dudas: está profundamente dormido. Sin embargo, este sueño se alternará de nuevo con el sueño activo durante varios ciclos hasta despertarse a las tres o cuatro horas.

De comer a dormir

Es conveniente que aprenda a diferenciar el comer y el dormir. Tiene que ir aprendiendo que la comida se hace despierto y que luego toca dormir. Por eso te recomiendo darle de comer en un lugar tranquilo con luz, y si es posible siempre en el mismo sitio, para que lo asocie con la comida. Luego tenlo un rato en brazos, unos 15 minutos, para que haga, si puede, su eructo, y ponlo después en la cuna.

Lo mejor es que esté despierto cuando lo acuestes, ya que así aprenderá a dormirse solo. Lo habitual es que tarde unos minutos en conseguirlo. Si protesta, puedes tocarlo, acariciarlo, hablarle, pero no te aconsejo que vuelvas a cargarlo, ya que si no relacionará el llanto con los brazos. Puedes darle el chupón y volvérselo a dar si se le cae —cosa normal al principio—; puedes darle un trapo, un muñeco, lo que tú quieras pero es bueno que, sea lo que sea, sólo lo use para dormir. Cuando no duerme, estos objetos deberán quedarse en la cama.

La cuna puede estar al lado de tu cama o en otro sitio. Cuando es muy pequeño cuesta alejarse de él durante la noche, pero es una decisión personal. Es importante que le quede claro que es de noche y que la toma nocturna se hace porque es imprescindible. Por tanto, aliméntalo pronto, haz las tomas nocturnas lo más cortas posibles, no enciendas la luz, no lo arrulles, no juegues con él. Hay que comer, pero una vez comido, debe dormir. Si le vas creando estos hábitos luego te será más fácil suprimir esta toma.

Si con tu actitud le transmites tranquilidad, hablándole suavemente al acostarlo o cantándole una dulce canción de cuna, pero al mismo tiempo repites la conducta dejándolo en la cuna, enseñándole a dormir solo, etc., tu hijo irá adquiriendo el hábito poco a poco y el ir a dormir acabará siendo un deseo, una petición que él te hará, y no un problema.

La noche es para descansar

A todos nos gusta dormir de noche y para conseguirlo hay que educar al niño. No olvides que, como muy tarde, a los tres años irá al colegio y entonces será muy importante que de noche descanse todas las horas necesarias. Si ya tiene el hábito, le será más fácil.

Es frecuente que una madre que tiene un hijo de 10 meses, por ejemplo, me diga que el niño por la noche quiere comer y que ella tiene que darle. Alguna vez incluso hace más de una toma. Cuando me dicen algo así, siempre contesto: "¿Cómo sabe que quiere comer?". Con esta respuesta pretendo que entiendan que el niño hará lo que ellas le enseñen. Si cada día tu hijo llora de noche y le das de comer, lo estarás acostumbrando a comer a esas horas, con lo cual, él necesitará esas tomas que le has estado dando.

De la misma manera que lo has enseñado a comer, tendrás que enseñarlo a no comer porque, a esas horas, puede estar sin esa toma. Si tú estás acostumbrada a comer cada día, por ejemplo, a las dos de la tarde, lo normal es que a esa hora tengas hambre. A tu hijo le pasa lo mismo. Si cada día come a las 4 de la madrugada, a esa hora tiene hambre.

Si por la noche toma un biberón, te aconsejo que lo vayas diluyendo noche tras noche para que pierda la necesidad de alimentarse a esa hora. No te preocupes, él llenará su depósito de energía de una manera u otra (encontrarás más información en el capítulo 8).

Si le das el pecho, debes tener aún más cuidado porque, en muchos casos, el niño usa el pezón como chupón: no lo quiere para comer sino porque le es placentero y lo relaja. Cuando esto ocurre, puede pedirlo varias veces por la noche, con lo cual acaba convirtiéndose en un verdadero suplicio para ti. Aunque soy un acérrimo defensor de la lactancia materna, también velo por la salud de la madre. Procura no caer en este error y evita que tome el pecho para relajarse, no para comer. Retírale poco a poco la toma nocturna y así los dos descansarán mucho mejor. Ya sé que sufrirás, pero te aseguro que es un buen consejo.

Cuando tu hijo se despierta por la noche y reclama tu presencia, acaba consiguiendo lo que yo llamo "pequeños favores". Para que duerma eres capaz de todo, principalmente de cargarlo, arrullarlo en tus brazos, moverle la cuna, etc. Si es mayor puedes acabar jugando con él o haciendo lo que él quiera. Está en tus manos poner un poco de sentido común y arreglar esta situación.

Seguro que sabrás cómo hacerlo, pero lo importante, la verdadera solución está en que te convenzas de que es bueno corregir lo que pasa y hay que ponerse manos a la obra:

✔ Empieza por mostrarle que el día es el día y la noche, la noche. No enciendas las luz, si te acercas a él no lo cargues, háblale lo menos posible y recuérdale que es hora de dormir.

✔ Si el niño es mayorcito y te entiende, aprovecha otros momentos del día para dejarle claro que por la noche se duerme. Utiliza cuentos o relatos que hablen del sueño.

✔ Dale un chupón, un muñeco, un trapo o algo que lo acompañe para ir a dormir.

✔ Procura no ser tú quien vaya por la noche a su cama. Que lo haga, si es posible, otra persona. Los niños suelen querer a la mamá y otras personas les interesan menos. A él no le gustará que vaya otro, porque te quiere a ti. Con esta medida, pierde uno de sus "favores" y, por tanto, su interés en despertarse irá decayendo.

✔ Felicítalo si consigue dormir solo.

Independientemente de las medidas que decidas tomar para reeducarlo, lo que es más importante es la firmeza y la constancia. Si has decidido que no lo tomarás en brazos por la noche y empiezas a cumplirlo, no te des por vencida, no caigas en la tentación. Él no debe conseguir con su insistencia, que será mucha, que acabes cargándolo. Será una batalla larga, así que debes estar convencida de que lo haces por el bien de todos y ser coherente. Si tú no cedes, lo conseguirás.

Siempre que los padres me traen a un niño a la consulta y me preguntan por qué no duerme, casi sin decirles ni preguntarles nada les contesto que no se preocupen, que es un problema de fácil solución. Acto seguido les hago una receta de Valium (Diazepam) a dosis muy altas, se la doy y espero su reacción. Cuando la leen, casi siempre me dicen, asustados: "¿Esto es lo que le tenemos que dar al niño?". "No —les digo yo—, esto es para ustedes, porque los que no duermen son ustedes. Estoy seguro de que el niño duerme lo que necesita, pero ustedes no". Con esto pretendo hacerles entender desde el primer momento que lo más probable es que el niño esté sano, que no tenga un problema y que se ha llegado a la situación actual porque ellos no han sabido educarlo.

¿Es bueno compartir la cama?

¡Menudo debate hay alrededor de la _cama compartida_! Hay pediatras que defienden que es bueno que los niños duerman en la cama de los padres, mientras que otros están totalmente en contra. En el mundo de la pediatría este tema ha provocado verdaderos ríos de tinta con razones a favor y en contra.

Mi opinión sobre el tema es intermedia; es decir, no estoy ni a favor ni en contra y trataré de explicarte lo que yo recomiendo. Lo primero que debes saber es que hasta ahora nadie ha demostrado científicamente que el hecho de que el niño duerma con sus padres sea malo. Tampoco se ha demostrado que sea bueno. Hay una sola excepción que debes tener en cuenta: cuando tu hijo es un recién nacido o un lactante de pocas semanas.

A estas edades es recomendable que el niño no duerma en tu cama ya que cabe la posibilidad de que, sin querer, te duermas sobre él y lo asfixies. El riesgo aumenta si los padres han tomado drogas o alcohol. Pasa pocas veces, pero debe evitarse el peligro. Salvo en este caso, nada hay demostrado a favor ni en contra. Partiendo de esta premisa, lo realmente importante es el equilibrio familiar: que todo el mundo descanse y sea feliz.

Compartir por necesidad (de descansar)

Si los padres deciden que quieren dormir con su hijo como otra forma de relacionarse con él, no hay más que hablar. Si a ti te gusta, como a él también le gustará, ponlo en la cama y a dormir. El problema es cuando una madre está en contra del colecho pero acaba haciéndolo por necesidad de descansar más.

Antes te he hablado del niño que llora por la noche, no duerme y esto le permite obtener pequeños "favores". Uno de ellos, seguramente el más importante de todos, es ir a dormir en la cama de los padres. Cada día intentas que se duerma en su cama, pero como estás cansada y él no deja de llorar, cedes. Y en tu cama, todos duermen al instante. El problema es que tu hijo, en cuanto aprenda cómo llegar a tu cama, te lo pedirá siempre: de pequeño llorará hasta que lo consiga y cuando sea mayor aprenderá a bajarse de su cama y, silenciosamente, se meterá en la tuya.

Si es tu caso, lo mejor que puedes hacer es no perder tiempo, tienes que aprovechar las horas de sueño, así que te lo llevas directamente a tu habitación. Pero claro, deberás aceptar también las consecuencias:

✔ En una cama para dos, dormir tres no es lo más cómodo.

✔ Es posible que el niño se mueva y no te deje descansar.

✔ Si viene otro hermano, pueden llegar a ser cuatro en la cama.

✔ El niño se irá haciendo mayor y a lo mejor algún día habrá que tomar decisiones porque no caben.

Pero si eres de las que crees que el niño debe dormir en su cama y no quieres pasar por esto, tendrás que educarlo y enseñarlo a dormir en su sitio. Y piensa que cuanto más pequeño sea el niño, más fácil será el aprendizaje. Lo importante, también en esta cuestión, es ser coherente y no hacer excepciones.

Es distinto llevarte a tu hijo a la cama para jugar, estar acompañados, que hacerlo para dormir. Pronto, el niño aprenderá la diferencia entre ir un ratito a tu cama, por ejemplo los fines de semana, e ir a su cama a dormir cuando es momento de dormir.

Unos padres con tres hijos vinieron a verme porque no podían dormir. Los tres niños aparecían cada noche en su cama y, lógicamente, nadie descansaba en aquella casa. Les expliqué que habría que reeducarlos, enseñarlos a dormir y que esto sería un poco conflictivo pero que, con disciplina y cariño, se conseguiría. Me confesaron que no se veían capaces de hacerlo porque no soportaban oír llorar a los niños. Entonces les expliqué que compartir la cama no es malo, siempre que todo el mundo pueda dormir lo que necesita. Así que, a continuación, les extendí una receta de un colchón de cuatro metros por cuatro metros. El papá me miró raro pero yo, muy serio, le dije que vaciara una habitación, que colocara un gran colchón en el suelo y así todo el mundo podría dormir sin molestar.

Meses después volvieron a la consulta para darme las gracias. Habían habilitado una habitación y dormían todos juntos. En realidad es lo que querían hacer. No lo hacían porque creían, y además la gente se los corroboraba, que no era bueno. Con mi visita se quitaron la angustia, habían entendido que ellos decidían cómo dormir, que no hay una forma mejor que otra y, con ello, habían conseguido descansar y, seguramente, ser un poco más felices.

Una buena rutina

Sé que hay veces en las que tú o tu pareja llegan tarde del trabajo y tienen unas ganas locas de ver a su hijo de uno, dos o tres años. Él los está esperando y, lógicamente, cuando se encuentran se ponen a jugar, reír... Es natural, pero el problema es que seguramente el niño se excitará y, luego, aunque ustedes se hayan cansado de jugar o sea hora de dormir, el niño no podrá conciliar el sueño. Lo que era una fiesta puede acabar en llantos y mal humor.

A última hora es importante ir "bajando el tono", preparar el ambiente y hacer que el entorno esté tranquilo para que el paso de la vigilia al sueño sea lo más adecuado posible. El niño debe saber que todo se está preparando para ir a dormir y que ya ha llegado la hora. Es bueno que le avises un rato antes para que, en cuanto llegue el momento, no te pida otra cosa. No tiene que servir lo de "Un poquito más" o "Espera, que tengo que...". Ha llegado la hora y hay que irse a la cama. Es necesario repetir las rutinas. La primera y la más importante es la hora de acostarse.

Es recomendable que lo acuestes siempre a la misma hora. Cuando se acostumbre a ello, podrás darte el lujo de saltártelo algún día por una u otra razón, pero comprobarás que, a la hora de dormir, el niño tiene sueño. Luego, en su habitación cumple los rituales que tú y él hayan decidido: lavarse los dientes, hacer pipí, darle un muñeco o un trapo, contarle un cuento, cantarle una canción de cuna, decirle lo mucho que lo quieres, comentar lo que hicieron su durante el día, etc. Una vez cumplido vuestro ritual y llegado el momento, debe quedarse solo y aprender a dormirse sin ayuda. Evita dormirlo en brazos, moverle la cuna o quedarte en la habitación hasta que se duerma. Es posible que tú te duermas antes que él.

No caigas en la trampa de volver cada vez que te llame. Lo intentará con múltiples excusas y, en cuanto descubra que consigue lo que quiere, es decir, que vuelvas, estás perdida, pues no dejará de insistir hasta conseguirlo. Así que, antes de salir de la habitación, asegúrate de que todo está en orden y de que ha bebido y no puede tener sed (es la excusa más habitual para que "caigas en la trampa" y vuelvas).

Peligro para la pareja

Imagina esta situación, que es más habitual de lo que debiera: la madre lleva al niño a la cama. Intenta que se duerma pero la operación se alarga, puede que hasta una hora. Mientras, su pareja está leyendo, mirando la tele o cenando sola. Como la madre está tan cansada, es posible que se duerma. Y así se esfuma el rato que tenía la pareja para ella.

A la hora de ir a dormir el padre tiene que despertar a su mujer para irse a la cama. A veces ni lo hace. Otras, cuando la madre sale del cuarto medio dormida, el padre ya se va a dormir. Cuando esto ocurre un día tras otro, es posible que la pareja se vaya distanciando. Es

evidente que, por sí mismo, esto no sea motivo de separación, pero desde luego no ayuda y, si se añade otro problema, puede desencadenar la ruptura.

He conocido bastantes casos de padres jóvenes que, durante los primeros nueve meses del bebé, no mantienen relaciones íntimas (por mi edad puedo preguntárselo y les aviso del riesgo sin que se enfaden). Si quieres cuidar tu relación de pareja en todos los sentidos, te ayudará que tu hijo adquiera un buen hábito de sueño. Si los padres están bien, el niño también lo estará...

Chupón, ¿sí o no?

Hasta hace poco los pediatras creíamos que el chupón era más bien perjudicial. Yo siempre les decía a las mamás: "Como pediatra, no te lo recomiendo porque provoca algunos problemas, pero como padre te aseguro que es magnífico, porque relaja al niño, le permite tranquilizarse y lo ayuda a dormir". Hoy conocemos también algunas ventajas desde el punto de vista de la salud, ya que ayuda a evitar la muerte súbita, y podemos recomendarlo con mayor tranquilidad (aunque los inconvenientes no han desaparecido).

Por eso, además de recomendarte su uso, te daré algunos consejos para que lo hagas bien:

✔ Si le das el pecho, es mejor esperar a darle el chupón hasta que organices bien la lactancia, es decir, hacia la tercera o cuarta semana.

✔ Puede deformar la arcada dental, por eso se recomienda que deje de usarlo al año.

✔ Una buena medida es que sólo lo utilice para ir a dormir, sea cual sea la hora. Esto quiere decir que se lo debes dar por la noche, en la siesta, si duerme por la mañana, pero el chupón debe quedarse en la cama cuando se despierte. Es una buena manera de que asocie el chupón con el sueño.

✔ Para evitar accidentes, es importante que le des el chupón que corresponde a su edad.

✔ Nunca pongas sustancias dulces en el chupón (azúcar, miel, etc.), ya que pueden dañarle gravemente los dientes.

Consejos para evitar la muerte súbita del lactante

La muerte súbita del lactante se produce en muy pocas ocasiones, pero, evidentemente, conviene hacer lo que esté en nuestras manos para evitarla. Suele producirse entre los dos y los seis meses, aunque el riesgo existe durante todo el primer año. Aún desconocemos qué la provoca, pero sabemos que algunas medidas reducen el riesgo de aparición. Entre ellas:

✔ Dormir boca arriba. Algunos ratitos también puedes acostarlo de lado, pero nunca boca abajo.

✔ Dormir sobre una superficie dura. Evita los colchones muy blandos.

✔ No poner almohadas.

✔ No fumar durante el embarazo.

✔ Evitar la cama de los padres durante los primeros meses.

✔ Ofrecer el chupón cada vez que vaya a dormir, sea la hora que sea.

✔ Evitar taparlo demasiado en la cama (evitar mantas o prendas de abrigo y el excesivo calor en la habitación).

Aunque te recomiendo seguir esos consejos, no te preocupes demasiado si no puedes cumplirlos todos. Por ejemplo: el uso del chupón en este caso es bueno, pero eso no quiere decir que si tu hijo no lo quiere le puede ocurrir algo. También hay muchos niños que no son capaces de dormir boca arriba y eso no es sinónimo de problemas.

Capítulo 10

Fuera pañal

· ·

En este capítulo

▶ La importancia de aprender a controlar los esfínteres

▶ Cómo enseñarle a usar la bacinica

▶ Cuándo quitarle el pañal

▶ Señales de alarma

· ·

Dejar los pañales es un momento importante y feliz si se hace bien, un paso hacia la autonomía de tu hijo (y también un gran ahorro). No hay una fecha exacta para hacerlo, una época ni un clima específico para conseguirlo. Tu hijo te hará saber cuándo está listo para empezar, y para ello tú, previamente, lo habrás preparado. La iniciativa de quitarle el pañal suele partir de la guardería, pero la decisión de hacerlo o no debe ser tuya.

En la guardería dicen que ya toca

Es habitual que la iniciativa de quitarle el pañal surja en la guardería, normalmente cuando llega el buen tiempo. Ten cuidado, la medida no siempre es buena. Algunos niños estarán preparados en primavera o verano, pero otros aún no.

Tampoco acabo de entender por qué es tan importante esperar a que llegue el buen tiempo y haga calor. Es práctico porque cuando se moje no ensuciará tanta ropa y si estás en la calle no le dará frío, pero no son motivos suficientes. Si lo fueran, ¡en los países en los que hace frío todo el año, a los niños nunca se les quitaría el pañal! Así pues, se agradece que en la guardería tomen la iniciativa y te ayuden, pero la decisión de dar el paso es tuya, así que comprueba si tu hijo está preparado.

Las prisas no son buenas

La mayoría de los niños están preparados para dejar el pañal alrededor de los 24 meses. Como en todos los casos, hay enormes variaciones entre unos y otros, de manera que algunos pueden controlar a los 18 meses y otros tardarán más. No tengas prisa: deja, como siempre, que él te indique si está preparado y así la transición será natural, sin problemas. No hagas caso de aquella amiga o conocida bienintencionada que te suelta aquello de "¿Tu hijo aún lleva pañal? Al mío se lo quité hace un mes". Si te la encuentras, felicítala y sigue tu camino. No es más listo quien antes aprende, lo que pretendes es que este paso sea natural y lo mejor posible.

El orden en el control de los esfínteres puede variar. Algunos empiezan por la pipí, y otros por la popó. No tiene importancia: la única regla de oro es que, en cuanto empieces, no vuelvas atrás. Si le quitas el pañal y luego se lo vuelves a poner lo único que le transmitirás es inseguridad, desconfianza y una posible fuente de problemas. Por tanto, prepáralo con antelación. El proceso de aprendizaje puede durar, más o menos, entre dos semanas y dos meses, dependiendo del niño.

No hacer las cosas bien y precipitarse causa problemas y angustia. En muchas ocasiones he visto que cuando se inicia el proceso desde la guardería, sin preparación previa, al niño le cuesta mucho este paso. Al principio se le escapa la pipí, pero acaba controlándola. El principal problema es la popó: el niño se esconde cuando tiene ganas de hacer, se la aguanta o se le escapa y se ensucia. Suele venir de la guardería con los o calzoncitos sucios y oliendo mal. Algunos necesitan que les pongan el pañal para hacer popó y luego lo tiran. Si no, no hacen y son capaces de aguantarse muchos días.

En resumen, el problema es que tu hijo sabe que tú (y las educadoras de la guardería) esperan que él haga algo que no está preparado para hacer y esto le genera malestar y grandes dificultades para conseguirlo. Por suerte, con un tiempo previo de aprendizaje y sin prisas, evitarás que tu hijo vea este paso como un calvario.

Cómo prepararlo

Enseñarle a adquirir el hábito de controlar los esfínteres no es complicado. Basta seguir algunas reglas y dejar que la naturaleza haga lo demás.

✔ El aprendizaje debe empezar cuando el niño ya te entiende: será alrededor del año para unos y más tarde para otros. Si quieres conseguir que él relacione la pipí con mojar el pañal debes explicárselo cada vez que lo cambies. Enséñale este nuevo vocabulario y lo que es la pipí, la popó, el pañal mojado y el pañal seco para que vaya conociendo las diferencias que hay entre ellos.

✔ Cuando camine, procura cambiarlo en seguida, dile que debe pedirlo y enséñale a hacerlo cuando esté sucio. Si se acostumbra a sentirse seco y averigua que se siente mucho mejor, él mismo querrá quitarse el pañal. Cuando te pida que lo cambies, elógialo, felicítalo. Verás cómo esto le ayuda.

✔ Durante un tiempo dirá pipí cuando lo cambies, mostrándote que sabe lo que es. Luego aprenderá a decírtelo cuando lo haga. En ese momento estará relacionando una cosa con otra. Entonces hay que avanzar y explicarle que hay que hacerlo en el excusado. Es bueno llevarlo allí y enseñarle que lo que ha hecho en el pañal tiene que hacerlo en el excusado. También le ayudará verte a ti cuando vas al baño y haces pipí. Aprovecha este momento para decirle que él también lo hará y que debe aprender a pedirlo.

✔ Con la popó has de seguir el mismo sistema. En este caso es bueno que lo acompañes al excusado y las tires del pañal a la taza. Después, muestra tu alegría al jalarle. Pretendes motivarlo, estimularlo, crearle la necesidad para que él lo haga y tenga ganas de conseguirlo. Pero para esto hay que esperar a que esté suficientemente maduro: no sólo que tenga ganas, sino que pueda hacerlo. Si le vas enseñando repetidamente, las cosas vienen solas. Algunos niños acaban pidiendo que les quiten el pañal.

La cuenta atrás

La experiencia me ha demostrado que es mucho más práctico empezar con la bacinica que con el excusado. Es un objeto a su medida y algo suyo que muestra que se hace mayor.

Una o dos semanas antes de la fecha en la que hayas decidido quitarle el pañal, puedes ir con tu hijo y comprarle una bacinica. Él debe escogerla, evidentemente con tu opinión y "sugerencia", pero él debe salir contento con su compra, satisfecho de su bacinica, porque debe quedar claro que es para él, que no es una bacinica cualquiera, sino la suya y sólo suya.

Hay bacinicas de todo tipo, algunas sofisticadísimas, con formas especiales y hasta con música, pero son muy caras y no vale la pena. Una bacinica sencilla es baratísima y sirve igual. Es más: en casa puede personalizarla, si quiere, con su nombre, calcomanías, pintarla de colores...

Si quiere, puede y debe empezar a usarla desde el primer momento. Anímalo a sentarse en ella, a pesar de que esté vestido, y aunque sea para ver la televisión, escuchar un cuento, leer o lo que sea. Cuando no la use, la bacinica debe estar en su sitio: en el cuarto de baño. Una cosa es que se familiarice con ella y otra muy distinta que no sepa cuál es su función.

Por eso, como ya estamos en un momento en el que él relaciona la pipí y la popó con ensuciarse, cuando lo cambies enséñale que eso se hace en la bacinica. Si puedes, llévalo hasta la bacinica y tira allí lo que hay en el pañal, para que así vaya relacionándolo. Cuando lo hagas, demuéstrale que estás muy contenta y felicítalo.

Es bueno que te acompañe cuando vayas al baño y, mientras tú estás en el excusado, él se siente en la bacinica. En este momento debes aprovechar para enseñarle y explicarle la utilidad de la bacinica y decirle que, lo que tú haces en el excusado, él lo hará en la bacinica, como un niño mayor.

Si empieza por el excusado

Si prefieres que use directamente el excusado se puede aplicar casi todo lo que acabamos de contar sobre la bacinica, pero además debes tener en cuenta lo siguiente:

✔ Es importante que, cuando tu hijo se siente en el excusado, esté cómodo. Con el orificio normal, el niño no puede apoyar las nalgas correctamente, le parece que se va a caer y se siente inseguro. En las tiendas de puericultura encontrarás un artilugio llamado *reductor WC* que se coloca en la taza y reduce el tamaño del orificio, adaptándose al niño. Existen algunos plegables, muy prácticos para salir de casa.

✔ Una vez sentado en la taza, tiene que poder apoyar los pies en un sitio firme. Puede ser un taburete, una silla pequeña o una caja de madera o plástico: cualquier cosa lo que le permita apoyar los pies.

✔ Es mejor que no le jales mientras el niño está en el excusado porque, muy probablemente, se asustará.

Las primeras pipís

Cuando creas que ya está preparado, explícale que dentro de unos días le vas a quitar el pañal. Puedes pedirle que te acompañe a comprar sus primeros calzoncitos, y el primer día que le quites el pañal y se los pongas, haz que sea una pequeña fiesta.

Desde entonces, llévalo la bacinica en cuanto veas una señal que te sugiera que puede tener pipí o popó. Quizá sea una mueca, se toque, se encoja o cualquier cosa que detectes. Felicítalo y si quieres prémialo cada vez que lo haga bien. Puedes incluso poner un calendario en la pared en el que anote o pegue una calcomanía cuando lo use correctamente. Lo importante es que se sienta estimulado para el uso de la bacinica y que su esfuerzo, su progreso, se vea recompensado. Debe ser una evolución natural, alegre, divertida, sin enfados ni castigos.

Lo normal es que al principio se le escapen algunas pipís o muchas. Desde luego, no debes enfadarte ni reñirle; al contrario. Si ocurre, estimúlalo diciéndole cosas como: "No te preocupes, la próxima vez no te pasará", "Tú sabes hacerlo y al principio es normal que alguna se escape", "Estás aprendiendo y lo haces muy bien".

Recuérdale, sin enfadarte, que ya es mayor, y ponle ejemplos de otros niños que conoce que ya controlan, pero no como competencia, sino como estímulo. Dile algo así: "¿Ves? Ellos han podido y tú también podrás. Al principio les pasaba como a ti". Cuando se le escape, cámbialo en seguida y hazle ver lo bien y cómodo que se siente cuando está seco.

En condiciones normales, a los tres años tu hijo controlará perfectamente los esfínteres, al menos de día. Incluso será capaz de aguantarse un poco hasta llegar al baño si puede tardar, y podrá bajarse los calzoncitos solo. Si no es así, coméntaselo a su médico.

Por la noche es otro cantar

Todo lo que te he contado hasta ahora es válido mientras el niño está despierto, pero no sirve cuando duerme. Muchas veces me preguntan: "¿Por qué controla la orina de día y no es capaz de hacerlo por la noche?". Normalmente no sólo es de noche sino cuando duerme. La razón es que utiliza diferentes mecanismos de control.

Así como durante el día el control de los esfínteres se alcanza hacia los dos años, el control durante el sueño tarda más. A veces lo acuestas, acaba de hacer pipí porque lo has llevado a hacer antes de ir a dormir, y al poco rato vuelve a hacer (normalmente no se hará popó).

No te preocupes, es normal. Hay muchos niños que no controlan la orina mientras duermen, a pesar de tener siete u ocho años, y la razón no está muy clara. A partir de esta edad los podemos ayudar pero hasta entonces no es conveniente hacer nada, entre otras cosas porque lo consideramos normal. Por tanto, a edades de dos y tres años es lo más habitual del mundo. Así pues, para dormir, salvo raras excepciones, ponle el pañal. Cuando se lo cambies, aprovecha para mostrarle lo cómodo que es estar seco.

Mientras no controle por la noche, ten paciencia, no presiones ni riñas al niño. Es bueno ir enseñándole que lo tiene que pedir, que se tiene que levantar para hacer pipí, pero si no lo hace no hay que enfadarse. Si moja la cama, hay que enseñarle que hay que cambiar las sábanas y limpiarse. Es evidente que, mientras es pequeño, tendrás que ayudarlo, pero debe ser consciente de que quien se hace pipí es él y, aunque nadie se enfada, el problema es suyo, no de los demás.

Cuando veas que pasa algunos días sin mojar las sábanas puedes hablar con él e intentar quitarle el pañal, pero es necesario que se sienta seguro y acompañado. No lo presiones ni tengas prisa, que todo llega.

Consulta al médico si...

✔ Ves que tu hijo bebe más agua de lo normal. Podría hacerlo a causa de un problema de riñón o por otra razón.

✔ Tu hijo está siempre mojado. Es decir, continuamente se le escapa la orina, aunque sea en pequeñas cantidades, o cuando se ríe o se esfuerza. Es posible que tenga algún problema de continencia (aunque es raro).

✔ Se le escapa la pipí y tiene fiebre y malestar. Puede tener una infección de vías urinarias, que a partir del año son más frecuentes en las niñas.

✔ A tu hijo se le escapa la popó o, lo que es aún más frecuente, se le escapa un poco y ensucia la ropa a diario, casi a diario o varias veces al día. Puede ser normal durante el aprendizaje, pero no cuando se alcanza el control.

No hay vuelta atrás

Pocas veces vemos que un niño dé marcha atrás en su proceso madurativo. Es decir, si ha conseguido controlar la pipí y la popó, ya no volverá a hacerlo sin motivo. Cuando son pequeños se les puede escapar puntualmente; por ejemplo, si están jugando con algún amigo pueden olvidar completamente ir al lavabo o aplazan tanto el momento que al final no llegan a tiempo. También se les puede escapar en circunstancias especiales, como cuando nace un hermanito, durante un traslado... Pero ya no debe pasar sin motivo.

Algunas curiosidades

✔ Alrededor de los tres años sólo 40% de los niños son capaces de controlar la pipí y la popó.

✔ A los seis años puede haber hasta 10% de niños que no controlan de noche.

✔ Habitualmente controlan antes las niñas que los niños.

✔ Si los padres han mojado la cama a edades tardías, es más probable que los hijos muestren la misma tendencia.

Parte IV
El entorno

En esta parte...

Tal como decía el filósofo: "Yo soy yo y mis circunstancias". Pues eso: la vida de los bebés no se limita a su cuerpo, comer, dormir y crecer, sino que el niño vive en un entorno que le afecta de muchas maneras. Una muy evidente es que los padres necesitan trabajar y, por desgracia, su reincorporación a la vida laboral se da cuando los niños son muy pequeños, así que, mientras están fuera, los cuidarán otras personas.

Poco a poco van ampliando su mundo: la casa de los abuelos, la guardería... Cuando llegue el fin de semana o las vacaciones, quizá lo lleven a conocer otros lugares. Esta parte la dedico principalmente al universo que descubrirá tu bebé fuera de casa.

Capítulo 11

El regreso al trabajo

En este capítulo

▶ Cómo dejar de dar pecho cuando vuelvas a trabajar

▶ Pros y contras de cuidadoras, abuelos y guarderías

▶ Orientaciones para escoger guardería

▶ Por qué enferman los niños que van a la guardería

Por un lado, ya tienes ganas de salir de casa y volver a tu rutina, pero por otro te sientes muy unida a tu bebé, y, como es tan pequeño, te asusta dejarlo. En cualquier caso, deberás plantearte qué vas a hacer. ¿Pedirás una licencia o te reincorporarás al trabajo? Si es así, ¿quién lo cuidará mejor mientras estés fuera? Otra cuestión es cómo dejar el pecho durante esas horas. En estas páginas te hablaré de todo ello.

Hay que volver al trabajo

¡Cómo pasa el tiempo! Parece que fue ayer que te faltaba tiempo para dar de comer, cambiar, salir a pasear y cubrir todas las necesidades de tu hijo y ya tienes que volver al trabajo.

Personalmente, considero que las madres tienen poco tiempo para disfrutar y dedicarse en exclusiva a su bebé (¡Quien hace las leyes no debe tener hijos!). Pero no nos queda más remedio que aceptarlo. A lo mejor, como hacen algunas mamás, has alargado este período con una licencia o tomando días de vacaciones, horas de lactancia y todo lo que puedas. Pero, al final, todo llega.

Trucos para mantener la lactancia

Aunque te reincorpores al mundo laboral, puedes seguir dando el pecho a tu hijo (te lo recomiendo). Sólo es cuestión de organizarte, ya que tu bebé te lo agradecerá.

Por su tiempo actual, es muy posible que ya le hayas introducido en la dieta alguna comida que no sea la leche. Con ello cubrirás alguna de las tomas que no le puedas dar. Si es así, aprovéchalo y programa esta comida para que coincida con tu jornada laboral.

Si no es así, tienes dos opciones:

- ✔ **Sacarte la leche en el trabajo y guardarla** correctamente para dársela en un biberón cuando no estés. Hay muchas mujeres que lo hacen en un baño o en una sala en la que puedan estar solas y tranquilas.

- ✔ **Eliminar las tomas que tu hijo ya no haga.** Como llevas meses dándole el pecho, no será un problema seguir amamantándole mientras estás en casa. Sólo es cuestión de ser previsora.

Crea tus propias reservas

Si quieres sacarte leche para que tu hijo se la tome mientras estás fuera, puedes hacerlo manualmente o con un tiraleches. En ambos casos conviene que extremes las medidas de higiene y que lo hagas cuando el pecho no está tenso, ya que, de lo contrario, te dolerá.

La mayoría de las mujeres encuentran más fácil y práctico el uso de un sacaleches. Existen tiraleches manuales (en los que tú controlas el ritmo de extracción) y eléctricos. Consulta las instrucciones en cada caso.

Si prefieres hacerlo de forma manual, deberás aprender una técnica muy sencilla: pon el índice y el pulgar en la areola, mientras con los otros dedos sostienes el pecho. Muévelos hacia dentro y hacia fuera, haciendo un movimiento de ordeña. Cuando veas que el flujo de leche disminuye, haz lo mismo con el otro pecho.

Es normal que cueste un poco las primeras veces: es mucho más fácil y agradable que succione el bebé que tus dedos o una boquilla de silicona, por suave que sea. Pruébalo cuando tengas un rato tranquilo y practica. Es importante que domines la técnica antes de hacerlo en el trabajo, de manera que sea algo rápido, que no te ponga nerviosa. A algunas mujeres les ayuda mirar una foto de su bebé.

Te recomiendo recoger la leche en bolsas o recipientes de plástico herméticos y estériles. Es preferible no usar biberones de cristal. En cada bolsa o recipiente debes anotar la fecha de extracción. A temperatura ambiente, puedes mantener la leche hasta 10 horas y en la nevera hasta 24 horas, pero si pretendes congelarla, cuanto antes lo hagas, mejor.

La leche congelada puede mantenerse en el congelador varias semanas, según la potencia de tu aparato:

- ✔ Una o dos estrellas (*/**): entre 1 y 3 días.
- ✔ Tres estrellas (***): hasta 1 mes.
- ✔ Congelador individual: 6 meses.

Es muy importante que la leche se descongele bien, poniéndola en el refrigerador unas 12 horas antes. Una vez descongelada, puede mantenerse 24 horas en el refrigerador, pero no debes volver a congelarla.

Si quieres calentarla, hazlo al baño María. No utilices el microondas, ya que destruye las células y no reparte el calor uniformemente.

Cómo eliminar una toma

Si quieres eliminar tomas, lo difícil será que tus pechos entiendan que ya no deben producir tanta leche las horas en las que tu hijo no come. Ya sabes, el pecho sigue el ritmo que le han marcado tanto tú como el niño, y a las horas en las que suele comer los tendrás muy llenos. Si él no está para vaciarlos, sentirás malestar e incluso dolor.

Para evitarlo, te recomiendo que, en aquellas horas en las que no le podrás dar el pecho, le retires la leche poco a poco, de forma natural. Si el principal motivo por el que produces leche es porque el niño te vacía el pecho en cada comida, la solución es evitar que te estimule. Te explico cómo hacerlo (los tiempos son aproximados):

- ✔ Diez días antes de reincorporarte al trabajo, reduce 1 minuto el tiempo en que el niño come. Para compensárselo, ofrécele 30 ml de biberón.

- ✔ Al día siguiente disminuye 1 minuto más y vuelve a ofrecerle biberón (si se termina los 30 ml le puedes dar 30 más).

- ✔ Sigue esta rutina cada día: menos pecho y más biberón. La cantidad final te la marcará él y será aquella en la ya no quiera más.

✔ Pronto notarás que, a esa hora, tus pechos están menos llenos. El niño tiene que succionar para aliviar un poco la tensión, pero no vaciarlos.

✔ Es posible que al principio no tome el biberón. Si es así, no te preocupes —ni le des más pecho—, acabará aceptándolo.

✔ Si ya tiene edad para tomar papillas, después de darle el pecho puedes ofrecerle una papilla en vez del biberón.

¿Con quién lo dejo?

Otra medida clave es decidir dónde dejar al niño. Como, por desgracia, no te lo puedes llevar al trabajo, hay que buscar a alguien que cuide de él. Las posibilidades son limitadas: guardería, abuelos o cuidadora. Si puedes escoger entre estas tres opciones, eres afortunada.

Aunque a partir de ahora hablaré siempre de los abuelos, cuando me refiero a ellos hablo también de otros familiares posibles, como una tía, una hermana mayor u otro pariente cercano, no me refiero sólo a tus padres o suegros. Ten en cuenta que las tres opciones tienen ventajas e inconvenientes.

Cuidadores/as o nanas

Para dejar a tu hijo con otra persona ajena a la familia, la condición más importante es que sea alguien de absoluta confianza. Puede ser una buena solución si es una persona —mujer u hombre— que te ofrece garantía, alguien a quien conoces mucho, o a su familia, y de la que tienes referencias.

Éstas son algunas consideraciones a la hora de dejarlo en casa con alguien:

✔ Es una persona que se dedica exclusivamente a tu hijo.

✔ No será necesario que saques de casa a tu hijo.

✔ Tu bebé podrá comer y dormir según sus necesidades.

✔ Se evitarán las enfermedades típicas de la guardería.

✔ Puede ser caro.

✔ Tu hijo está bajo el control único y absoluto de una persona: debes escoger bien.

Deberás estar muy segura de que puedes confiar plenamente en ella. Hay excelentes nanas profesionales, pero es difícil escoger bien. Si tienes alguna duda sobre si esa persona cuidará al niño con cariño y responsabilidad, yo barajaría otras soluciones.

Guarderías

La guardería es un lugar seguro, pensado específicamente para tu hijo y para otros niños de su edad. Por tanto, tiene unas medidas de seguridad y control que te garantizan tranquilidad cuando dejas allí a tu hijo. Quienes trabajan en las guarderías son profesionales preparados que saben qué es un niño y cuáles son sus necesidades. Es decir, saben lo que hacen y, por tanto, cuidarán de tu hijo lo mejor posible. Si eliges llevar a tu niño a la guardería, aunque sea muy pequeño, no te preocupes. Es una buena decisión, aunque hay cosas que debes saber.

Las guarderías nacieron y existen por necesidad de los adultos, no de los niños. A lo mejor, si los dejáramos opinar, las guarderías desaparecerían. En contra de lo que cree mucha gente, no hay obligación ni necesidad de que el niño vaya a la guardería antes de la etapa escolar.

Si tú puedes cuidar del niño, está claro que eres la mejor opción. Si a pesar de poder cuidarlo te planteas llevarlo a la guardería, te diría que lo hagas si a ti te funciona, pero no lo hagas por él, ya que él no lo necesita.

En cualquier caso, ten en cuenta estos pros y contras (un poco más adelante, en el apartado "La mejor guardería para tu hijo", te apunto otras consideraciones):

- ✔ El entorno es seguro y adaptado a sus necesidades.
- ✔ Los responsables son profesionales.
- ✔ Las actividades están pensadas para su edad, y aprende cosas.
- ✔ El primer año se contagian de muchas infecciones: de 8 a 10, la mayoría en invierno. Aunque no suelen ser importantes, te obliga a tener un plan B para cuando no pueda ir a la guardería.
- ✔ Aunque sean muy pequeños, los educadores no pueden dedicar toda su atención a todos los niños.
- ✔ Un bebé aún no tiene la necesidad de socializar de esa forma y hasta los tres años los niños no suelen jugar entre ellos de forma cooperativa.
- ✔ El precio: una guardería, aunque sea pública, puede costarte desde 2,000 hasta más de 8,000 pesos, dependiendo del horario que

lleves a tu hijo. Además, quizá tengas que pagar el comedor, la bata, el babero, alguna hora de permanecias. En fin, haz bien las cuentas antes de dar este paso.

He conocido a muchas mamás que dicen que llevan a su hijo a la guardería para se relacione con otros niños. Es una motivación errónea, ya que los niños que van a la guardería tienen una edad en la que son poco sociables y juegan poco entre ellos. El psicólogo Santiago Batlle lo explica así: "Entre el año y los dos años, el niño está centrado en el adulto y en su propio cuerpo. En situaciones de juego sólo existe interacción cuando uno interfiere sobre el otro, estableciéndose una relación de hostilidad. Entre los dos y tres años, la actividad por excelencia es la observación visual (cada uno por separado) estableciéndose pocos contactos interactivos".

Como yo no soy psicólogo, intento explicarlo de una forma más gráfica. A estas edades, los niños juegan a lo que yo llamo el "mío". Un niño tiene un juguete y va otro y se lo quita y se lo lleva al grito de "¡mío!". El que se ha quedado sin juguete rompe a llorar y el otro se va con el juguete. Ya sé que es muy esquemático, pero es una manera gráfica y simple de explicar la realidad del juego con otros niños a estas edades.

Como te he dicho, la guardería tiene aspectos positivos, así que llevarlo no es malo. Realizan muchas actividades pensadas para ellos que los ayudan a crecer, a desarrollarse y además son profesionales quienes las llevan a cabo. Es decir, aunque la palabra *guardería* parece contener algo de "estacionar" al niño hasta que los adultos vuelven a recogerlo, no es así. El niño aprende y aprovecha el tiempo. Por tanto, si tienes que llevarlo, quédate tranquila.

Abuelos

Después de lo dicho supongo que te ha quedado claro que, para mí, la opción número uno son los padres y, si ellos no pueden, los abuelos. Hoy en día es la posibilidad más difícil por muchos aspectos: puede que los abuelos, aunque vivan cerca, aún sean jóvenes y activos y trabajen o tengan otras actividades. O al contrario, puede que sean muy mayores y ya no puedan cuidar de un bebé. Si tienen suerte, están bien y se los ofrecen, para mí no hay dudas.

✔ Junto con los padres, los abuelos son las personas que más quieren a los niños.

✔ Son de confianza absoluta.

✔ No tienen costo económico.

✔ Deben comprender que no son los padres del niño.

✔ Seguramente su casa ya no está habilitada para bebés.

Antes de proponérselo a los abuelos, es necesario valorar algunos aspectos. El primero es que estén en condiciones físicas y psíquicas para cuidar de un niño. Al menos, el que vaya a hacerse responsable del bebé tiene que estar bien.

El segundo es que, si el niño va a ir a su casa, ésta debe estar acondicionada para prevenir posibles accidentes. Los accidentes en el hogar, como verás en el capítulo 14, son una de las principales causas de visitas al hospital.

El tercero es que entiendan que son los abuelos y que, mientras esté con ellos, lo cuiden como saben y quieren, pero sin olvidar que la madre del niño eres tú y al final serás tú quien tome las decisiones. Me he encontrado con abuelas dominantes que han anulado a su hija o nuera y acaban tomando el rol de madre. No dejes que ocurra: cada una tiene su lugar.

Si tienes claros todos estos consejos, seguro que serán los mejores para cuidar a tu hijo, ya que lo quieren y puedes confiar plenamente en ellos.

Que lo mimen, tú lo educas

Mucha gente te dirá que los abuelos lo malcrían. Puede ser cierto ya que éste es, en cierta manera, su papel, pero si tú has educado y educas a tu hijo correctamente, no te preocupes, tu hijo sabrá cómo actuar en cada momento, en cada sitio y con cada persona. Es decir: si el abuelo se deja tomar el pelo, se lo tomará, y si no le enseña a obedecer, no lo obedecerá. Pero si tú no lo dejas tomarte el pelo y lo has educado, te hará caso, no lo dudes.

De hecho, cuando van a la guardería ocurre lo mismo. Hay muchos niños que desobedecen y no hacen caso en casa, mientras que en la guardería se portan muy bien. Ellos saben qué hacer en cada situación. Por tanto, aunque pueda ser verdad, no te preocupes si los abuelos tienen más manga ancha que tú y no pretendas que, salvo en lo básico, como por ejemplo en la seguridad, hagan lo mismo que tú.

Si hay un abuelo que cuida del niño, es bueno que te acompañe al pediatra para actualizarse. Cuando una abuela pretende hacer una cosa a su manera y no quiere dar el brazo a torcer con argumentos del tipo "Pues yo he criado a tres y mi pediatra me decía, o yo hacía tal o cual cosa", siempre les digo: "Antes las calles estaban llenas de tranvías y de SEAT 600 y ahora ya no es así, las cosas han cambiado".

La mejor guardería para tu hijo

Si has decidido llevar a tu hijo a la guardería, es necesario escoger la mejor y solicitar plaza lo antes posible, para no quedarse sin ella. Voy a tratar de darte motivos para que tomes la mejor decisión, pero de entrada una advertencia: seguramente el lugar perfecto no existe, no hay una guardería que lo tenga todo, así que lo más importante es que te inclines por la que te dé más confianza. Lo necesario es que, cuando dejes a tu hijo allí, lo hagas con la mayor tranquilidad y seguridad. Bastante cuesta dejarlo para, encima, hacerlo sufriendo.

Estos son los puntos que debes valorar al visitar las guarderías y te los comento a continuación:

✔ Personal.

✔ Horario.

✔ Espacio.

✔ Materiales y juegos.

✔ Comedor y cocina.

✔ Patio o jardín.

✔ Actividades.

✔ Participación de los padres.

✔ Cercanía y comodidad.

Personal. Partimos de la base de que son profesionales, es decir, están preparados, cualificados y tienen la formación y titulación necesarias para desempeñar esta función. Está bien que lo compruebes, pero es un punto que damos por zanjado. A partir de aquí, el problema está en el número de adultos por cada grupo de niños. Puede que sea inferior a lo necesario, en cuyo caso, aunque sean muy profesionales, lógicamente la posibilidad de atender a todos los niños se ve mermada. La distribución que se recomienda, aunque ya sabes que las cifras son orientativas y que no suelo creer en los números cerrados, es de:

✔ Un educador para cada ocho niños como máximo, de 0 a 12 meses (normalmente a partir de los 4 meses).

✔ Un educador para cada 14 niños como máximo, de 12 a 24 meses.

✔ Un educador para cada 20 niños como máximo, de 24 a 36 meses.

Horario. Por supuesto, la guardería la necesitarás unas horas concretas.

Me hacen mucha gracia esas guarderías que ofrecen sus servicios de 9 a 17.30 h. Si sales de trabajar a las siete o a las ocho de la tarde —lo cual es habitual si trabajas en un comercio—, eres enfermera en turno de tarde o tienes cualquier trabajo con otro horario, tienes que fastidiarte y buscar quien lo recoja y lo tenga hasta que puedas ir a recogerlo. Creo que es una aberración. Las guarderías que funcionan así son escuelas de pequeños —que, además, los niños no necesitan, como ha quedado demostrado—, pero no cumplen la función social que deberían. Por tanto, procura buscar un sitio en el que su horario se adapte al tuyo.

Espacio. Hay recomendaciones en ese aspecto: se dice que un niño debe disponer de 2 m^2 y que las aulas han de ser de 30 m^2. De acuerdo, pero para mí lo importante es que sea un local con un acceso específico, luminoso, si puede ser con una sala para cada grupo de edad, es decir de 0 a 12 meses (en algunos casos ese grupo se divide), de 12 a 24 y de 24 a 36 meses; un espacio para descansar; otro para comer; un número adecuado de baños, y que todo tenga las medidas de seguridad y prevención de accidentes que corresponden. Por ejemplo, mira si las puertas están preparadas para que no se atrapen los dedos, si los enchufes están protegidos, etc. Los metros cuadrados son menos importantes si todo lo demás se ha tenido en cuenta.

Materiales y juegos. Son importantes, aunque si no eres experta de poco te servirá mirarlos. Siéntete tranquila, su uso suele estar regulado y controlado, así que son seguros. En cuanto a los juguetes, mirarlos te dará una idea de las actividades, higiene y seguridad del centro. De esta parte te llevarás una buena o mala impresión. Te ha gustado o no, y esto cuenta en tu decisión.

Comedor y cocina. Es relativamente importante. Si hay un lugar específico para comer es bueno, pero no imprescindible. Sin embargo, es recomendable saber si hay cocina y conocer el tipo de menús que les dan a los niños, además de preguntar si se tienen en cuenta las alergias. Esta parte puedes comentarla con tu pediatra, quien te orientará sobre la calidad de la comida y de las medidas que adoptan en el centro.

Patio o jardín. Es bueno que la guardería tenga un espacio al aire libre, de ser posible abierto y soleado. De todas formas, esto dependerá del lugar en el que vives: en la ciudad no es fácil encontrar un lugar así, mientras que en lugares con menos edificios, es más fácil. La existencia de un patio o jardín aireado y soleado es un punto positivo a tener en cuenta.

Actividades. Pregunta qué actividades realizan, ya que así las horas que pase en la guardería aprenderá, pues hay que intentar sacar el máximo provecho. Aunque no lo parezca, una actividad importante es la siesta. A estas edades es muy necesaria y conviene conocer el horario y saber cómo y dónde la hacen.

No obstante, te recomiendo que no te dejes deslumbrar por algunas guarderías que pretenden funcionar como una pequeña escuela de talentos: enseñañ inglés, música, los niños de dos años llenan cuadernos... Quizá los padres piensen que todo esto los prepara para el futuro, pero lo cierto es que no es lo que el niño necesita. Ahora tiene edad de aprender a saltar, hacer pipí en la bacinica o vestirse solo. Además, te garantizo que por llevarlo a una de estas guarderías no será un genio y además te saldrá carísimo.

Participación de los padres. Para que puedas estar tranquila y confíes plenamente en el centro es imprescindible la transparencia y la relación participativa de los padres. Deben permitir que entres en las aulas cuando dejas y recoges al niño. Es necesario que te informen cómo ha estado tu hijo ese día: qué ha comido y si se lo ha acabado, si ha dormido, si ha pasado algo inusual, etc. Además, es aconsejable que los padres puedan participar en la organización de ciertas actividades, como fiestas, excursiones, etc.

Cercanía y comodidad. Llevar al niño al colegio debe ser cómodo. Por tanto, te recomiendo que esté cerca de tu casa o de tu trabajo. Es decir, lo importante es que al llevarlo o recogerlo no tardes demasiado. Así, evitarás que el niño pase mucho rato en el auto y, además, podrás recogerlo antes y le ahorrarás tiempo en la guardería.

Se recomienda que los niños estén allí un máximo de 6 horas, aunque yo creo que esto es una tontería. Si sólo necesitas que esté allí cuatro horas, lo llevarás cuatro horas, pero si debe estar más de seis, tendrá que hacerlo. ¡No hay remedio! Lo que sí es cierto es que, si puedes tardar menos tiempo en recogerlo, mejor; por tanto, cuanto más cerca, mejor.

Además, fíjate en el trato de los educadores con los niños: si el ambiente se ve familiar o parece un colegio de mayores... Estos elementos no se pueden cuantificar, pero es importante fijarse en ellos.

Como te he dicho al principio, difícilmente encontrarás una guardería que cumpla todos los requisitos, pero con esta información, tu criterio y tu "olfato" de madre, escogerás la que te inspire mayor confianza, así que para ti será la mejor. Para valorar todos estos aspectos no tendrás más remedio que ir a visitarlas, verlas, preguntar, conocer, etc.

Siempre está malito...

Una de las frases más frecuentes en la consulta del pediatra, sobre todo durante los meses de invierno, es: "No sé para qué lo llevo a la guardería si siempre está en casa, enfermo". Es una frase que refleja una realidad. El niño que va a la guardería, principalmente durante el primer año, adquiere muchas enfermedades. Por suerte, la mayoría son poco importantes y se curan solas en pocos días.

Pero, ¿sabes qué más pasa? Que los papás jóvenes muchas veces caen enfermos con el niño. Esto también les pasa a mis residentes de primer año. Durante su primer año de formación como pediatras, sobre todo en invierno, que es cuando más los necesitamos, se contagian con algunas de las enfermedades de los niños pequeños durante la visita. Es normal y hay que aceptarlo.

Durante su crecimiento, tu hijo debe aprender a usar su sistema inmunitario. Tiene piernas normales, ¿verdad? Pero eso no evita que, para aprender a caminar, se caiga muchas veces. En el sistema inmunitario ocurre lo mismo. Aunque esté sano, tiene que adquirir enfermedades para aprender a utilizarlo y que funcione a la perfección cuando sea mayor.

También afecta la medida de sus conductos, como te expliqué en el capítulo 5, y en esto influye el hecho de que haya muchos niños juntos, por buena, grande y espaciosa que sea la guardería. En contra de lo que piensa mucha gente, estas enfermedades se transmiten sobre todo a través de las manos y de los juguetes. También por el aire, aunque con menor frecuencia. ¿Te imaginas por cuántas manos y bocas pasan los juguetes de la guardería? ¿Puedes pensar cuántas veces tosen y estornudan los niños?

Por todos estos motivos, el niño, en su primer año, puede llegar a padecer entre ocho y diez procesos infecciosos. Casi siempre son infecciones virales que afectan a garganta, nariz y oído. Les siguen en frecuencia las diarreas víricas, típicas de los meses fríos. Algunos niños sufren más otitis que otros, algunos tiene más fiebre, otros más faringitis o catarros, cada uno según su tendencia a padecer un tipo de enfermedad u otro, pero siempre son enfermedades banales que suelen afectar a nariz, garganta y oído. Yo suelo decir que son enfermedades benignas pero molestas, ya que provocan problemas a los padres, sobre todo logísticos, porque el niño debe quedarse en casa.

Las defensas están bien, gracias

La fiebre acostumbra a estar presente en muchos de estos procesos, pero el invitado estrella son los mocos. "Siempre está con mocos, doctor", "¿No hay nada para quitarle los mocos?", son afirmaciones y preguntas frecuentes. Como los médicos no disponemos de remedios eficaces para eliminar los mocos, sólo nos queda consolarlos con frases como: "¿Se ha planteado usted por qué los niños, desde la época de Cervantes e incluso antes, se llaman mocosos?". ¿Te imaginas la respuesta? Efectivamente, porque tienen mocos. También les digo: "Si tuviese un remedio para eliminar los mocos de los niños, seguramente ganaría el Premio Nobel y sería el hombre más rico del mundo". Lo siento, hay que aceptarlo, los niños tienen mocos, sobre todo si van a la guardería, y son motivo de enfermedades y molestias durante los primeros años de vida.

Es posible que tanto moco te cree algunas dudas como, por ejemplo, si tu hijo tiene un problema inmunitario. "Doctor, ¿no tendrá las defensas bajas?", me preguntan muchas veces. La respuesta es que no. Prueba de ello es que el niño sólo padece infecciones en la garganta y oídos, con alguna bronquitis y diarrea. Si tu hijo tuviese un problema inmunitario padecería infecciones graves en otros muchos sitios, como la piel, la orina, los pulmones, etc. La inmunidad de tu hijo es normal, pero debe aprender a usarla, así que es necesario que adquiera infecciones.

Hay niños que padecen enfermedades crónicas u otros problemas. Por ejemplo, si tu hijo sufre muchas otitis, será el candidato perfecto para que lo operen de sus vegetaciones adenoideas y, a lo mejor, de los oídos. O puede que enferme de muchas bronquitis y sea necesario realizar estudios y tratamientos, ya que es la manifestación de una enfermedad crónica, como por ejemplo el asma. Tu pediatra te indicará qué es necesario en cada caso, pero cuando esto ocurre estamos hablando de un niño con problemas que han aparecido coincidiendo con la guardería, pero que se hubieran manifestado en cualquier otro momento. Es decir, no son las enfermedades que suelen padecer el primer año todos los niños que van a la guardería.

Capítulo 12

Desplazarse con seguridad

. . . .

En este capítulo

▶ Los riesgos de viajar en auto sin un sistema de seguridad infantil

▶ Viajar en avión con tu hijo y evitar los principales problemas del viaje

▶ Precauciones durante un viaje

. . . .

Desplazarse con un niño, especialmente si es muy pequeño, puede ser complejo. Además de los muchos utensilios que hay que llevar, el niño necesita algunos cuidos especiales. En este capítulo te explico cómo puedes organizarlo y cuáles deben ser las medidas de seguridad en cada medio de transporte.

En auto, siempre alerta

Sea en un viaje largo o para ir a la vuelta de la esquina, tu hijo irá muchas veces en auto. Es inevitable, pues los automóviles han pasado a formar parte de nuestra vida cotidiana. Por ello, conviene extremar las precauciones. Aunque sea un medio habitual y práctico, también puede ser muy peligroso. No quiero asustarte, pero la realidad es que los accidentes son la primera causa de muerte en los niños de 1 a 14 años de edad.

En el capítulo 2, al tratar el tema del regreso a casa después de su nacimiento, ya te he comentado lo importante que es la seguridad del niño mientras va en auto y cómo, en caso de colisión, su peso se multiplica y puede salir despedido. Nadie puede sujetarlo en brazos.

Ahora tu niño ya no es aquel bebé recién nacido del que hablábamos. Pesa y se mueve más, así que ten cuidado, pues el peligro es mayor. Quizás algún día pienses que no pasa nada por no abrocharlo si van cerca. Por favor, ¡no lo hagas!

A veces, cuando hay que operar a un niño de algo poco importante, las mamás me preguntan si hay peligro. Es cierto que una intervención quirúrgica siempre asusta, pero cuando me lo preguntan siempre les digo: "Toda operación quirúrgica tiene un riesgo, pero donde la vida de tu hijo corre más peligro es en el auto, y tú lo subes a él cada día más de una vez sin pensar en ello; no te preocupes por la operación, todo irá bien". Como comprenderás, no pretendo que subas al auto con miedo, pero me gustaría que fueras consciente del riesgo que representa no sujetar adecuadamente a tu hijo cuando va en él.

La rutina es un riesgo

Una vez dirigí un estudio sobre la eficacia de los sistemas de seguridad infantil en los vehículos de motor. Los resultados fueron muy curiosos. La mayoría de los accidentes con niños heridos ocurrían de las cinco a las ocho de la tarde, la hora de la salida del colegio, y en trayectos urbanos, no en carretera. Esto quiere decir que los niños se lesionan en el auto en horas en las que se hacen trayectos rutinarios, diarios; no en un viaje, sino en un traslado a casa o de camino a una actividad extraescolar.

Otro dato de interés fue que todos los niños que en el momento del accidente iban correctamente sujetos sufrieron lesiones pequeñas, no graves. En cambio, los que durante el estudio padecieron una lesión grave o murieron iban sin sujeción o con un sistema de seguridad inadecuado.

Durante la rueda de prensa en la que presentábamos los resultados del trabajo, un periodista me dijo: "Así, esto quiere decir que en un accidente a 140 km/h, si el niño va bien sujeto, puede salvar la vida". A lo que le respondí: "No, a 140 km/h ya puede ir como quiera, porque la vida dependerá más de la suerte que de la tecnología. A esta velocidad el sistema de seguridad puede ayudar o no al niño, pero a 60 u 80 km/h puede salvarle la vida".

La conclusión está clara: ten cuidado cuando vayas en auto y no bajes la guardia, aunque el trayecto sea corto, lo conozcas perfecto y no puedas correr mucho. El sistema de seguridad salva vidas y lesiones graves a velocidades normales, pero no hace milagros si nos proponemos imitar a los pilotos de Fórmula 1.

Cómo utilizar correctamente los sistemas de seguridad

Afortunadamente, los tiempos en que los niños viajaban en el asiento de atrás sobre el regazo de la madre han pasado a la historia. Es más, si ahora te descubre un policía llevando así a tu hijo, prepárate para una buena sanción. Totalmente merecida, por cierto, pues aunque se trate de un viaje corto, el riesgo está ahí y mejor no tentar a la suerte.

Por tanto, debes llevar un sistema de seguridad válido. Éste consiste en una sillita adaptada al niño que va anclada al auto, con el pequeño sujeto con un cinturón de seguridad. Existen diferentes tipos según la edad. Cuando vayas a comprarla, el vendedor te indicará las ventajas e inconvenientes de cada modelo, pero hay algunas normas generales que conviene que conozcas y que son de obligado cumplimiento hasta que el niño cumpla los doce años.

Son éstas:

✔ El niño nunca puede ir en el asiento delantero si la bolsa de aire está conectada, pues la fuerza que ejerce al desplegarse podría lesionarlo e incluso ahogarlo por aplastamiento. Aunque no sea lo mejor, si quieres ponerlo en el asiento delantero, desconecta la bolsa de aire.

✔ De los asientos traseros, el central es que ofrece mayor seguridad si se produce una colisión lateral, ya que es el que está más alejado de las puertas y, por tanto, en el que tiene más probabilidades de salir ileso.

✔ Hasta los cuatro años y, en general, todo el tiempo que sea posible, debe ir sentado en dirección opuesta a la de la marcha. De esta manera, en caso de producirse un choque, el respaldo de la silla ofrece una protección importante frente a la desaceleración brusca y ayuda a absorber la energía del impacto.

✔ A la hora de comprar la silla, comprueba que sea un producto homologado. La vida de tu hijo puede depender de ella y, por tanto, conviene que sea un producto con garantía. Busca una etiqueta, de color amarillo, que se encuentra cosida o pegada a la silla y en la que, de manera clara y legible, se ofrece la información completa. En la figura 12-1 verás un modelo de etiqueta.

Las sillas se suelen vender por grupos que corresponden a diferentes edades, pero en realidad lo que importa es que sea adecuada para tu hijo en relación con su peso y talla. Ambos, peso y talla, suelen tener una relación directa con la edad y en esto se basan los diferentes grupos, pero debes comprobar si el peso y la talla de tu hijo corresponden realmente con el grupo de la silla.

Además, comprueba que las cintas de los cinturones no le pasen por el cuello, sino por el hombro. Para eso te pueden ser útiles unos ajustadores que se venden para conseguir que el cinturón se coloque donde tiene que ir.

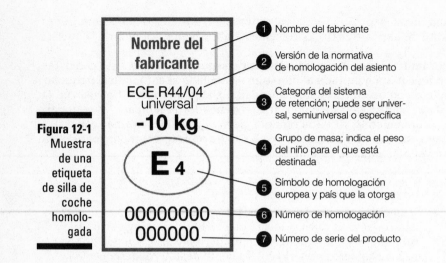

Figura 12-1
Muestra
de una
etiqueta
de silla de
coche
homolo-
gada

Una vez en el auto, antes de arrancar comprueba que la silla está bien anclada y que no se puede deslizar ni desplazar. Hazlo de vez en cuando para estar seguro.

Y una última recomendación, esta vez para ti: como los niños imitan a los mayores, para que tu hijo se acostumbre a ir bien sujeto en su silla es imprescindible que, en cuanto subas al auto, te pongas el cinturón de seguridad para que él te vea hacerlo.

Tabla 12-1: Grupos de sistemas de retención infantiles.

Dirección	*Grupo*	*Peso*	*Edad*
En sentido contrario de la marcha	0	hasta 10 kg	0-1 año
	0+	hasta 13 kg	18 meses aprox.
	0-I	hasta 18kg	4 años aprox.
	I	de 9 a 18 kg	1 a 4 años
En sentido de la marcha	I-II	9 a 25 kg	1 a 7 años aprox.
	I-II-III	9 a 36 kg	1 a 12 años
	II-III	15 a 36 kg	4 a 12 años

NOTA: Para los grupos 0 y 0+ coloca el asa de la silla tal como indican las instrucciones del fabricante, ya que forma parte de la seguridad de la silla.

El botiquín de a bordo

En el auto es recomendable tener un botiquín para emergencias. Debe estar bien organizado, de manera que te sea fácil encontrar las cosas y que todos los miembros de la familia o los que viajan contigo sepan dónde está.

Es necesario revisarlo periódicamente y reponer el material que haya sido usado o que haya caducado. Éste es su contenido recomendable:

✔ Gasas estériles

✔ Vendas de diferentes tamaños

✔ Vendas elásticas

✔ Esparadrapo o tela adhesiva hipoalergénica

✔ Guantes de látex desechables

✔ Solución antiséptica (alcohol, agua oxigenada o similar)

✔ Crema con cortisona (para picaduras de insectos o medusas)

✔ Analgésicos (ibuprofeno o paracetamol)

✔ Pinzas

✔ Tijeras

✔ Linterna con pilas de repuesto

✔ Bolsa de gel frío desechable

Y como elementos opcionales:

✔ Toallitas antisépticas

✔ Termómetro

✔ Mascarilla de reanimación

✔ Manual de primeros auxilios

Este botiquín debe estar en un lugar del auto cuyo acceso sea fácil y rápido, aunque también lejos del alcance de los niños.

Si es un viaje largo

Un trayecto de varias horas no debe ser un problema para el niño. Las precauciones, dando por hecho que el niño irá atado en su sillita y que conducirás con la máxima prudencia, no han serán muchas.

Algo que conviene vigilar es que el viaje altere lo menos posible las rutinas del pequeño. Siempre que puedas, dale de comer cuando toca, que duerma cuando corresponda, etc. Y tendrás que pensar y preparar todos los sistemas de distracción posibles, ya que seguro que se aburrirá y se quejará. Tendrás que ceder un poco a sus peticiones, pero estableciendo algunos límites o de lo contrario tendrás que parar cada 10 minutos por pipí o popó. O a lo mejor eres de los que tienen la suerte de que el niño tal como sube al auto, se duerme; aprovéchalo y, como suele decirse, devora kilómetros.

Si se marea —algo poco habitual en bebés de menos de dos años— consulta en este mismo capítulo la información sobre los barcos.

En definitiva hay que tomarse el viaje con calma, sin prisas ni urgencias y haciendo todas las pausas necesarias para que el niño siga sus rutinas.

Viajes en avión y en barco

Aparte del auto, vale la pena repasar las peculiaridades de otros medios de transporte. Aunque no son tan adaptables como un auto (que te lleva donde tú quieres y del que te puedes bajar en cualquier momento), son más rápidos y seguros.

Por el aire

Si van a viajar en avión, debes saber lo siguiente:

✔ Los niños no pueden viajar en avión hasta que han cumplido los 15 días. Algunas compañías aéreas amplían este margen a los dos meses, que es la edad que recomiendan para empezar a viajar.

✔ Los menores de cinco años no pueden viajar solos bajo ningún concepto.

✔ Como tu hijo es pequeño y cabe la posibilidad de que surjan incidentes, te recomiendo que lo lleves bien identificado. Puedes hacerlo poniéndole una tarjeta adherida a la ropa con los suficientes datos para te puedan localizar si fuera necesario.

✔ Si tu bebé es un lactante, procura colocarte en las primeras filas, que son algo más anchas y permiten más y mejor movilidad. Tendrás que pedirlo con antelación.

✔ Viajar con bebés tiene sus ventajas: la mayoría de compañías dan prioridad a la hora de embarcar.

El momento del despegue y el del aterrizaje coinciden con los cambios de altura que pueden hacer variar la presión de cabina. Esto puede afectar al oído de tu hijo. Hazlo succionar durante estos dos momentos, bien dándole el pecho o un biberón, u ofreciéndole un caramelo, un jugo o algo similar si es mayor. A pesar de tomar esta precaución, puede que la presión aumente y le duelan los oídos. Lleva a mano un analgésico, por ejemplo paracetamol, por si se pone a llorar. Puedes dárselo por vía oral, en gotas o en jarabe, pero yo te aconsejo la vía rectal porque se absorbe más de prisa, el efecto es más rápido y lo aliviará antes.

Durante el vuelo es conveniente que tanto los niños pequeños como los mayores estén bien hidratados, por lo que conviene que les ofrezcas agua a menudo.

Hay algunas diferencias entre una y otra compañía, pero casi siempre los menores de dos años viajan sin pagar si se sientan en tu regazo, sin asiento propio. Si decides ocupar un asiento, porque lo pagas o porque el de al lado está vacío, te aconsejo que lo sientes en las sillas o que lo pongas en las cunas especiales que se sujetan en el asiento con el cinturón de seguridad. Las compañías aéreas suelen disponer de ellas, sobre todo en viajes largos, pero hay que pedirlas.

Previsiones para un trayecto largo

En un viaje largo necesitarás entretener al niño de una u otra manera. Por eso es recomendable que, si puedes, viajes de noche, ya que dormirá y te evitarás muchas molestias, y si es en días de poco tránsito, mejor. Estarán más cómodos.

Hay mamás que me piden algún sedante para el viaje. No te lo recomiendo, porque a veces es peor, pero puedes hablarlo con tu pediatra.

Cabe la posibilidad de que tengas que darle alguna comida durante el viaje. Ve preparada porque, aunque algunas compañías aéreas disponen de menús infantiles, no siempre es así y a lo mejor no es lo que el niño quiere. No olvides llevar una bolsa de mano que puedas utilizar durante el viaje. Mete en ella un cambiador de plástico, toallitas, pañales, ropa de recambio y una manta pequeña por si acaso.

En el mar

En el barco, el viaje suele ser más relajado porque el niño tiene espacio y se puede mover. Esto no quiere decir que no debas vigilarlo, puesto que hay que evitar que se acerque a la borda, que se encarame a algo, etc. Es decir, tanto el papá como la mamá estarán entretenidos y ocupados.

El problema más frecuente en el barco es el mareo. Es raro que aparezca en niños menores de dos años, pero, a partir de esa edad, y a veces antes, puede que se maree. El niño se pone pálido, con un sudor frío y vomita. Para evitarlo:

✔ Busca una zona central, donde el barco se mueva menos.

✔ Intenta que no fije la mirada en objetos, sino que mire a lo lejos, hacia el horizonte.

Si a pesar de todo se marea —hay niños que lo hacen con suma facilidad—, pídele a tu pediatra que te dé algo para prevenirlo, como por ejemplo el dimenhidrinato (5 mg/kg/día en cuatro dosis), que debes darle al menos una hora antes de embarcar. Le dará sueño y es normal.

El mareo también puede aparecer en el auto. Procura que mire hacia delante y si es necesario dale el medicamento, pero como da sueño no es útil en viajes cortos.

Capítulo 13

De vacaciones

- -

- -

De vez en cuando, algunos papás todavía me preguntan si para el niño es mejor la playa o la montaña, por aquello del aire puro de la montaña, por lo que parece más recomendable para sus pulmones y los resfriados. Aunque hoy, por lo general, los papás van donde quieren sin pedir consejo a nadie. Y me parece muy bien. De hecho, creo que sólo aquellos padres que no se ponen de acuerdo preguntan para ver si el pediatra decide por ellos. Y no suelen conseguirlo.

Si lo has programado para que todos se la pasan bien (nada de viajes culturales, por ejemplo), seguro que estos momentos compartidos sin el estrés de la rutina se convertirán en una experiencia magnífica. Y para vivirla, importa poco dónde vayan. Al niño, al menos, sólo le importa que estén con él al máximo.

Playa y bebés no son buenos amigos

Imaginemos que has escogido la playa y que quieres ir a nadar con el niño. Es su primer contacto con el agua y lo cierto es que puede ser una experiencia de lo más emocionante tanto para él como para ti. Pero, ojo, si es muy pequeño a lo mejor la playa no es tan buena idea. Me explico.

Cada año, cuando llega el verano, hay mamás que prácticamente acaban de dar a luz que me preguntan si pueden llevarlo ya a la playa.

Siempre respondo con otra pregunta: "¿Es necesario que vaya?". La pregunta es lógica, ya que, ¿qué va a hacer un recién nacido en la playa? Aunque tenga dos o tres meses, ¿tiene algún sentido correr riesgos con el sol, el calor, la arena y todo lo que implica ese espacio? Y además, el bebé ni siquiera se va a enterar de si está en la playa o en la montaña... (o sí, y se pondrá a llorar porque el calor es insoportable).

Es evidente que, tomando las precauciones necesarias, el bebé puede ir a la playa, pero, si es posible, evítalo. Tiempo tendrá de divertirse y jugar con la arena y chapoteando cuando sea mayor. Ya sé que te ilusiona ir con él a todas partes, pero en este caso correrás riesgos innecesarios.

Al agua sólo si quiere

Una de las manías que tiene mucha gente es la de mojar al niño cuando éste no quiere. No sé si te has fijado alguna vez. Niños pequeños a los que no les gusta el agua, seguramente porque la notan fría, hay olas o porque está salada, los zambullen en contra de su voluntad. La mamá o el papá lo toma en brazos, se mete al agua con él y va saltando y saltando, entrando y saliendo del agua para que el niño se moje mientras a su alrededor todos los acompañantes muestran al niño lo divertido que es bañarse riendo, cantando, etc. Y, mientras, el niño no para de llorar, gritar y berrear. Lo ha hecho desde el primer momento e intenta zafarse de los brazos e ir a parar a los brazos de otro que lo libere de tan incomprensible sufrimiento al que lo someten los adultos.

Yo pensaba que la playa era para divertirse todos, no que los mayores la pasen bien mientras el pequeño sufre. ¿Y tú?

Si a tu hijo no le gusta el agua, déjalo tranquilo. No hay necesidad de que se moje ni obligación de que le guste. A lo mejor, si no lo fuerzas, acabará metiéndose al agua. Incluso es posible que dentro de un tiempo te tengas que pelear con él para que salga de esa misma agua en la que no hace tanto tiempo no quería meter ni un dedo. Tampoco lo fuerces entonces, aunque sea mayor. A muchos les gusta estar en la orilla, hacer castillos de arena o enterrarse en ella, pero no mojarse. Déjalo disfrutar, que es de lo que se trata. Lo demás ya llegará.

Con el sol no se juega

Cuidado con el sol, ya sea en la playa o en la montaña. Los rayos solares ultravioletas A y B (UVA, UVB), queman nuestra piel y el organismo se protege produciendo *melanina*, un pigmento responsable de nuestro bonito color dorado. Hasta ahí todo bien. Pero si las quemaduras, sobre todo las que se producen en la infancia, son importantes, pueden provocar una enfermedad maligna en un futuro.

Además, el cuerpo de los niños de menos de seis meses aún no tiene maduros los mecanismos de defensa ante el sol y son, por tanto, mucho más susceptibles a las quemaduras. La conclusión es que es muy importante protegerlos.

Reglas para disfrutar del astro rey

Para protegerse es recomendable seguir unas reglas básicas:

✔ Evita las horas punta, aquellas en las que la insolación es máxima.

✔ Pon al niño bajo la sombrilla en la playa o a la sombra en la montaña, con la cabeza protegida con un gorro y una prenda de manga larga, aunque sea verano. Piensa que el sol "rebota" en la arena de la playa, en el agua y en la nieve, y que por estas vías también puede quemar.

✔ Hidrata al niño a menudo.

A todo esto hay que añadir el uso de las cremas solares que, bien aplicadas, son de inestimable ayuda. Por supuesto, las pieles más blancas son más sensibles al sol, por lo que hay que extremar la protección con ellas. Ahí van algunos consejos:

✔ Utiliza cremas que eviten la acción de los rayos UVA y UVB.

✔ Usa un factor superior a 15, y, si puede ser, de protección total, aunque esto depende de la piel del niño.

✔ Aplícasela media hora o una hora antes de que se exponga al sol.

✔ Usa cremas resistentes al agua, pero incluso así pon crema cada dos a cuatro horas, según la piel del niño.

Como en este libro me refiero a niños que, como máximo, tendrán tres años, ¡espero que no se te ocurra estar más de cuatro horas en la playa con tu hijo en plena canícula!

Los accidentes no hacen vacaciones

No lo hacen por fastidiar, pero los niños suelen accidentarse más durante las vacaciones. Tiene su lógica, pues en este tiempo es probable que vayas a un hotel, apartamento o casa desprovista de las medidas de seguridad que has instalado en tu hogar. Por ejemplo, seguramente las puertas no están protegidas, los enchufes tapados o hay escaleras sin barandilla. La lista puede ser tan larga como quieras.

A esto se añade que es un tiempo de relajación, descanso, romper rutinas por parte de todos los miembros de la familia, tanto los papás como los niños. Mucho cuidado, en estos días se suele bajar la guardia y aumenta el número de accidentes.

Vuela y zumba, luego pica

Otro problema habitual durante las vacaciones en los meses de calor son las picaduras de insectos, sobre todo mosquitos. Es uno de los tormentos de los niños y de algunos de ellos en especial. Espero que tu hijo no sea uno de esos niños con los que los mosquitos se ceban día tras día.

Nadie sabe por qué hay personas que atraen más las picaduras que otras, pero es evidente que algunos niños la pasan muy mal porque son literalmente acribillados por esos bichos. Y lo peor es que a ciertas edades no se pueden usar repelentes, sustancias, dicho sea de paso, con las que hay mosquitos que ni se inmutan. Aunque es un problema más propio de la montaña, también en la playa pululan estos desagradables compañeros.

En este caso sólo puedo darte algunas recomendaciones, pues no existen los grandes remedios:

✔ Procura que tu hijo lleve el cuerpo cubierto, aunque sea verano. Ponle una camisa de manga larga, lo más fresca y ligera posible, y pantalones largos o bermudas. La manga larga no asegura que no le piquen, pero es una protección más, y útil en muchos casos. Es preferible que utilices ropas de color claro, sin colores vistosos, ya que estos, sobre todo si son estampados, les llaman la atención. Parece que el color amarillo es el que más los atrae.

✔ Mientras tu hijo sea un lactante, ponle un mosquitero o algo que cumpla esta función. Con él puedes cubrir la cuna y la carriola. Antes de hacerlo, comprueba que no haya quedado un mosquito dentro.

✔ Los mosquiteros también son de gran utilidad en las ventanas de las casas, ya que evitan la entrada de mosquitos y, por tanto, su picadura.

Como ves, no son medidas extraordinarias, pero mejor eso que nada. Sobre todo teniendo en cuenta que los medios químicos no son aconsejables a tan tiernas edades. Te lo explico a renglón seguido.

Guerra química al insecto

Los repelentes químicos son útiles frente a la mayoría de los insectos, aunque no frente a abejas y avispas. Se acostumbran colocar sobre la piel, en cuyo caso son absorbidos y pasan a la sangre. Se pueden poner también, aunque son menos eficaces, sobre la ropa.

Los productos que llevan DEET (N,N-Dietil-meta-toluamida) son los más eficaces, pero no se pueden usar en menores de dos años, y en niños algo mayores sólo se pueden utilizar si el repelente contiene poca concentración de DEET. Por tanto, a la edad de tu hijo, de poco te servirá. En general no se deben utilizar repelentes en niños menores de dos años y, si lo haces, mejor hacerlo sobre la ropa que sobre la piel.

Otra opción son los dispositivos eléctricos, pero también tienen una eficacia discutida. La presencia de uno de estos aparatos en la habitación es inocua, pero no nos asegura que ahuyentará a los insectos.

Recientemente ha aparecido un producto que tiene un gran éxito, sobre todo entre los niños, y son las pulseras antimosquitos. De neopreno o de silicona, contienen una pequeña pastilla a base de geraniol (sin DEET). Se pueden poner en los brazos, pero en niños pequeños lo mejor es ponérsela en el tobillo, lejos de la boca. Antes de comprarla, pregunta al farmacéutico.

Otros remedios caseros

Contra los insectos hay también una gran cantidad de remedios populares, todos de eficacia discutible, aunque hay quien asegura que funcionan. He aquí algunos:

✔ El olor de algunas plantas, como albahaca, hinojo, eucalipto o citronela. Parece que aleja a los insectos, y aunque no está probado que sea así, al menos dejará un aroma agradable en la casa o la habitación.

✔ Encender una luz por la noche lejos de los dormitorios, para que los mosquitos se vayan allí y dejen dormir.

✔ Poner el aire acondicionado, pues el frío ahuyenta a los insectos. En este caso, el niño no tendrá picaduras, pero a lo mejor pesca un buen resfriado...

En todo caso, lo más recomendable es cerrar las ventanas al atardecer y comprobar que las mosquiteras de las ventanas, si las hay, están en buen estado.

Si aun así le pican...

Por experiencia ya sabes que la picadura de los insectos provoca una inflamación, más o menos grande, que produce mucho picor. En un primer momento, el frío puede evitar que la reacción sea mayor, pero lo mejor es que apliques una pomada con cortisona o uno de sus derivados. Tu pediatra te indicará cuál es la mejor.

Pero ahí no acaba todo, pues el niño, al sentir picor, se rascará y puede que se produzca una herida y que ésta se infecte. Vigílalo y, si ves que el rascado ha producido una herida, desinféctala en seguida.

Además de los mosquitos, hay otros muchos insectos capaces de picar. Si estás en la montaña, sacude enérgicamente las sábanas para eliminar posibles insectos, como arañas.

Aventuras en el trópico

Si en lugar de lidiar con los mosquitos y la ración de sol local prefieres enfrentarte a algún destino lejano y exótico de Asia, África o América, debes tomar más precauciones.

Si tienes familia en esas tierras y quieres que conozcan a tu pequeño, nada que objetar. Es un deseo muy lógico y además vas a ir a una casa donde al niño no le va a faltar nada y todos estarán pendientes de él. Pero si lo que te mueve es el deseo de pasar unas vacaciones lo más lejos posible, pregúntate si es necesario llevarte a un niño tan pequeño. No te lo aconsejo, ya que hay países donde el riesgo para la salud es muchísimo mayor.

Algunas de las enfermedades que pueden contraer en estos sitios tienen peor pronóstico en niños pequeños que en adultos, con el agravante de que tú te puedes poner la vacuna recomendada, pero a lo mejor tu hijo no, porque es demasiado pequeño. Los niños y adultos que viven en estos lugares tienen su propia inmunidad para ese tipo de enfermedades, pero nosotros no. Lo mismo, pero a la inversa, les pasa a ellos cuando vienen a Europa.

Piensa en las ventajas que un viaje así puede aportarle a tu hijo y valora los inconvenientes, dificultades y problemas. Decide. En principio, para tu hijo, que seguramente aún no ha cumplido los tres años, las ventajas son pocas. Y no te digo nada si se trata de ir a algún lugar apartado y con pocos recursos...

Pero si la decisión ya está tomada, he aquí lo que debes tener en cuenta:

✔ Medio de transporte.

✔ Prevención de infecciones.

✔ Vacunas.

✔ Paludismo y otras posibles enfermedades endémicas.

✔ Precauciones durante el viaje.

✔ Diarrea del viajero.

✔ Minibotiquín.

✔ Qué hay que tener en cuenta cuando acabe el viaje.

Un viaje de estas características no es una broma y toda información es poca. Y si es así para un adulto, ¡no digamos para un niño pequeño!

Medidas a tener en cuenta

Si le estás dando el pecho, sigue haciéndolo, es lo más seguro. Si tienes que preparar biberones, extrema las medidas higiénicas hirviendo el agua y las tetinas. No le des alimentos que se vendan en la calle, agua no embotellada, paletas frías ni helados. Las verduras, carnes y pescados dáselos siempre cocidos. Vigila que los productos lácteos sean seguros y con garantía.

En estos sitios suele hacer mucho calor y el sol es aún más peligroso que aquí. Extrema las medidas de protección y procura que en todo momento esté correctamente hidratado. Igual precaución has de tener, pero en otro sentido, en lugares muy fríos. En este caso debes ponerle a tu hijo vestimenta apropiada y protegerle manos, pies, orejas y nariz. Como la circulación en estas zonas es menor, un frío muy intenso puede provocar congelaciones.

Desde mosquitos hasta monos

Procura evitar las picaduras de insectos, especialmente mosquitos, ya que transmiten muchas enfermedades. En el capítulo 12 te he explicado cómo hacerlo.

No dejes que se bañe en ríos, lagos o charcas de agua dulce no controlada, ya que existe la posibilidad de que se infecte con algunos parásitos que viven allí.

Y no te voy a hablar de todos los peligros animales que hay, pero, como norma, no dejes que se acerque, y menos que toque, perros, gatos y monos. Estos últimos llaman la atención de los niños y quieren acariciarlos. Impídelo, ya que, además de que pueden ser agresivos, pueden portar microbios y transmitir enfermedades. Finalmente, no dejes que ande descalzo. Ponle zapatos cerrados y cúbrele las piernas, pues puede haber animales en el suelo.

Una colección de vacunas

Las enfermedades infecciosas varían según el lugar, el clima, los insectos transmisores, las medidas higiénicas, etc. Algunas zonas geográficas tienen enfermedades, como por ejemplo el paludismo, inexistentes entre nosotros.

Tu niño debe partir con el calendario de vacunas que le corresponde completo, pero es probable que necesite alguna más (y tú también). Es importante ir a ver al pediatra entre dos y tres meses antes del viaje. Es posible que te remita a un equipo de Medicina Internacional, así que necesitas hacerlo con tiempo. Los médicos valorarán la posibilidad de acelerarle las vacunas a tu hijo.

Un botiquín bien provisto

Es conveniente que lleves algunas cosas para evitar las sorpresas. Si tu hijo toma alguna medicación de forma habitual, no la olvides, y sobre todo llévate cantidad suficiente para que no le falte.

Además, te recomendaría:

- ✔ Antitérmicos y analgésicos (paracetamol o ibuprofeno).
- ✔ Suero de rehidratación oral.
- ✔ Colirios antibióticos.
- ✔ Lágrimas artificiales.
- ✔ Cremas solares.
- ✔ Crema antiinflamatoria (con corticoides) o antihistamínica.
- ✔ Crema antibiótica.
- ✔ Repelente de mosquitos (si es posible).
- ✔ Antiséptico tópico (povidona).
- ✔ Material para curaciones: esparadrapo, gasas, algodón, curitas, vendas, suturas cutáneas adhesivas, pinzas y tijeras.

Y opcional:

- ✔ Antibiótico de amplio espectro (amoxicilina).
- ✔ Antihistamínico oral (para el picor).

La diarrea del viajero

En los viajes no es raro que aparezca la conocida como *diarrea del viajero*. No suele ser grave pero, como cualquier diarrea, en un niño pequeño puede provocar que se deshidrate. No suele necesitar tratamiento, pero sí una buena rehidratación oral, utilizando sueros específicos. Evita los remedios caseros como el agua de arroz o de zanahoria, tampoco utilices los sueros de hidratación para deportistas, ya que en ese caso están contraindicados.

Si la diarrea se acompaña de fiebre alta, sangre en las heces o hay vómitos que no permiten que tome suero, consulta con el médico.

Cuidado con algunos souvenirs

Las precauciones que debes tener no terminan cuando regresas. Algunas enfermedades pueden empezar a manifestarse al llegar.

Si el niño tiene fiebre, cabe la posibilidad —de hecho, es lo más probable— de que tenga una enfermedad común, pero también podría haber enfermado durante el viaje y que se manifieste ahora. Llévalo al médico para que lo valore y, sobre todo, infórmale dónde han estado. Si hay diarrea o manchas en la piel también debes consultar con tu pediatra.

Como puedes ver, un viaje exótico con niños pequeños tiene más inconvenientes que ventajas. Si el propósito de unas vacaciones es descansar y relajarte, ¡te recomiendo que busques otro destino!

La prevención contra el paludismo no acaba con el viaje

Si vas a zonas donde hay paludismo, la prevención es imprescindible. No se trata de una vacuna, sino de una medicación que tendrán que tomar durante un tiempo largo, antes, durante y después del viaje. Sobre todo, no te olvides de dársela. El paludismo es una enfermedad que puede llegar a ser muy grave.

Tu médico te lo recordará, pero ten en cuenta que debes terminar el tratamiento y darle al pequeño todo que te han recomendado. No te equivoques, y no pienses que, como ya no estás allí, es innecesario. Si dejas el tratamiento, la enfermedad, que a lo mejor está incubando, puede aparecer.

Capítulo 14

Una casa a prueba de niños

En este capítulo

▶ La importancia de los accidentes infantiles

▶ Cuáles son los principales peligros

▶ Cómo tener una casa segura

▶ Qué hacer ante un accidente doméstico

*E*stoy seguro de que si preguntas a tus amigos o conocidos cuál es la primera causa de muerte en niños que tienen entre uno y catorce años, ninguno citará los accidentes. Pero es así, tal como hemos comentado. Y no sólo se producen muertes sino muchísimos casos de secuelas graves. Para que te hagas una idea, una cuarta parte de los niños ingresados en una unidad de cuidados intensivos pediátricos es como consecuencia de un accidente. Pero esto no es todo.

¿Sabes qué es lo mejor y más importante? Que podemos evitarlos. Por eso los pediatras preferimos hablar de "lesiones no intencionadas", ya que la palabra *accidente* parece indicar que es algo que debe ocurrir de forma inevitable, y eso no es cierto. Los estudios nos dicen cuáles son los accidentes más frecuentes a cada edad y también cuáles son los más frecuentes con cada objeto o en cada lugar. Si tenemos tanta información, podemos prevenirlos. Por ejemplo, si sabemos que los niños de dos años se caen por las escaleras, y en casa hay escaleras, sólo hay que poner una reja o una puerta a cada extremo de la escalera para evitar las caídas.

Por eso es bueno que sepas cómo construirte un hogar más seguro y sepas cómo actuar ante una situación inesperada, al menos hasta conseguir ayuda. Esto es tan importante como prevenirlos. Conocer las medidas para iniciar una reanimación puede salvar la vida del niño.

Qué hacer en caso de accidente

En las páginas siguientes voy a repasar los accidentes más frecuentes en niños de cero a tres años. No quiero que te asustes, sino que pongas manos a la obra para convertir tu casa en un espacio seguro para tu hijo. Te propongo que hagas de detective: mira tu entorno, piensa cómo hacen las cosas y haz los cambios necesarios para eliminar los peligros al máximo.

Las caídas

Las caídas son, por mucho, los accidentes más frecuentes. Acostumbran a tener poca importancia pero si el golpe se da en la cabeza, pasan a ser peligrosas. Según las edades:

✔ **Durante el período de lactante**, mientras no camina, se cae poco. Si lo hace, suele ser por un imprevisto, como por ejemplo llevarlo en brazos, tropezar y que se nos caiga.

✔ **A partir de los cinco meses** el niño aprende a girarse sobre sí mismo. A los siete meses casi todos lo hacen. Espero que no seas una de esas mamás que descubren esta nueva habilidad del niño cuando tienen que recogerlo del suelo.

Ahora ya no puedes dejar de vigilarlo ni un segundo. Piensa que, según dónde lo cambies, la caída puede ser grave. Cuando cae de una altura superior a 1.20 metros, es posible que sufra una lesión intracraneal.

✔ **Cuando empieza a caminar** se cae desde su propia altura: a veces porque tropieza, otras porque resbala. Las alfombras pequeñas, capaces de deslizarse fácilmente, son un peligro para él porque puede tropezarse o resbalar con ella. Te aconsejo que las elimines mientras él sea pequeño, y quita también las mesas de centro (más aun si son de cristal).

✔ **Cuando cumplen el año** los niños adquieren nuevas habilidades, así que tu hijo aprenderá a trepar y a encaramarse. Hay que vigilar sillones, sillas, macetas grandes, todo lo que le permita subirse. Mucho cuidado si además están debajo de una ventana o balcón. Los niños se suben a un sillón e intentan mirar por la ventana, o a una maceta y se asoman por el balcón. Si existe esta posibilidad en casa asegúrate de que no podrá abrir la ventana o la puerta del balcón. Venden unas piezas que impiden que el niño pueda abrirlas.

Si en tu casa hay una escalera, es imprescindible poner una barandilla, puerta o reja a ambos extremos de la escalera; es decir, tanto por donde se sube como por donde se baja. Si en casa hay desniveles, ten cuidado y, desde luego, ¡no le compres una andadera!

Cómo evitarlas

- ✔ Comprueba si tu hijo ha aprendido a girarse solo.
- ✔ No pongas sillas, sillones, mesas o macetas grandes debajo de ventanas o balcones.
- ✔ Protege las ventanas con rejas.
- ✔ Evita que en casa haya superficies que lo puedan hacer resbalar.
- ✔ Pon rejas o puertas a ambos extremos de la escalera.
- ✔ Pon un antideslizante en el fondo de la bañera.
- ✔ Evita que duerma en una litera alta. Si lo tiene que hacer, procura que esté bien protegida.
- ✔ No le compres una andadera.

Qué debes hacer

Si pese a todo tu hijo se cae, se dará un golpe o se hará una herida. Aquí tienes algunos consejos para actuar en esos casos:

Un golpe. Las principales consecuencias de los accidentes son los golpes que, por regla general, necesitan pocos cuidados, salvo si se producen en la cabeza. En la cabeza, cualquier golpe es potencialmente peligroso. En otros lugares del cuerpo, según lo fuerte que haya sido el golpe, pueden aparecer hematomas o lesiones más importantes, como fracturas o luxaciones que requerirán la atención del médico. Los "chichones" no suelen ser peligrosos.

Una herida. Casi siempre son de poca importancia y se curan con pequeños cuidados. Si son importantes o si tienes dudas, ve al pediatra. La necesidad de poner puntos depende de la profundidad, de lo larga que sea, del lugar, etc. Como no es posible darte una norma, si tienes dudas, llévalo al pediatra y que él decida.

Los golpes en la cabeza son la consecuencia más peligrosa de la caída de un niño porque podrían provocar una hemorragia cerebral. Si ha perdido la conciencia a causa del golpe, debes llevarlo a un centro sanitario lo antes posible.

Si no ha perdido el conocimiento, obsérvalo durante 24 horas (sobre todo las 12 primeras) y comprueba que no aparezca alguno de estos síntomas:

✔ Pérdida del conocimiento o somnolencia anormales (muchos niños tienen sueño si es su hora de dormir. Hay que dejarlo dormir despertándole de vez en cuando, cada tres o cuatro horas, para comprobar que todo está normal). Si no está bien, observarás un estado de somnolencia profundo, diferente al habitual, del que le cuesta despertar. En realidad no es sueño, es que está conmocionado o entrando en coma.

✔ Vómitos constantes. Puede que, tras el golpe, el niño vomite por el susto, pero si sigue vomitando mucho rato podría ser a consecuencia del golpe.

✔ Que al niño le cueste caminar o hablar, que esté "torpe".

✔ Que se encuentre confuso o diga cosas inconexas, sin sentido (delirante).

✔ Que aparezca alguna hemorragia o líquido acuoso por el oído o por la nariz.

✔ Que tenga un dolor de cabeza fuerte y duradero. En el niño muy pequeño puede manifestarse como un llanto continuo o que esté muy irritable.

✔ Que sufra alguna convulsión o espasmo.

En cualquiera de estas situaciones hay que llevar al pequeño al médico para que lo valore.

Si pasadas las 24 horas el niño está normal, puede empezar la actividad habitual. Durante las 24 horas posteriores al golpe es recomendable que repose, esté tranquilo y no realice actividades que requieran esfuerzo intelectual ni físico. No olvides que la observación del niño es mucho más importante que algunas pruebas, como por ejemplo la radiografía.

Una mañana me trajeron a un niño de dos años y medio porque el día anterior se había caído y se había golpeado la cabeza. El niño estaba muy dormido, profundamente dormido, pero la exploración parecía normal. Tenía el trasero un poco rojo y le pregunté a la mamá si sabía a qué podía deberse. Me dijo: "No sabe, doctor, la noche que hemos pasado. El niño se dormía y he tenido que darle golpes en el trasero y en los pies, lo he tenido que bañar, ponerle la tele, jugar, etc., pero he conseguido que no se durmiera". Como debí poner una cara extraña, continuó: "Como me dijeron que no lo dejara dormir, hemos pasado la noche en vela, hasta hace un rato que se ha dormido y por eso lo he traído". El pobre niño y la pobre mamá habían pasado la noche en vela. Cuando me lo trajeron, el niño se estaba recuperando. La mamá aún no había podido.

Si tras un golpe en la cabeza es la hora de dormir o de hacer la siesta y tu hijo tiene sueño, déjalo dormir, pero comprueba que sea un sueño normal. El peligro del golpe en la cabeza es un sueño anormal, un estado de conmoción o de coma.

En caso de que se haya hecho una herida:

✔ Lávala con agua y jabón o con suero fisiológico, intentando eliminar los cuerpos extraños por arrastre, pero sin presionar la piel.

✔ Cubre la herida y lleva al niño a un médico o enfermera para que lo valore si lo crees necesario.

✔ Una vez curada, conviene mantener la herida bien hidratada (con aloe vera, rosa mosqueta o crema hidratante) y si es grande protégela totalmente del sol durante un año.

Quemaduras

Los niños de esta edad acostumbran a quemarse con líquidos calientes, como agua caliente, caldo o aceite, que les cae de un lugar más alto que ellos y que, por tanto, les quema sobre todo la cara y el tórax. Las consecuencias estéticas pueden llegar a ser importantes.

Cocina. Mientras estés cocinando, el niño no debe entrar en la cocina, ya que es la habitación más peligrosa. Muchas mamás me dicen que no saben qué hacer con el niño porque, si lo dejan en el jardín o en la silla alta, llora. Yo siempre les digo que es mejor que llore por eso y no porque se ha quemado, ya que, y como consecuencia, puede quedar marcado para toda la vida. Cuando está en la cocina, puede tocar el horno caliente o intentar agarrar una sartén u olla del fuego, que se les puede caer y quemarles la cara primero y luego el resto del cuerpo.

Comedor. Procura que, cuando lleves cosas calientes de la cocina al comedor, el niño no se te cruce; si te hace tropezar, podrías derramar la comida encima de él. Después, cuando la comida esté en la mesa, hay que evitar que la pueda hacer caer tirando del mantel. Para evitarlo, puedes comprar unas pinzas especiales para sujetar el mantel a la mesa (o dejar de poner mantel).

Baño. Otro lugar donde hay que tener cuidado es la bañera. Procura que el agua no queme. Ya dijimos cómo hacerlo cuando el niño es muy pequeño. Ahora que ya es mayor, si tienes mezcladora, regúlala bien. Si no es así y tienes que mezclar agua fría con caliente, empieza siempre con el agua fría. Así, si mientras la bañera se llena tienes que salir y al niño se le ocurre tocar el agua, no se la encontrará caliente y evitarás que se queme.

Electricidad. Hoy en día en las casas hay un diferencial capaz de hacer saltar la luz cuando se produce un cortocircuito. Si tu hijo tocara un enchufe, o lo que es más frecuente, metiera algo por el agujero, se provocaría un cortocircuito y se activaría el diferencial. Con esto se evitaría que la corriente pasara por el cuerpo del niño, hecho que podría provocarle la muerte, pero no evitaría la descarga que le quemaría la mano.

Las quemaduras eléctricas suelen ser más graves que las otras porque son muy profundas. Por tanto, protege todos los enchufes (venden unas tapas baratas y muy útiles), asegúrate de que los cables de los electrodomésticos no estén a su alcance, sueltos ni en mal estado. Ten mucho cuidado con los aparatos eléctricos en el baño, como estufas, radios, etc. Mojado, el peligro es mayor.

Si tu hijo ha tocado algo y se ha quedado enganchado a la corriente porque el diferencial no se ha activado, no se te ocurra liberarlo. Podrías quedar enganchada como él y no podrías ayudarle. Quita la luz manualmente lo más rápido que puedas.

Fuego. Las quemaduras con fuego directo son poco frecuentes y si se dan, suele ser porque el niño se ha acercado demasiado a la chimenea o al asador. Evita este riesgo poniendo protecciones, ya que es imposible vigilarlo continuamente y tu hijo necesita poco tiempo para tocar el fuego.

Estufas y planchas. Las estufas también son peligrosas y, aunque menos, incluyo los radiadores en este grupo. No te olvides de la plancha: nunca dejes la plancha ni el cable a su alcance. Una buena idea es planchar la ropa cuando el niño esté dormido.

Cómo evitarlas

✔ No dejes entrar al niño en la cocina cuando cocinas ni que se acerque donde está la plancha si estás planchando.

✔ Los mangos de las sartenes en el fuego no deben sobresalir.

✔ Protege la chimenea y las estufas para que no se pueda acercar.

✔ No vayas por la casa con líquidos calientes, a no ser que estés segura de que el niño no está por el medio.

✔ Ten mucho cuidado con los manteles. No los uses o sujétalos debidamente.

✔ No enchufes electrodomésticos en el baño mientras se baña.

✔ Vigila la temperatura del agua en la bañera.

✔ Empieza llenando la bañera con agua fría.

✔ Protege los enchufes y asegúrate de que tengan toma de tierra. Cuida que en tu casa haya un interruptor diferencial.

✔ Instala, si puedes, un detector de incendios.

Qué debes hacer

Las quemaduras pueden tener distintos grados, según si son superficiales o han afectado capas más profundas de la piel (las más graves son las que también dañan los nervios).

Dirígete al médico si no le duele nada (eso significa que la quemadura le ha destruido los nervios, por tanto, es una quemadura importante) y si tiene una quemadura eléctrica.

Sobre todo no le pongas cremas, pomadas u otra sustancia sobre la quemadura, ya que el médico, antes de curar al niño, tendrá que quitársela para ver la quemadura y esto le dolerá aún más.

En cualquier caso, si hay una quemadura conviene hacer lo siguiente:

✔ Si puedes, quítale la ropa que está en contacto con la quemadura.

✔ Irriga con agua abundante durante 3-5 minutos. Agua fresca, no fría. El agua helada puede agravar la quemadura. Si la quemadura es química, es urgente irrigar la zona quemada bajo el chorro de agua durante 30-60 minutos. El objetivo es reducir el dolor y, sobre todo, evitar que el calor siga quemando tejidos sanos.

✔ Si no ha quedado limpia, vuelve a limpiarla (sin frotar, que duele mucho).

✔ Dale paracetamol para aliviarle el dolor.

✔ Cubre la superficie con una sábana o toalla seca. Si es posible, usa gasas estériles y un vendaje no compresivo. No le pongas paños húmedos, ya que pueden provocar hipotermia al niño.

✔ Acude a un centro sanitario para que lo valoren los profesionales.

✔ Tras las primeras curas hay que vigilar la lesión para comprobar que no se infecte. Lo sabrás si tiene dolor o enrojecimiento en los márgenes de la quemadura. En ese caso, vuelve a llevarlo al médico.

✔ Una vez curada la herida, cúbresela con protección solar de pantalla total durante al menos seis meses, para minimizar la cicatriz.

No hace mucho era habitual que los niños que se habían quemado llegaran con la quemadura embadurnada con alguna pomada, en especial pasta de dientes. Seguramente la gente la usaba porque lleva un ingrediente que da sensación de frescor, pero puedo asegurarte que es lo peor que se le puede hacer al niño. La pasta de dientes es difícil de quitar y el médico está obligado a hacerlo antes de curar la lesión.

Intoxicaciones

Como todos los niños, tu hijo intentará copiar muchas de las cosas que tú haces. Cuando tomes un medicamento, procura que no te vea para que no te imite. Haz lo mismo cuando uses productos corrosivos, limpiadores fuertes, líquidos inflamables, etc. La edad en la que se producen más intoxicaciones está entre el año y los cinco años.

Los fármacos que usamos los adultos pueden ser muy tóxicos para los niños, ya que contienen dosis muy altas para ellos. Los productos de limpieza pueden contener sustancias venenosas, capaces de hacer peligrar la vida de los niños, pero también pueden llevar sustancias cáusticas con un pH muy bajo o muy alto. Cuando el niño ingiere uno de esos productos, la mucosa de la boca, del esófago y del estómago pueden quemarse y provocar lesiones con graves secuelas en forma de cicatrices. Como consecuencia, quizás el niño no pueda comer, con lo que esto conlleva.

Medicamentos. Las intoxicaciones más frecuentes se producen cuando un niño toma medicamentos de venta libre.

¿Sabes cuál es la mejor manera de que tu hijo no se intoxique con un medicamento? Que en casa no tengan ese medicamento. Dirás que es evidente y que no eres tonta. ¡Por supuesto! Lo digo porque en todas las casas suele existir un pequeño botiquín donde se guarda una enorme e innecesaria cantidad de medicamentos a medio consumir. No sirven y son peligrosos, así que deshazte de ellos. En tu casa sólo debes tener aquellos productos que estés usando y necesites, y alguno por si acaso, como un antitérmico o un analgésico. Lo demás hay que tirarlo.

Los que realmente necesites debe estar bien resguardado, fuera del alcance del niño. Lo aconsejable es ponerlo en lugares altos y cerrados con llave o de manera que el niño no pueda abrir. No creas que exagero: he visto niños intoxicados que, para conseguirlo, han llegado a lugares que parecían inaccesibles para ellos.

Productos de limpieza. Todas las precauciones son pocas. Muchos tienen colores y olores vistosos, capaces de llamar la atención del niño. Mantenlos bien guardados, bajo llave y fuera de su alcance. Si no es estrictamente necesario, no uses sustancias muy potentes para limpiar. En una casa no suelen ser necesarias y están pensadas para usarse en lugares con mucho tránsito de público o uso industrial. Otra cuestión importante: nunca pongas un producto en un envase que no sea el de origen. Un producto de limpieza puesto en una botella de agua u otro envase de uso habitual en casa puede confundir al niño. A lo mejor él ha tomado alguna vez agua de esa botella y ahora lo vuelve a hacer pero no con agua, sino con algo tóxico.

Gas. La vía digestiva la encontramos en 98% de los casos de intoxicación. Por otras vías es raro que suceda salvo las que se producen por gas. Si pasa, hasta que llegue la ayuda, pon al niño en un lugar con aire puro, al exterior si es posible, o abre ventanas y ventila el lugar.

Si tu hijo se ha bebido algo y no sabes con seguridad cuáles son las medidas que hay que seguir, es mejor que no hagas nada. Sobre todo, no hagas caso de lo que suele decir el enterado de turno. En estos casos, siempre hay alguien que te dice "dale agua", "dale leche" o "hazlo vomitar". Cualquiera de estas medidas puede ser peligrosa si no está indicada. Si lo que se ha tomado se disuelve en agua y le das agua, ayudas a que el cuerpo lo absorba y agravas el problema. Lo mismo ocurre si donde se disuelve bien es en la leche y le das leche. Si lo haces vomitar y es una sustancia cáustica, tu hijo se habrá quemado al ingerirlo y volverá a quemarse al vomitar. Con esta decisión habremos empeorado la situación y provocaremos una doble quemadura.

Lo que debes hacer es llevar al niño al centro de salud que tengas más cerca. Conviene que lleves lo que se ha tomado, o lo que crees que ha tomado, y que compruebes a qué hora te has dado cuenta. Esto es útil para los médicos, ya que, si pasa mucho tiempo, las medidas que se tomen pueden ser menos eficaces.

Cómo evitarlas

✔ Guarda en casa sólo los medicamentos imprescindibles.

✔ Pon los medicamentos bajo llave y fuera del alcance del niño.

✔ No tomes medicamentos delante del niño.

✔ No le digas al niño que los medicamentos son como caramelos o golosinas.

✔ Vigila la dosificación de los fármacos que le des.

✔ Guarda los productos de limpieza bajo llave y fuera del alcance del niño.

✔ Conserva los productos de limpieza en su envase original.

✔ Cuando lleves al niño a otra casa, sobre todo a la de los abuelos, vigila que no agarre medicamentos.

✔ Si no estás segura de cuáles son las medidas indicadas en caso de intoxicación, no hagas nada. Una acción errónea puede empeorar la situación.

Ahogamiento

El ahogamiento es un accidente poco frecuente pero de una gran gravedad, ya que puede causar la muerte del niño o provocarle secuelas muy importantes que producen incapacidad intelectual o física en el niño.

Las piscinas, y sobre todo la piscina de casa, representan el mayor peligro, ya que 80% de los niños que se ahogan lo hacen en ellas. Si tienes una debes protegerla con un valla que tenga la altura debida y una puerta que se pueda cerrar. De esta manera evitarás que tu hijo se pueda caer en ella por accidente.

Otro elemento igual de importante es que, cuando esté contigo, no lo pierdas de vista ni un segundo; basta una pequeña distracción para que ocurra una desgracia.

Ponle algún sistema de flotador cuando esté dentro del agua y no se lo quites si está jugando alrededor de la piscina. También es muy importante que lo enseñes a nadar lo antes posible.

Debes saber que los niños pequeños necesitan muy poca agua para ahogarse. Un cubo con agua pueden bastar. Si el niño, por ejemplo de 14 meses, mete la cabeza y ésta queda sumergida bajo el agua, a veces es incapaz de incorporarse. No dejes, pues, recipientes con agua donde juega el niño.

La reanimación inmediata del pequeño, siempre que no hayan transcurrido más de cinco o diez minutos, puede salvarle la vida y evitar secuelas. Por tanto, en caso de ahogamiento, conviene comenzar lo antes posible. Si tienes piscina, o sin tenerla, si hay un niño pequeño en casa, es bueno que aprendas las medidas básicas de reanimación.

Cómo evitarlo

- ✔ Enseña a nadar al niño lo antes posible.

- ✔ No lo dejes nunca solo en la piscina ni en el mar.

- ✔ Vigílalo continuamente mientras esté bañándose.

- ✔ Si tienes piscina, ponle una valla alrededor. Debe ser suficientemente alta y con cierre a prueba de niños.

- ✔ No dejes recipientes con agua en su zona de juegos. Vigila después de las lluvias, pues alguno puede tener agua.

- ✔ Ponle un flotador y no se lo quites mientras nada ni mientras juega por el borde de la piscina.

- ✔ Las bolsas de plástico pueden ser causa de asfixia. No dejes que juegue con ellas.

Qué hacer si no respira

Cuando un niño no respira suele estar inconsciente y con un pulso muy débil o sin pulso. Esta situación es una urgencia vital y hay que hacer una reanimación cardiopulmonar (RCP) inmediatamente. De todas formas, debes pedir ayuda; solos, poco duraremos y además empeoraremos la situación.

Lo primero es saber si respira. Si la respuesta es no, hay que comprobar el pulso. Si hay pulso, debemos iniciar la reanimación pulmonar (respiración artificial o boca a boca). Si no hay pulso, hay que hacer una reanimación cardiopulmonar (respiración y masaje).

En una reanimación cardiopulmonar lo más importante es el oxígeno. Estamos acostumbrados a ver películas, incluso de hospitales, en las que, al iniciar una reanimación, en seguida se ponen a hacer un masaje cardíaco. Hecho así, no sirve de nada. Primero hay que tener aire en los pulmones y luego trasladarlo a los órganos vitales (cerebro, hígado y corazón). Los pasos a seguir son:

1. Comprueba si respira y si tiene pulso.

2. Si no respira, colócalo sobre una superficie dura y pide ayuda.

3. Sácale lo que pueda tener en la boca e intenta abrir al máximo la vía aérea estirando la mandíbula hacia delante y hacia arriba. La maniobra más usada es la "frente mentón": colócate a la derecha del niño, sujétale la frente con la mano izquierda y, con la derecha, ábrele la mandíbula (adelante y arriba). Si tiene una lesión en la zona cervical, hay que tener mucho cuidado.

4. Coloca tu boca sobre la del niño (según el tamaño del niño puede incluir la nariz) e insufla aire hasta que veas que el tórax se eleva.

5. Deja que el tórax vuelva, por sí mismo, a su posición inicial y repite la maniobra entre 12 (en el niño) y 20 veces (en el lactante) por minuto.

6. Tras este primer minuto vuelve a comprobar si tiene pulso. Si no hay pulso, comienza el masaje cardíaco. Si hay pulso, sigue insuflando aire hasta que el niño respire solo o llegue ayuda especializada.

7. Si no tiene pulso, coloca tus manos sobre el tórax según la edad del niño: en el recién nacido, los dedos pulgares sobre el esternón, entre las dos tetillas. En el lactante, con los dedos corazón y anular en la misma zona.

8. Pon una de tus manos encima de la otra y, con los brazos estirados, colócalas en el tórax del niño unos dos dedos por encima del borde del esternón.

9. Comprime brusca y enérgicamente el tórax haciendo que baje unos 2 cm (en el lactante) o unos 4 cm (en el niño). Repite esta operación unas cinco veces en tres segundos.

10. Si después de eso el niño sigue sin respirar, vuelve a insuflar aire como hemos dicho antes y alterna 15 respiraciones con dos compresiones.

Si hacen la reanimación entre dos personas, una debe insuflar aire y la otra hacer masaje, pero es imprescindible que se coordinen para alterna la respiración y las compresiones. Nunca se deben hacer las dos cosas a la vez.

La reanimación cardiopulmonar debe suspenderse cuando el niño recupere la respiración, cuando llegue ayuda o cuando los reanimadores estén agotados.

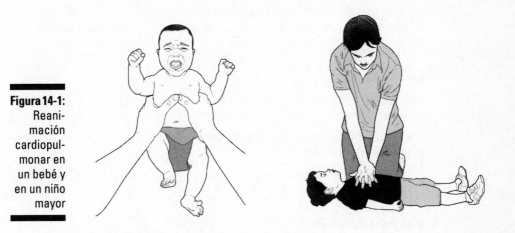

Figura 14-1: Reanimación cardiopulmonar en un bebé y en un niño mayor

Atragantamiento

Hay una regla de oro para evitar atragantamientos: niño pequeño, juguetes grandes. Eso vale tanto para los juguetes como para cierto tipo de comida.

Frutos secos. Nunca debes darle frutos secos a un niño de menos de tres años: cacahuates, maíz tostado, nueces, piñones, etc. Los frutos secos son la causa más frecuente de atragantamiento y aspiración de un cuerpo extraño. Con los caramelos pasa lo mismo.

Objetos pequeños. Es muy peligroso que juegue con objetos pequeños. Los objetos redondos del tamaño de una canica o un poco más grandes son los más peligrosos, ya que se colocan en la tráquea, la obstruyen y son difíciles de sacar. De todas maneras, aunque no sean redondos, si son pequeños son peligrosos. Vigila las piezas sueltas de juguetes u otros objetos a su alcance porque se las puede poner en la boca y atragantarse.

Cuando un niño se atraganta, hay que comprobar si la vía respiratoria está totalmente obstruida o sólo en parte. Si el aire puede entrar y salir, hay que dejar al niño tranquilo, procurar que no se asuste y trasladarlo al centro asistencial más cercano. Aunque le entre poco aire, será suficiente para mantener vivo al niño hasta que le saquen el objeto que le obstruye la respiración.

Si la vía respiratoria está totalmente obstruida, la urgencia es vital. Si el aire no puede entrar ni salir, disponemos de poco tiempo para intentar mover el objeto y destapar total o parcialmente la vía respiratoria. Sobre todo, no intentes quitarle el cuerpo extraño con las manos, ya podrías introducirlo y empeorar la situación. Debes practicarle una maniobra de desobstrucción conocida como la *maniobra de Heimlich*.

Cómo evitarlos

✔ No lo dejes comer frutos secos ni caramelos hasta que cumpla los tres años.

✔ No lo dejes jugar con objetos pequeños o con que contengan piezas pequeñas.

✔ Evita que se ponga cosas en la boca (y procura que los juguetes sean seguros).

Qué hacer si se atraganta

Si respira, aunque le entre poco aire, lo único que debes hacer es conseguir que lo atienda un médico tan pronto como puedas. Pero si la vía aérea está totalmente obstruida (es decir: no entra ni sale aire y, por tanto, el tórax no se mueve), es vital que intentes liberarla mientras esperas ayuda médica urgente. Las maniobras a seguir en este caso son las siguientes:

Si tiene menos de un año:

1. Colócalo acostado sobre uno de tus brazos, con la cabeza más baja que el tronco, una pierna a cada lado del brazo y con la cabeza y los hombros sobre tu mano.

2. Ábrele la boca tirando de la mandíbula.

3. Con la mano libre, golpéale enérgicamente en la espalda, entre los omóplatos, cuatro o cinco veces.

Si esto no ha funcionado:

1. Dale la vuelta. Ponlo sobre la espalda, con la cabeza más baja que el tronco y girada hacia un lado.

2. Con los dedos sobre el esternón (bajo la línea de las tetillas) haz cuatro o cinco compresiones enérgicas del tórax.

3. Estas maniobras deben repetirse tantas veces como sea necesario hasta mover el objeto y que deje pasar el aire o hasta que llegue ayuda especializada.

En el niño mayor:

En este caso es recomendable realizar la *maniobra de Heimlich* (compresión abdominal):

1. Colócate detrás del niño, de pie o sentado, dependiendo de la edad y el lugar, y rodea su abdomen con un brazo.

2. Cierra la mano en un puño y sitúala en medio del abdomen, entre el ombligo y el esternón.

3. Coge el puño con la otra mano y aprieta con movimiento brusco y enérgico, atrayéndolas hacia ti, hacia arriba y hacia dentro (queremos comprimir la parte superior del abdomen).

4. Repite este movimiento cuatro o cinco veces hasta conseguir que el objeto se mueva o llegue ayuda.

Figura 14-2:
Maniobra de Heimlich con bebés y con niños

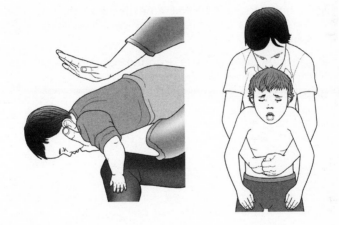

Un accidente de auto

Aunque ya hemos hablado de la prevención de accidentes automovilísticos, vale la pena hacer un breve apunte sobre lo que se debe hacer tras un accidente.

Lo primero es pedir ayuda y luego comprobar que el niño respira y que le late el corazón. Si es así, lo mejor es no tocarlo demasiado, dejarlo acostado en el suelo por si tuviera alguna lesión en la columna que, al movilizarlo, pudiese empeorar, hasta que llegue alguien preparado para atenderlo. Si le duele un brazo o una pierna, ponlo en la posición en la que le duela menos y no se lo muevas. Si tiene alguna herida que sangra, límpiala y comprímela para que deje de sangrar. Ya lo has hecho todo, ahora espera la ayuda.

Elimina el dolor

Después de un accidente, ya sea una caída, una herida, una quemadura u otro tipo de lesión, el niño siente dolor. Es una sensación incómoda que muchas veces lo hace llorar, estar intranquilo, nervioso, con miedo y contribuye al malestar de todos. La primera medida que deberás tomar es intentar aliviar su sufrimiento. Para conseguirlo, te recomiendo:

✔ Tranquiliza al niño, así que tú también deberás estar tranquila. No debes transmitirle nerviosismo ni preocupación, sino confianza y calma.

✔ En los golpes sin herida, aplícale algo frío (agua fría, hielo), ya que, además de calmar un poco el dolor, evitará la formación de hematomas.

✔ Trata de dejar la parte lesionada en reposo, en la posición que el niño te indique que le duele menos.

✔ En cuanto puedas, dale un analgésico (paracetamol o ibuprofeno). Las dosis que debes darle las encontrarás en el capítulo 17.

Capítulo 15

¡A jugar!

En este capítulo

▶ Por qué es tan importante el juego para el desarrollo de tu hijo

▶ Cuáles son los juguetes mejores y más seguros

▶ Cómo hacer que el niño juegue sin riesgos

▶ Los juguetes más apropiados para cada edad

Cuando veas jugar a tu hijo te parecerá lo más normal del mundo. Pero no sólo es normal; estos momentos son muy importantes en la evolución neuropsicológica de tu hijo. Mientras juega, aprende, utiliza la mente, aprovecha sus habilidades físicas y su desarrollo evoluciona. Es importante que juegue mucho y que aproveche estos momentos.

Como en cualquier actividad que realice tu hijo, la seguridad es imprescindible. No hay que correr riesgos, así que deberás cuidar los espacios donde juega y los juguetes que utiliza. En este capítulo te explicaré cómo saber cuáles juguetes son más adecuados y seguros para tu hijo.

Divertirse y crecer

El juego es importante para el desarrollo como comer o dormir. Básicamente, podemos hablar de juego siempre que el niño realiza una actividad por placer, sin que quiera conseguir algo concreto y sin que le preocupe demasiado el resultado. Pero aunque sólo lo hace porque le gusta, lo cierto es que le permite crecer espiritual, física e intelectualmente.

Durante sus tres primeros años, tu hijo no necesitará demasiadas cosas para jugar y seguro que comprobarás que los niños son capaces

de jugar con cualquier cosa. "¡No sé por qué nos gastamos tanto dinero si al final acaba jugando con cualquier cosa!", acaban diciendo los
padres. Y es cierto, tu hijo será capaz de inventarse juegos con lo que
tenga a su alcance y eso es perfecto.

Es bueno que tu hijo tenga juguetes, pero no te pases; conviene que
no sean muchos, ya que esto limita su capacidad de inventar y de buscar nuevas maneras de divertirse.

Hay muchos tipos de juguetes. Los hay muy "abiertos", pues tu hijo
puede hacer diferentes cosas con ellos, así que son los más adecuados
para los niños pequeños. Otros son más "cerrados", ya que obligan a
jugar de una manera específica, aunque la capacidad imaginativa de tu
hijo puede conseguir que alguno de estos juguetes llegue a tener fines
distintos a los que se pensaron para él. Hay juguetes para jugar al aire
libre y que fomentan el desarrollo físico y la motricidad; otros son
para lugares cubiertos, para jugar en grupo, etc.

Madre prevenida vale por dos

Cuando tu hijo empiece a jugar, debes tener en cuenta algunos consejos:

- ✔ **El orden de los juguetes.** Decide dónde guardarás los juguetes.
  Piensa que acabarán siendo muchos y es importante tanto orde-
  narlos como enseñarle a tu hijo a hacerlo. Te aconsejo que esta-
  blezcas esta norma lo antes posible: el juego no acaba hasta que
  se recogen los juguetes. Al principio los recogerás con él, pero,
  de forma progresiva, será él quien los recoja, hasta que se convierta en una de sus tareas habituales.

- ✔ **Un espacio seguro.** Es necesario contar con un espacio seguro
  para jugar. Si guardas los juguetes en cajas, comprueba que no
  tengan tapas que puedan atrapar los deditos de tu hijo si se cierran de golpe. Si el niño tiene hermanos mayores, deben estar
  todos alerta para que no queden piezas pequeñas en el suelo que
  el bebé pueda meterse en la boca y atragantarse con ellas. Procura que el suelo no predisponga a las caídas (si puede ser antideslizante, perfecto). No uses ceras o abrillantadores y evita las alfombras que se puedan mover. Procura que el espacio para jugar
  esté despejado y exento de obstáculos, o con los mínimos posibles.

- ✔ **La seguridad de los juguetes.** Es fundamental que utilice materiales y juguetes adecuados. Más adelante hablaremos sobre ello.

Solo, pero acompañado

Aunque jugará muchas veces solo, casi siempre requerirá tu presencia. Hay juegos que hará contigo y otros a los que jugará solo, pero querrá que estés cerca. Verás cómo llama tu atención para que apruebes lo que hace y para enseñarte sus hazañas. Aprovecha para felicitarlo, estimularlo y decirle que lo ha hecho muy bien.

Contrólate cuando veas que le cuesta, que algo no le sale. Tu instinto te indicará que lo ayudes, pero acabarás haciéndolo tú, y eso no es buena idea. Evítalo a no ser que te lo pida y, si lo hace, ofrécele la mínima ayuda posible. Comprobarás que él solo, a base de insistir, lo conseguirá. Si estás cerca de él pero sin interrumpirlo verás que es capaz de pasar muchos ratos entretenido con el juego.

Hasta que no esté a punto de cumplir los tres años, te darás cuenta de que no busca a otros niños para jugar. De pequeños, son incapaces de jugar con compañeros. Entre los dos y los tres años pueden jugar con otros niños pero lo hacen junto a ellos, en paralelo, no con ellos. A estas edades les cuesta compartir los juguetes. Bastante tienen con saber cuáles son suyos y cómo funcionan...

Escoger un juguete

La decisión sobre qué juguetes comprar se divide en dos partes:

1. Asegúrate de que el juguete sea adecuado a la edad de tu hijo y a sus capacidades físicas e intelectuales. De esto se suelen preocupar los fabricantes y vendedores, quienes te orientarán sobre los juguetes más adecuados para la edad del niño.

2. Piensa en los gustos de tu hijo. El muñeco, la pelota, los juguetes con ruedas o lo que sea no son para todos los niños, sino para uno en particular. Acertarás si lo conoces, lo observas, conoces sus preferencias, etc. Cuando compres juguetes diversifica lo máximo posible y escógelos variados: unos para el aire libre, otros de interior, unos muy abiertos otros más estructurados, etc. Poco a poco comprobarás cuáles le gustan más.

No te preocupes si un juguete es más propio del sexo opuesto. No tiene importancia y menos a esta edad. Es normal que un niño prefiera jugar a las muñecas o una niña a la pelota.

Cuando era pequeño, un año pedí insistentemente a los Reyes Magos que me trajeran un caballo de cartón. Era un caballo de la época, de aquellos grandes, para subirse encima y balancearse, pues la base era curvada, como la un balancín. Por lo visto, mis padres estuvieron dando muchas vueltas hasta que encontraron el que yo quería.

La mañana de Reyes, mi hermano y yo nos levantamos tan temprano que aún no se había hecho de día. Debían ser las seis de la mañana y estaba clareando. Al llegar al comedor, vimos un montón de cosas. Recuerdo que yo distinguí desde el primer momento el perfil del caballo de cartón. Puedes imaginar la ilusión que me provocó, la alegría que tuve y la emoción de mis padres al verme tan feliz después de su esfuerzo.

Empezamos el día muy contentos, pero horas más tarde mi padre quiso estrangularme, según me contó años más tarde. Convertí mi ansiado regalo en una especie de caballo de Troya (y aún no conocía la historia). Después de adueñarme del caballo, decidí agujerearle el lomo, de manera que el caballo se quedó sin la silla de montar, y en su lugar había un enorme agujero a través de cual podía guardar todos mis juguetes y así los podía meter y sacar sin problemas.

Éste es un ejemplo de que el niño no siempre usa los juguetes para lo que han sido diseñados.

Seguridad ante todo

A veces ves un juguete que teóricamente está pensado para niños de la edad de tu hijo pero te das cuenta de que se aburriría porque ya ha superado esa fase. Es normal, pues los fabricantes tienen unas normas de seguridad que cumplir y, basándose en esto, determinan la edad que corresponde y lo suelen indicar en la caja. El resultado es un juguete apropiado para cierto grupo de edad pero, sobre todo, seguro. Si decides comprarle un juguete que teóricamente es para niños mayores, vigila, porque los juguetes que son para niños mayores pueden ser peligrosos para él.

Relacionada con este punto está la homologación. Los juguetes fabricados o importados a Europa deben cumplir unas normas y pasar unos controles que garantizan su seguridad. Pese a ello, la Comisión de Seguridad de Productos de Consumo retira cada año cierto número de juguetes por no cumplir algunas de estas normas.

Ten en cuenta que algunos juguetes que puedes encontrar en ferias, máquinas expendedoras o en cualquier lugar que no sea una tienda especializada pueden no haber pasado estos controles, así que quizá son peligrosos. Puede que contengan piezas pequeñas que el niño se puede tragar, contenedores de pilas no seguros, pinturas tóxicas, etc.

Mantente atenta a la hora de comprar y busca, como primer paso, la etiqueta de homologación.

Las características de seguridad más importantes son:

✔ **El tamaño sí importa.** Un principio fundamental es que, cuanto más pequeño es el niño, más grande debe ser el juguete. Además, debe tener el menor número de piezas posible y éstas, a su vez, han de ser grandes. El objetivo es que el niño no pueda atragantarse con ellas o que le obstruyan la tráquea. Procura evitar canicas, pelotas o juegos con piezas similares. Si contienen este tipo de piezas, han de tener un diámetro superior a 3 cm y un mínimo de 6 cm de longitud, para que no puedan obstruirle la tráquea.

✔ **Resistencia al fuego.** Los juguetes, sobre todo los de tela, deben llevar de una etiqueta que informe de su resistencia al fuego: algunos lo son, pero otros sólo retardan la aparición de las llamas.

✔ **Lavables.** Los muñecos de peluche deben ser lavables y es necesario que los laves de vez en cuando, ya que acumulan mucho polvo y pueden ser fuente de alergias.

✔ **Pintura segura.** Vigila que todo lo que lleve pintura no sea tóxica. La pintura que recubre las superficies debe estar exenta de plomo. Las plastilinas y otros productos para actividades manuales, así como lápices, pinturas, barras de colores, etc. tampoco pueden ser tóxicas.

✔ **Pilas bien protegidas.** Los juguetes con pilas deben tenerlas en lugares inaccesibles para el niño. Normalmente se colocan en un espacio cerrado con tornillos, ya que las pilas contienen productos tóxicos y, a veces, cáusticos.

Las pilas de botón, pequeñas y planas, son especialmente peligrosas porque los niños las pueden ingerir, lo cual puede tener consecuencias muy graves. Procura no ponerte una pila en la boca si tu hijo puede verte: no sirve para saber si está gastada, y aún peor, el niño podría imitarte y tragársela. Las pilas deben estar cerradas, controladas y nunca, jamás, en la boca.

✔ **Que lo resistan todo.** Si tu hijo ya camina, asegúrate de que los juguetes sean fuertes, que se puedan morder sin que se estropeen, que no tengan piezas pequeñas como ojos, botones o ruedas que se puedan desprender, piezas que puedan pellizcarle los dedos o puntas pequeñas que, si se las mete en la boca, puedan llegar a la garganta del niño. Si llevan cintas, correas o hilos, deben ser de menos de 18 cm para evitar que se los pueda enrollar en el cuello.

✔ **Los globos, prohibidos.** Los niños pequeños no deben jugar con objetos de látex, en especial con globos. Cuando se desinflan o se rompen, tu hijo se los puede meter en la boca y lepodría asfixiarse. También puede pasar con los guantes de látex; aunque no son un juguete, siempre deben estar fuera de su alcance.

Cuidado con los juguetes de segunda mano que te puedan regalar familiares o amigos porque quizá no cumplan con las condiciones de seguridad iniciales.

Si los aceptas, repásalos cuidadosamente para descartar que puedan ser peligrosos. Vigila que no tengan astillas si son de madera, que no haya clavos sueltos o que no se pueda caer una pieza pequeña. Estas medidas también debes aplicarlas a los juguetes de tu hijo cuando los tenga desde hace mucho tiempo.

Una medida de precaución que suele olvidarse es la de vigilar al niño mientras se desembalan los juguetes. En estos momentos puede haber muchas piezas a su alrededor y no sabes si alguna podría ser peligrosa (grapas, cartón con el que podría cortarse, bolsas de plástico...). Las cajas de embalaje, normalmente de cartón, son peligrosas pues el niño se puede cortar; quizá contengan grapas que pueden soltarse o pequeños trozos de cartón que pueden provocar un accidente.

Los juegos según la edad

Como los niños, los juguetes y juegos también evolucionan con la edad.

Hasta que cumpla los dos años, la inteligencia motriz es la que domina en tu hijo. Esto significa que no tiene capacidad para representar objetos. Él juega con lo que tiene delante y si esto desaparece de su campo de visión, para él deja de existir. Tiene necesidad de sujetar objetos nuevos para observarlos e investigarlos. Lo normal es que si le apartas un juguete que tiene, inmediatamente se irá a buscar otro y verás que lo manipula, lo investiga, lo observa y, muchas veces, utiliza para ello la boca.

Hasta los nueve meses

Durante los primeros nueve meses, su juego estará muy condicionado por su desarrollo psicomotor. El primer mes lo que necesita es verte y comunicarse contigo. Como dijimos, en este momento le llaman la atención las caras y la distancia a la que ve mejor es a unos 25 cm. A esa distancia háblale, sonríele, dile lo mucho que lo quieres. Le gusta el contacto físico directo, así que aprovecha para acariciarlo, hacerle cosquillas, darle pequeños masajes, etc. A medida que vaya intentando ejercitar su voz le gustará entablar "conversación" contigo, que imites sus ruidos y que contestes a sus demandas.

Para los momentos en los que no juegue contigo, hay que buscar juguetes que estimulen su desarrollo. Convienen objetos de colores vistosos como los móviles, si pueden ser con figuras grandes y mejor si se acompañan de música o sonido. Le gustarán las sonajas y, a pesar de moverlos involuntariamente, el sonido llamará su atención. Con el tiempo aprenderá a hacerlos sonar de forma voluntaria. Los grandes muñecos de colores vistosos también despiertan su curiosidad.

En su evolución, uno de sus primeros aprendizajes será agarrar objetos, al principio con toda la mano y después haciendo la pinza. Ofrécele juguetes que pueda tocar al principio, sujetar cuando sea un poco mayor y después meterse en la boca. Lo estimularán los muñecos que hacen ruido, los objetos de diferentes texturas, las mordederas, los muñecos que pueda morder, las cajas de música u otros objetos musicales, los cuentos con imágenes vistosas, etc.

De los nueve a los doce meses

A esa edad tu hijo pasará mucho tiempo sentado, con un buen equilibrio, y esto le permitirá tener las manos libres y jugar en esta posición. Aprenderá a gatear, si no lo hace ya, a desplazarse y luego a caminar. Además de los muñecos y las pelotas de colores, le gustarán mucho los objetos que emiten sonidos al manipularlos. Disfrutará con construcciones de grandes piezas. Suele apilarlas como puede y luego las derrumba, que es lo que más le gusta. Si tiene cajas de distintos tamaños, empezará a meter y sacar unas dentro de otras y se divertirá mucho.

A esa edad no necesitan juguetes sofisticados (ni más adelante). Tú misma puedes fabricarle lo que se llama un "cofre de los tesoros": sólo necesitarás un cesto con objetos cotidianos para que el niño experimente con los sentidos. Ponle objetos de diferentes colores, sonidos y texturas, pero todos han de ser seguros para él (grandes, sin pintura tóxica, etc.). Por ejemplo, una piedra grande, un monedero, una concha, un gorro, un espejo de plástico, una cuchara...

Cuando empiece a caminar disfrutará con los montables o con ruedas. No me refiero a los andadores que llevan ruedas y los niños se sientan en una base de tela con dos agujeros para las piernas. Recomiendo los que se parecen a los que usan los ancianos, donde los niños van de pie y caminan apoyándose un poco.

A partir del año

A esta edad te sorprenderá su capacidad de observar y explorar las cosas más impensables. Lo mira todo, se fija en ti, en los adultos en general, los imita. Aún no es selectivo y sus preferencias no están definidas, así que todo sirve. Cuando agarra un juguete o un objeto, lo mira y remira. Luego es capaz de intentar hacer cualquier cosa con él.

✔ **Empujar, meter, hacer ruido.** Le encanta golpear todo lo que hace ruido, lo que puede empujar y estrujar y lo que puede tirar. Ahora está aprendiendo a arrojar las cosas lejos. Intenta poner unas cosas dentro de otras, aunque al principio le cueste trabajo. En poco tiempo sabrá cuáles caben dentro de otras. Esto le gusta, pero le encanta volcarlas y vaciarlas. También disfruta poniendo unas cosas sobre otras, por ejemplo construcciones, y le encanta volcarlas (y si, además, hacen ruido cuando caen, mejor). Antes de cumplir los dos años será capaz de colocar piezas de formas diferentes en los orificios correspondientes e incluso podrá construir algún rompecabezas sencillo.

Adquiere mayor movilidad y empieza a utilizar cochecitos, triciclos y juguetes de este estilo. Los juguetes que puede arrastrar, sobre todo si llevan música o sonidos, le encantarán. Los instrumentos musicales fáciles de manipular y los que hagan ruido serán sus preferidos.

✔ **Conocer el cuerpo y el lenguaje.** Cuando juegue contigo aprenderá a diferenciarse y verás cómo le gusta señalar su nariz, luego la tuya, y hacerlo cuando tú se lo pides. Así sabe que una cosa es su nariz y otra diferente la de mamá. Le gusta que estés cerca para enseñarte todo lo que hace.

Debes dejar que se equivoque y que aprenda sin ayuda. Si pide ayuda, dásela pero sólo ayuda, no le soluciones el problema. Participa con él en los juegos que él quiera pero siempre dejando que él los dirija.

✔ **Juego simbólico.** A partir de los dos años es capaz de representar cosas, y la imitación de las actividades de los adultos le ocupa mucho tiempo. Juega con muñecos, habla por teléfono, se disfraza, les gusta jugar a las cocinitas, etc.

Este juego es muy importante para conocer el mundo que le rodea. Como madre, disfrutarás al ver cómo te imita a ti, al papá, a la educadora de la guardería... En este tipo de juegos, con o sin objetos, los niños hacen teatro sobre su vida cotidiana, sus fantasías y conflictos, y a lo mejor te sorprende imitándote cuando lo regañas, o corriendo nerviosa con el teléfono en la mano. "¿Así me ve?", te preguntarás. Juega con él si te invita, pero nunca le censures el juego; es muy sano expresarse de esa forma.

✔ **Juegos al aire libre.** Le encantan: la pelota, correr, los columpios, los toboganes, etc. Una de sus actividades preferidas será jugar con la arena en la que, además de ensuciarse, juega a llenar y vaciar cubos y a hacer agujeros o montañas. Es frecuente que tu hijo intente, y muchas veces consiga, ponerse tierra en la boca y tragársela. Evítalo, ya que la tierra está sucia, muchas veces contaminada y es indigerible. Lo más peligroso es que se meta piedras de cierto tamaño en la boca porque puede tragárselas y le obstruirían la vía respiratoria.

✔ **Juntos pero no revueltos.** Como ya hemos dicho, quizá le guste estar con otros niños pero no compartirá el juego ni los juguetes. Alrededor de los tres años hay algunos que ya empiezan a jugar con los niños de su edad.

Un día me trajeron a un niño de dos años porque hacía popó rara. Como suelen hacer muchas mamás, al explicarme el motivo de la consulta, la mamá me dijo: "¿Quiere verla?". Asentí y me enseñó una deposición espesa, llena de grumos. Al mirarla comprobé que más que una deposición era un puñado de tierra con excremento. Le pregunté si jugaba con tierra y me dijo que sí. Entonces le dije a la madre que su hijo se comía la tierra y ella se quedó atónita. No lo podía creer; es más, nunca se había imaginado que los niños pudieran comer tierra.

Como me di cuenta de que le costaba creerme, le sugerí que observara al niño cuando jugaba con tierra y que me llamara si era cierto.
A las 72 horas me confirmó que uno de elementos de la merienda del niño solía ser uno o varios puñaditos de arena. La mamá, aunque sorprendida, se quedó tranquila y las heces, de vez en cuando, seguían conteniendo arena.

Si come pequeñas cantidades de tierra no hay que darle importancia (aunque claro, intenta evitarlo). Si se convierte en un hábito o persiste con el tiempo, coméntaselo al pediatra.

Parte V

La salud

—NUESTRO BEBÉ TIENE UNA SALUD DE HIERRO...
¡LOS QUE ACABAMOS ENFERMOS CADA DÍA
SOMOS NOSOTROS!

En esta parte...

Si estás leyendo este libro, seguramente no eres médico, pero tener un hijo te obliga a familiarizarte con muchos aspectos relacionados con la salud y la enfermedad. Pronto serás casi una experta en fiebre, mocos y dolor de garganta, y echando un vistazo a tu hijo, ya sabrás si algo va mal. ¡Aprenderás un montón de cosas!

Pero aunque la experiencia te ayudará a cuidar del bienestar de tu hijo, no siempre se tiene todo controlado. En esta parte te voy a contar cuál debe ser el papel de tu pediatra, qué hacer frente a las enfermedades más habituales de la infancia y cuándo deberás acudir a urgencias porque el niño necesita que un médico lo revise sin demora.

Capítulo 16

Más vale prevenir que curar

S e dice que un adulto sano es hijo de un niño sano. Por eso, desde el principio es tan importante esforzarse para que tu hijo tenga unos buenos hábitos y fundamentos en su vida. Será un trabajo muy importante para ti, especialmente durante los primeros años.

Por eso es fundamental que escojas bien a su pediatra, ya que se convertirá en tu mejor aliado no sólo para tratar las enfermedades de tu hijo, sino para prevenir problemas y encarar mejor su futuro. En este capítulo te hablo de lo que se hace en las frecuentes visitas de control y especialmente de las vacunas, uno de los mejores medicamentos de la medicina moderna.

La elección del pediatra

Tu pediatra será muy importante en la vida de tu bebé y, en general, en la de toda la familia. Por eso es importante que escojas bien. Su principal labor será la prevención tanto de enfermedades como de problemas de relación, sociales, escolares, etc.

Además de ser un profesional con amplios conocimientos técnicos y profundos estudios en Medicina —no lo dudes, ha estudiado seis años de Medicina y cuatro años más de Pediatría—, debe tener otras cualidades: accesible, comprensivo y, sobre todo, de confianza.

Debes sentirte a gusto y apoyada cuando vayas a verlo, de manera que puedas preguntarle todo lo que tengas que preguntar, aunque te parezca que es una tontería. A veces lo que no nos parece importante, puede ser más serio de lo que te imaginas y, aunque no fuera así, si es importante para ti, lo es para tu hijo y para el pediatra.

Después de visitarlo, debes quedarte tranquila, con las dudas resueltas y sabiendo lo que debes hacer. Es el profesional más cercano que tienes y además, después de su familia, el mayor protector de tu hijo en todos los aspectos.

La primera visita

Cuando tu hijo tenga entre siete y diez días verá por primera vez a su pediatra. Este control tiene dos objetivos: comprobar que tu hijo está bien desde el punto de vista médico y hablar contigo. Le interesa conocer tu manera de hacer —igual que a ti te interesa conocer la suya— y resolverá todas tus dudas para que cuides mejor de tu hijo, con más confianza.

El médico, en esta visita, revisará al bebé. Controlará, por ejemplo, que si el niño tenía ictericia, haya desaparecido. También valorará el resultado de algunos cribados, comprobará el peso, te preguntará si hay enfermedades en la familia, por si tu hijo puede llegar a padecerlas, los antecedentes del parto, etc. Ese día el pediatra conocerá a tu bebé y te informará cómo está. Si hay algo que quieres que te aclare, no dudes en preguntárselo.

Te aconsejo que, durante los primeros días del niño en casa, anotes todo aquello que no tengas claro y lo que te parezca raro. En la primera visita al pediatra, lleva esta lista de preguntas y dudas para formulárselas. Como es natural, en la primera visita la lista es muy larga. El doctor sabe que eres novata y que muchas de tus dudas no tienen relevancia, pero también sabe que son importantes para ti y que es vital aclarártelas.

Al acabar la visita debes saber cómo comportarte en situaciones concretas, haber solucionado tus inquietudes y conocer, al menos de forma general, el plan de salud que seguirás con él y con tu hijo; es decir, cada cuánto debes ir a verlo, cuándo empezarán las vacunas, qué hacer si se pone enfermo, etc.

Cuando somos jóvenes, e incluso de adultos, la mayoría de nosotros recordamos la figura del pediatra, las tonterías o bromas que nos hacía (que generalmente se repiten). Los niños suelen llorar durante la visita la pediatra desde el cuarto o quinto mes hasta los tres años, pero luego son los primeros en pedir a mamá que lo llame cuando están enfermos. Para el pediatra, y te lo digo por experiencia, es la relación que más nos gusta. Ni te imaginas la satisfacción que nos produce cuando te conviertes, como ya soy, en pediatra-abuelo; es decir cuando recibes a los hijos de los que fueron de tus pacientes. Por tanto, como ves, es una relación que —con las interrupciones lógicas— puede ser muy larga.

¿Qué se hace en una visita de control?

La fiebre, la diarrea, los mocos y la tos son los motivos de consulta más frecuentes durante el primer año. Al principio, los primeros seis meses, enferman poco, pero luego —sobre todo si van a la guardería— la cosa cambia y suelen enfermar con relativa frecuencia. Además de las consultas puntuales, existe un calendario de controles que nos sirve para ver que todo vaya bien. En ellas comprobamos:

- ✔ **El peso, la talla y el perímetro craneal** (la medida de la cabeza). Lo medirá y pesará, y quizá consulte las curvas de crecimiento aunque, como ya te dije en el capítulo 5, tienen un valor relativo.

- ✔ **El desarrollo psicomotor.** Comprobará si el niño, a cada edad, adquiere las habilidades que le corresponden, pero siempre teniendo en cuenta su ritmo y estado global.

- ✔ **La alimentación.** Te explicará qué necesita el niño en cada momento y cómo dárselo.

- ✔ **Vacunas.** El primer año se empiezan a poner, y son muchas.

- ✔ **Preguntas.** Si no quiere la papilla de fruta, si pide comida de noche, si no se duerme, etc. Tienes muchas dudas tanto de salud como de educación, y el pediatra está para asesorarte.

Las visitas entre el año y los tres años

Hasta los 18 meses hay bastantes vacunas que poner, así que hasta los 18 meses verás al médico con frecuencia en visitas de control. Después del año y medio las visitas se espacian, ya que los cambios se ralentizan: cuando era más pequeño, casi cada mes había un cambio de talla o de peso, un alimento que introducir, un avance psicomotriz, una vacuna que poner... Ahora ya no es así. Y el pediatra necesita visitas más espaciadas para valorar su evolución.

Además, es posible que lo veas mucho porque a esta edad seguramente tu hijo enfermará muchas veces. Es una etapa en la que puedes llegar a pensar que tu hijo tiene algo raro (una enfermedad crónica, problemas en sus defensas...), pero con el tiempo desaparecerá y lo olvidarás.

Todos los niños deben contraer un número de infecciones para que luego su inmunidad funcione a la perfección, y las contraen ahora. Es bueno que el pediatra esté informado de esas infecciones que suelen ser banales, para detectar si puede haber un problema, diagnosticarlo y solucionarlo. De todas formas, es muy raro que ocurra: lo normal es que el crecimiento solucione la mayoría de las anomalías.

Las vacunas: para estar tranquilos

Las vacunas son, a mi entender, el mejor avance de la medicina moderna. A lo largo de los años ha habido numerosos y grandes adelantos médicos (como el descubrimiento de la penicilina, el de los gérmenes, que dio lugar a la asepsia, los trasplantes de órganos o tantos otros), pero para mí no hay ninguno como las vacunas.

Gracias a la vacunación la humanidad ha hecho desaparecer enfermedades mortales que se presentaban en forma de epidemias y que afectaban a miles de personas. Además, hemos controlado otras enfermedades que no han desaparecido, pero hoy ya no son un problema.

Ejemplo de lo que digo es la viruela, una enfermedad que mató a mucha gente y que al día de hoy puede considerarse desaparecida (creo que hace 36 años puse la última de esas vacunas). Otras como la difteria o la poliomielitis, aunque no podemos decir que hayan desaparecido, actualmente son una anécdota o están reducidas a zonas muy concretas. Son enfermedades muy graves que, gracias a las vacunas, pueden pasar a la historia.

La vacunación, además de tener un gran valor para tu hijo, es muy importante para la salud pública. Si toda o gran parte de la población está vacunada se consigue que la enfermedad no circule y la comunidad, en general, se beneficia. Algunos niños tienen enfermedades que no les permiten vacunarse o que hacen desaparecer el efecto de la vacuna, como puede ser un tratamiento contra el cáncer. Estos niños, y estas personas en general, se protegen si la enfermedad no circula.

Sabemos que a nadie le gusta que lo pinchen —y menos a los niños—, pero las ventajas superan estos pequeños inconvenientes. La vacuna no sólo protege a tu hijo y construye una sociedad más segura, sino que, además, sus efectos secundarios son prácticamente nulos. Salvo alguna reacción en la zona del pinchazo, como puede ser que se enrojezca o se ponga dura, no suele ocurrir nada más. También es posible, pero no habitual, que tu hijo tenga fiebre las primeras 24 horas. Cuando una vacuna sale al mercado para aplicarse a seres humanos, pasa muchos controles, pruebas y vigilancia. Son fármacos muy seguros.

Soldados dentro del cuerpo

Cuando contraemos una infección, los glóbulos blancos —nuestra primera línea de defensa— rodean a los gérmenes, los reconocen y mandan fabricar unas sustancias, los *anticuerpos*, que se fijan a ellos y los inutilizan, matan y eliminan. Cuando los gérmenes son eliminados, algunos anticuerpos siguen circulando por nuestro organismo, de manera que, si al germen se le ocurre volver a entrar en nuestro cuerpo, los anticuerpos lo detectan, lo inutilizan y consiguen que la enfermedad no avance. Nuestro cuerpo pasa a ser inmune a esa enfermedad. Por ejemplo, quien ha enfermado de sarampión una vez, no vuelve a sufrirlo.

Lo que hacemos con las vacunas es inyectar algún componente del germen, o el germen debilitado o atenuado (de manera que ya no es capaz de causar la enfermedad), para que nuestro cuerpo pueda reaccionar frente a él, fabrique anticuerpos y quedemos protegidos.

Por desgracia, no podemos preparar vacunas para todas las enfermedades por distintas razones: no es fácil aislar las proteínas capaces de estimular la inmunidad, puede ser técnicamente imposible, el coste de la vacuna es demasiado elevado si se compara con el beneficio que se obtiene, el germen tiene muchas partes capaces de provocar la infección, etc.

Al poner una vacuna, el niño produce un determinado número de anticuerpos pero, para que nos proteja, suele ser necesario repetir la vacuna. Por eso, tras vacunarlo, casi siempre debemos "revacunarle"; es decir, poner una nueva dosis para elevar a una cantidad eficaz el número de anticuerpos.

Calendario de vacunación: todo a su tiempo

La vacuna ideal sería aquella que pudiese administrarse por vía oral, en una sola dosis y que sirviera para todas las enfermedades, pero por desgracia no existe. Tu hijo tendrá que vacunarse por vía inyectable, aunque por suerte algunas vacunas van asociadas y le pondrán varias en un solo pinchazo.

Como no podemos poner todas las vacunas de golpe, hay que poner-
las por orden. Su orden lo determinan las autoridades sanitarias, que
además deciden cuáles se financian públicamente. Estas autoridades
deben valorar si los beneficios son suficientes teniendo en cuenta el
costo de la vacunación. A lo mejor con el dinero que pueden invertir
en una vacuna pueden financiar una campaña contra el tabaco, por
ejemplo y, desde el punto de vista sanitario, es más rentable que la
vacuna. Por eso algunas vacunas son gratuitas y otras no, pero no hay
diferencias médicas.

Los calendarios de vacunas son una recomendación y no pasa nada si,
por alguna razón, no se puede cumplir a rajatabla. Lo importante es
que lleven el número de dosis correspondientes y que se pongan cuando sean eficaces. Por ejemplo, hay vacunas que si se ponen antes de lo
recomendado son inútiles, ya que el niño no fabricará anticuerpos, o
si se ponen a intervalos demasiado largos pierden eficacia y hay
que volver a empezar. Los pediatras tenemos muy presentes estas
cuestiones.

Las vacunas financiadas

Las vacunas financiadas actualmente en España, y en la mayoría de los
países occidentales, previenen frente a estas enfermedades:

✔ **Difteria.** Enfermedad infecciosa que afecta sobre todo a las vías
respiratorias, provocando su obstrucción y parálisis y lesión
cardíaca. Tiene una mortalidad muy elevada. Actualmente, gracias a la vacuna, es una enfermedad prácticamente inexistente,
pero en algunos países en los que se dejó de vacunar volvió a
aparecer causando muchas muertes.

✔ **Tétanos.** Enfermedad infecciosa que provoca intensos y doloro-
sos espasmos musculares que pueden causar la muerte. Gracias a
la vacuna, prácticamente no existe tétanos infantil, aunque sí lo
hay en adultos, pues deben revacunarse cada diez años y muchos
no lo hacen, quedando, por tanto, expuestos a la enfermedad.

✔ **Tos ferina.** Conocida popularmente como catarro, es una infección de las vías respiratorias que provoca una tos muy intensa
durante semanas. En los lactantes puede provocar la muerte. La
vacunación masiva hace que la enfermedad no circule y así los
lactantes están protegidos y no la padecen.

✔ **Poliomielitis.** Conocida como parálisis infantil, paraliza grandes
grupos musculares y puede provocar graves efectos secundarios
e incluso la muerte. En España no hay casos desde 1998 y Europa
se considera libre de poliomielitis, pero aún hay países donde la

vacuna no es masiva y la enfermedad reaparece con relativa frecuencia.

✔ **Hepatitis B.** Infección de tipo viral que provoca la inflamación del hígado, persiste toda la vida y puede degenerar en cirrosis o cáncer.

✔ **Hepatitis A.** Más benigna que la anterior, sobre todo porque no dura toda la vida pero persiste durante un mes, afecta gravemente al estado general del enfermo y éste necesita aislamiento.

✔ **Sarampión.** Enfermedad viral que cursa con una erupción en la piel, mucha fiebre y afecta al estado general del paciente. Aparece de forma epidémica y afecta a un gran número de niños. Aunque se suele curar bien, es bastante molesta y no está exenta de complicaciones.

✔ **Rubéola.** El gran peligro de esta infección viral es que, si la transmite la mamá durante el embarazo, puede provocar malformaciones graves en el recién nacido, provocando un cuadro clínico de rubéola congénita. Con la vacuna conseguimos que los niños eviten la enfermedad y, por tanto, no puedan contagiar a las madres. Gracias a esta vacunación, la rubéola congénita prácticamente ha desaparecido.

✔ **Parotiditis.** Conocida vulgarmente como paperas, tiene un origen viral y es capaz de provocar complicaciones como la meningitis e inflamación de los testículos y de los ovarios. En los varones puede ser causa de esterilidad, aunque con menos frecuencia de la que se cree.

✔ **Hemofilus tipo b (Hib).** Es el responsable de infecciones muy graves en el lactante, como pueden ser meningitis y septicemias. Son enfermedades que provocan una elevada mortalidad y unas secuelas muy graves. La vacunación impide que el niño sufra esta infección.

✔ **Meningococo C (MCC).** Es el principal responsable de las meningitis actuales y también de septicemias con alto grado de mortalidad. Existe una forma de meningococo, el B, frente al que no tenemos vacuna, pero la vacunación frente al tipo C ha hecho descender la incidencia de esta enfermedad.

✔ **Virus del papiloma humano.** Esta vacuna se ha incorporado recientemente al calendario de vacunaciones. Se administra a las niñas, pues la infección por este virus propicia la aparición del cáncer de útero. Por tanto, como las niñas vacunadas no se infectarán por el virus, no desarrollarán este cáncer. El virus se transmite por vía sexual y los preservativos no impiden el contagio. Por eso es una vacuna que, de momento, sólo se administra a niñas preadolescentes. Cabe la posibilidad de que con los años, gracias a esta vacuna, el cáncer de útero pueda ser erradicado.

✔ **Gripe.** No se debe poner a todos los niños, sólo a los que tengan otra enfermedad que les haga ser propensos a padecerla. Si es tu caso, el pediatra te la indicará.

Existen vacunas combinadas que permiten vacunar de varias enfermedades con una sola inyección. Es el caso de la difteria, tétanos, tos ferina, poliomielitis, Hib y hepatitis B, que se administran juntas, y también la combinación para el sarampión, rubéola y parotiditis.

Las vacunas no financiadas

✔ **Rotavirus.** Virus responsable del mayor número de diarreas que padecen los niños. Aunque entre nosotros no es una enfermedad grave, algunos niños pueden tener complicaciones, como por ejemplo la deshidratación. No es una vacuna para la diarrea, sólo frente al agente que causa el mayor número de diarreas infantiles. Es la única vacuna que se da por vía oral.

✔ **Varicela.** Infección viral que provoca, entre otras complicaciones, manchas en la piel con intenso picor. Suele curarse sola, aunque puede complicarse. Tiene una duración de unos siete días.

✔ **Neumococo.** Este germen es, junto con el hemofilus y el meningococo, responsable de las meningitis graves del niño. Si afecta a niños pequeños puede ser mortal o dejar secuelas graves. De las tres formas de meningitis, es la que se presenta con menor frecuencia.

No olvides que las vacunas no financiadas son tan eficaces e inocuas como las financiadas. La única, y nada despreciable diferencia, es que éstas tienes que pagarlas y las otras no.

Si te planteas no vacunar a tu hijo...

En contra de lo que mucha gente cree, salvo circunstancias especiales, las vacunas están recomendadas pero no son obligatorias. No sé si te has planteado en algún momento no vacunar a tu hijo, pero si lo has hecho, te aconsejo que, antes de tomar la decisión, dediques un momento a repasar los argumentos de los que están en contra y mis comentarios:

✔ **Los efectos secundarios.** Es cierto que hace años, posiblemente más de cuarenta, algunas vacunas podían tener graves efectos secundarios. Eran rarísimos, pero no se podía negar que existían. Hoy en día el riesgo prácticamente ha desaparecido o es muy pequeño. La seguridad de las vacunas es muy elevada y, teniendo en cuenta los beneficios que aportan, creo que ésta no es una razón a considerar. Seguramente los mismos que defienden esta posición toman y han tomado en muchas ocasiones medicamentos mucho más peligrosos.

✔ **Relación con el autismo.** Han corrido muchas informaciones que relacionan algunas vacunas con enfermedades como el autismo. No existen trabajos científicos rigurosos que hayan demostrado esta relación causa-efecto, por tanto, te aseguro que no existe.

✔ **Impacto en el sistema inmunitario.** Hay quien dice que tantas vacunas influyen demasiado en el sistema inmunitario del niño. Es un argumento sin fundamento, porque justamente el estímulo inmunitario es necesario para un correcto funcionamiento de la inmunidad del niño y del adulto.

✔ **Vacunas inútiles.** También se dice que para qué queremos vacunar si muchas de las enfermedades frente a las que vacunamos ya no existen. La globalización facilita que las enfermedades viajen de un país a otro, así que creo que es un argumento que no piensa en el resto de la sociedad.

Frente a esto conviene recordar lo que se conoce como "efecto rebaño". Cuando en una población hay un número elevado de personas, más de 85%, que han sido vacunadas frente a una enfermedad, ésta deja de circular y, por tanto, el 15% no vacunado está protegido. Por eso la sanidad pública financia las vacunas, ya que consigue el bienestar de la comunidad. De esto se aprovechan aquellos niños que no pueden ser vacunados por alguna razón médica... y también quienes no quieren vacunar a sus hijos.

¿Qué pasaría si todos siguiéramos esta teoría y dejásemos de vacunar a nuestros hijos? En el mundo han habido experiencias nefastas por esta razón. En Inglaterra, hace años, dejaron de vacunar contra la tos ferina y hubo una epidemia grave con gran número de casos, algunos mortales, por lo que tuvieron que volver a aplicarla.

En la década de los noventa, en algunos países de la antigua URSS se dejó de vacunar frente a la difteria y apareció una epidemia de difteria con más de 150,000 casos y 5,000 muertos. Cuando una enfermedad está erradicada, como pasó con la viruela, la vacuna se elimina. Hoy en día no vacunamos contra la viruela pero no podemos dejar de vacunar contra otras enfermedades porque no están erradicadas. Ten en cuenta que para erradicar una enfermedad es necesario que, entre otros aspectos, sea exclusiva de la raza humana. Las que nos protegen contra enfermedades que también padecen otros animales, seguirán entre nosotros.

Una vez me llamaron del hospital porque había que operar a un niño que no estaba protegido contra el tétanos, y esto es un riesgo.

Estuve más de una hora hablando con los padres, que estaban en contra de las vacunas, exponiendo las razones por las que creo que deben ponerse. Cuando acabé, me dijeron: "Mire, nosotros no le vamos a poner la vacuna porque ya procurarán ustedes que no haya tétanos en el quirófano; si no, se les caerá el pelo". Mi respuesta fue seguramente un poco dura pero muy sincera. Les dije: "Nosotros procuramos que no haya tétanos en el quirófano, no porque tengamos miedo de que se nos caiga el pelo, sino porque no queremos que los niños enfermen y menos por nuestra culpa. Pero piense que si por casualidad su hijo contrae el tétanos, a nosotros se nos caerá el pelo, pero su hijo puede morir".

No volví a hablar con la familia y puedo asegurar que se lo dije con todo el cariño que pude, sin reproches. El cirujano me contó después que la familia pidió la vacuna antes de la operación. Hay riesgos que, con un poco de lógica, no se deberían asumir.

Las vacunas del futuro

El futuro de las vacunas es un espacio de investigación muy esperanzador. Hoy en día se está trabajando en vacunas frente a la malaria y el virus de la inmunodeficiencia humana (VIH).

La malaria (que por suerte no la padecemos en nuestro país) causa casi un millón y medio de muertes al año (75% de las cuales son niños). Conseguir una vacuna contra ella sería uno de los beneficios más grandes para la humanidad.

Otra vacuna que sería muy importante por su terrible impacto en los países pobres es la del VIH, el virus responsable del sida. Aunque hoy en día es una enfermedad controlable con la medicación, sigue siendo causa de elevadísima mortalidad en muchos países, sobre todo en Asia y África. En nuestro entorno controlamos la enfermedad en los pacientes que se medican, pero aún es una enfermedad crónica muy incapacitante y también muy cara.

Con las vacunas, la ciencia ha conseguido eliminar enfermedades que aparecían en forma de grandes epidemias y que mataban a mucha gente. Esperemos que en un futuro descubramos las que nos ayuden a luchar contra estas dos enfermedades.

Capítulo 17

Las enfermedades más frecuentes

*¡C*uando no es una cosa es otra! En los tres primeros años de vida, el niño contrae muchas enfermedades y en casi todas ellas tendrá fiebre. Seguro que te preocuparás —sobre todo mientras sea muy pequeño—, pero también es cierto que deberás manejar la situación, ya que el médico no estará a tu disposición las 24 horas del día (excepto que tú o tu pareja sean médicos, claro). Lo mejor es que sepas qué es la fiebre, qué pasa cuando sube, qué debes hacer y, sobre todo, cuándo tienes que preocuparte.

Junto a la fiebre, la diarrea es el otro problema de salud que tu hijo tendrá habitualmente durante la infancia. Por no hablar de los mocos... compañeros fieles de todos los niños. ¿Por qué casi siempre tienen mocos? ¿Se pueden evitar? En estas páginas te hablaré de estos temas. No esperes una guía de salud exhaustiva, pero te aseguro que aprenderás muchas cosas sobre más de 60% de las enfermedades que probablemente tendrá tu hijo.

La fiebre, señal de alarma y aliada

La principal razón de una familia para acudir al pediatra es la fiebre. Lo primero que debes saber es que la fiebre no es una enfermedad, sólo es un síntoma, como puede ser la tos o el dolor de barriga. Por tanto, si tu hijo tiene fiebre, no es ésta la que debe preocuparte sino la enfermedad que la causa.

La presencia de una infección en nuestro organismo inicia una serie de procesos defensivos; seguramente, la fiebre es el más importante de ellos. Las consecuencias benéficas de una temperatura elevada son muchas. Entre otras:

✔ La temperatura alta es capaz de inactivar y destruir muchos microorganismos.

✔ El corazón late más de prisa; por tanto, los elementos defensivos que transporta nuestra sangre llegan muchas veces y en mayor cantidad al foco infeccioso para luchar contra él.

✔ Tu hijo tiene menos ganas de jugar y de moverse, de manera que la sangre no se desplaza a otros sitios, como puede ser la musculatura.

✔ Se pierde el apetito y la sangre no va al estómago, sino donde tiene que ir.

Por sí sola, la fiebre da lugar a ciertos trastornos, como el dolor de cabeza, que no están relacionados con la enfermedad. Como somos animales de sangre caliente, es decir, con una temperatura corporal constante, si nuestro cuerpo nos dice que hay que subir la temperatura porque hay una infección, nuestro termostato sube. Si, por ejemplo, nuestro organismo estaba a 36 °C y ahora tiene que ponerse a 39 °C, no tenemos más remedio que crear calor.

Una fábrica de calor

¿Y cómo se consigue? El mecanismo más rápido para crear calor es el ejercicio. Cuando hacemos ejercicio, en seguida tenemos calor y sudamos para liberarnos de él. Pues bien, en este caso, nuestro cuerpo tirita, contrae músculos y crea calor hasta alcanzar la temperatura que su centro termorregulador le está marcando.

También se le pondrá la piel de gallina. Esto tiene dos objetivos: uno, contraer todos los músculos de nuestros pelos para generar calor; y dos, crear una capa de aire bajo la piel para aislar la sangre y así no

perder calor por evaporación. Esto también lo consigue contrayendo los vasos sanguíneos que en este momento no le son útiles; por eso tendrá el cuerpo caliente pero las manos y los pies muy fríos, y los labios un poco azulados, ya que también ha cerrado esta circulación, dejando poca sangre para no perder calor en las zonas importantes.

Cuando el efecto de la fiebre desaparece, nuestro centro termorregulador nos dice que hay que volver a la temperatura normal, es decir, hay que perder calor. ¿Sabes cuál es la mejor y más rápida forma de perder calor? Sudando. Por eso, mucha gente asocia, y con cierta razón, el sudar con la curación. Sin embargo, si la enfermedad persiste, la fiebre volverá a subir, para volver a bajar y así hasta que se cure.

No abrigues mucho al niño para que sude; esta manera de sudar que le provocas al abrigarlo no lo cura, al contrario: le hace gastar energía inútilmente para mantenerse a la temperatura que le marca el centro termorregulador.

Como ves, la fiebre no es más que una reacción fisiológica de nuestro organismo para ayudarnos a combatir las infecciones. Hay otras causas que provocan fiebre, especialmente en niños pequeños, como puede ser la insolación o alguna enfermedad, pero la mayoría de las veces se debe a una infección.

Los mecanismos de termorregulación de los niños de menos de tres años aún no funcionan bien. Por eso muchas veces, ante enfermedades poco importantes, su temperatura sube muchísimo. Y al contrario, a lo mejor tiene una infección importante pero la fiebre no sube demasiado. Por tanto, no te preocupes por lo que te marca el termómetro: debes mirar al niño. Él te indicará si lo que le pasa podría ser grave.

Cuestión de números

Hay diferentes partes del cuerpo donde puedes tomar la temperatura a tu hijo. La zona que utilices dependerá de tus hábitos, pero ten en cuenta que la normalidad varía de un lugar a otro, tal como te indica el cuadro. Los españoles no solemos poner el termómetro debajo de la lengua mientras que en otras culturas es lo más normal del mundo. Nosotros la solemos tomar en el recto o en la axila.

La ventaja de medirla en el recto es que la toma es más rápida y fiable, puesto que en la axila tiene que haber un contacto de la punta del termómetro con la piel y, como es más lento, puede que el niño se mueva y la medición tarde mucho o sea inexacta. De todas formas,

cualquier lugar es válido mientras tengas en cuenta la temperatura normal de esa zona.

Tabla 17-1: Temperatura normal según la zona

Lugar	Temperatura normal (media)	Fiebre
Axila	34.7-37.3 °C (36.4 °C)	37.5 °C
Debajo de la lengua	35.5-37.5 °C (36.6 °C)	37.6 °C
Recto	36.6-37.5 °C (37 °C)	38 °C
Oído	35.7-37.5 °C (37.6 °C)	37.6 °C

Cuando la temperatura es más alta de lo habitual pero no llega a la fiebre (38 °C en el caso de medirlo en el recto) hablamos de *febrícula*. En esta situación, hay que observarlo y esperar a ver si sube o se va.

Hablamos de *fiebre alta* cuando se alcanzan los 40 °C en el recto. Si tu hijo se pone a 40 °C, debes consultar a tu pediatra, aunque no es, ni mucho menos, sinónimo de enfermedad grave. Un niño a 40 °C al que, si le das un antitérmico, se encuentra relativamente bien, puede estar menos grave que otro a 38.5 °C postrado, con dolor de cabeza y vómitos. Por tanto, recuerda que hay que luchar contra lo que hace subir la temperatura, no contra el termómetro.

Cuándo hacer bajar la fiebre

Si tu niño tiene fiebre no lo abrigues demasiado ni tengas la casa demasiado caliente. Con una temperatura ambiente normal y vestido con comodidad estará mejor. Deja que él decida qué quiere hacer. Si se quiere acostar, que se acueste; si quiere estar levantado, que lo esté. A estas edades raramente se quedarán en la cama, pero es él quien escoge.

No le fuerces a comer, seguramente no tendrá hambre. Está enfermo y la fiebre lo mantiene quieto y le quita el apetito. Con más comida no se curará, al contrario. Ofrécele líquidos, pues cuando esté así seguramente tendrá más sed. Ya comerá cuando esté bien, y si ha perdido algo de peso, lo recuperará en pocos días.

Si el termómetro marca más de 38 °C puedes darle un antitérmico (paracetamol o ibuprofeno) para que baje y el niño se encuentre me-

jor. Si les das el medicamento en jarabe empezará a hacerle efecto al cabo de media hora. Si se lo das en supositorio será un poco más rápido. En ambos casos hacen bajar la temperatura uno o dos grados y el efecto durará entre tres horas y media y cuatro horas. En resumen: los antitérmicos ayudan a sentirse mejor, pero no eliminan del todo la fiebre y mucho menos curan la enfermedad.

Está muy de moda alternar ibuprofeno y paracetamol. Se puede hacer, pero no te lo aconsejo. De entrada, todos los fármacos son algo tóxicos, así que mejor uno que dos. Y como las dosis de los dos son diferentes es fácil confundirse cuando se combinan; he visto más de una intoxicación por este motivo. Por tanto, si puedes controlar la temperatura del niño, utiliza uno a dosis correctas. Sin embargo, si tiene una temperatura muy alta que no puedes controlar (por ejemplo, si está a 39 °C o más y vuelve a subirle a las pocas horas), puedes utilizar los dos, además de medidas físicas como bañarlo.

Si decides bañarlo porque no consigues bajarle la fiebre, hazlo con agua templada, nunca fría, ni le des friegas de alcohol. Cuando se tiene fiebre el baño no es agradable, así que te aconsejo que lo limites a momentos imprescindibles.

En el siguiente cuadro te muestro los antitérmicos de uso habitual. A la edad de tu hijo la aspirina está prohibida.

Tabla 17-2: Dosificación de los antitérmicos

Paracetamol

Administración: Oral
Posología: 10-15 mg/kg cada 4-6 horas
Dosis máxima: 100 mg/día, 75 mg/kg en lactantes y 60 mg/kg en recién nacidos
Dosis tóxica: 140 mg/día

Administración: Rectal
Posología: 20-25 mg cada 6 horas
Dosis máxima: 100 mg/día
Dosis tóxica: 140 mg/día

Ibuprofeno

Administración: Oral
Posología: 5-7.5 mg/kg al día
Dosis máxima: 40 mg/kg al día

Motivos para llevarlo al médico

Lleva a tu hijo al médico si su temperatura supera los 40 °C o si tiene fiebre y es menor de seis meses. Es necesario que lo valoren si, además de la fiebre:

✔ Respira con dificultad.

✔ Es un lactante y está muy irritable.

✔ Está postrado y se duerme a pesar del antitérmico, sobre todo si además le duele mucho la cabeza y vomita.

✔ No puede tragar.

✔ Tiene manchas de color rojo por el cuerpo.

✔ Dice cosas incoherentes.

✔ Convulsiona.

✔ Tiene un dolor muy localizado además de la fiebre.

✔ Si te da la sensación de que está muy enfermo.

¿Cuáles son los mejores termómetros?

Los termómetros de mercurio están actualmente en desuso por la toxicidad del mercurio. Si se rompe, el mercurio que se libera es tóxico para el medio ambiente, así que no debes utilizarlo. Es una pena, pues era el más exacto.

Los termómetros electrónicos son como los de mercurio pero sin el metal, y en su lugar llevan un mecanismo electrónico. El aparato te avisa cuando finaliza la medición y te dice numéricamente la temperatura del niño. Hoy en día es el más recomendable y fiable.

Las tiras de color que se pone en la frente, el chupón que cambia de color, la mordedera u

otro similar no deben utilizarse, ya que su nivel de error es muy elevado. Por lo general son capaces de crear alarma y son poco útiles para conocer la temperatura.

Los termómetros timpánicos son muy exactos, pero no son muy útiles en niños pequeños. Para que el termómetro timpánico sea fiable, debe enfocarse hacia el tímpano y medir su temperatura. Esto no es fácil en niños pequeños, los cuales tienen un conducto auditivo estrecho, tortuoso y a veces cargado de cera. En estos casos, la medición del termómetro timpánico es errónea.

En cambio, si sólo tiene fiebre, o fiebre y mocos, le das un antitérmico y se encuentra mejor, no hace falta llamar a los bomberos. Que lo vea tu médico, pero sin prisas.

Un día en urgencias, 10 de la noche, viene una mamá y me dice: "El niño no come nada, nada, pero nada, doctor". "¿Y viene usted a estas horas por esto?", le contesté, sorprendido. "Bueno, mire, es que además está a 39 °C desde ayer".

De esta historia me gustaría resaltar que las madres pueden llegar a perder el juicio si su hijo no come, aunque la fiebre sea más grave. Además, la fiebre —la enfermedad en general— quita el hambre. Es frecuente que la gente me diga: "No me dé antibióticos que le quitan el hambre". ¿Has probado a darle antibióticos cuando está sano?

Diarrea y vómitos: una pareja explosiva

Las diarreas, junto con los resfriados, son los problemas de salud más frecuentes en los tres primeros años de vida. Aunque la mayoría de las veces no tienen importancia, si no haces las cosas bien pueden aparecer complicaciones.

Se entiende que un niño tiene diarrea cuando sus deposiciones son más líquidas y numerosas de lo habitual. Algunas madres se preocupan porque el niño hace las heces de color verdoso. Por eso no te preocupes, ya que el color sólo indica que el tránsito es más rápido: si las heces son normales en número y consistencia, aunque sean verdes, no tiene importancia.

En contra de lo que mucha gente cree, las diarreas son más frecuentes en períodos de frío y raramente son consecuencia de cambios o errores dietéticos. Los niños de hasta tres meses pueden tener diarrea y vómitos asociados con cualquier infección (otitis, infección de orina...). Pero entre los mayores, la causa más frecuente es la infección, principalmente por un virus, y particularmente por el que conocemos con el nombre de *rotavirus*.

Tu hijo probablemente tendrá una primera infección por rotavirus antes de cumplir los dos años. Esta primera infección acostumbra a ser la más importante y la que puede significar más complicaciones. Se transmite de unos a otros por objetos contaminados como juguetes, manos sucias, etc. Por eso son tan frecuentes en las guarderías. Si le has puesto la vacuna contra el rotavirus (una de las que no financia el Estado), evitarás posibles complicaciones. Pero tu hijo no se ahorrará la diarrea.

Una diarrea aguda dura unos días y es normal que tu hijo la padezca
más de una vez. Pierde agua que se va en los excrementos, por eso
son tan líquidos. Si la diarrea dura más de diez días puede ser indicio
de una enfermedad crónica y tu pediatra deberá diagnosticársela y
conocer su causa. En ambos casos, el peligro es el mismo: que se deshidrate y deje de absorber los nutrientes necesarios para el crecimiento y el desarrollo.

Puede que con la diarrea también tenga fiebre, aunque no siempre es
así, y quizás al principio vomite, ya que el estómago también está in-
flamado. Por eso hablamos de gastroenteritis (*gastro*, 'estómago', *entero*, 'intestino'). Es raro que las heces tengan sangre, aunque a veces
puede haber algún hilito. Lo habitual es que no quiera comer o que
tenga dolor de barriga.

Reponer el agua perdida

Controlar esta situación es sencillo. La enfermedad se curará sola,
pero, como el niño pierde agua, hay que evitar que se deshidrate. Lo
que hay que hacer, pues, es reponer el agua y esperar a que se cure.
Vamos a ver cómo lo puedes hacer.

Si tu hijo vomita es señal de que su estómago está mal y quiere repo-
sar. Para ello debe estar vacío y por eso vomita. Si tú le das algo, aunque sea agua, la devolverá. Por tanto, no le des nada durante unas
horas, de seis a ocho más o menos. Quizá tenga sed, pues ha perdido
agua. Puedes darle suero de rehidratación oral pero en cantidades
muy pequeñas, a cucharaditas y con frecuencia, cada minuto o cada
tres minutos, según la gravedad. Si intentas que se tome un vaso de
suero (o de agua), seguramente lo hará con ansiedad porque tiene
sed, pero lo vomitará ya que el estómago quiere estar vacío. En cambio, las cucharaditas las tolerará aunque acabe tomando la misma
cantidad de líquido que si le hubieses dado un vaso.

Cuando su estómago tolere el agua pero aparezca la diarrea, tu objetivo seguirá siendo el mismo: reponer el agua y esperar a que mejore.
La llamada *dieta astringente* sirve para poco. Puede "maquillar" las
heces y que éstas no sean tan líquidas, pero en realidad contienen la
misma cantidad de agua, que es el verdadero problema. Es como si le
pusieras a las heces un trapo que absorbe el agua y que las hace más
sólidas, pero el agua sigue allí.

Dale de comer lo que quiera mientras no sean cosas de difícil digestión como frituras, grasas, pastelitos o cosas fuertes. Si le estás dando
el pecho, sigue haciéndolo y no le quites los lácteos. La eliminación de

la lactosa, otro de los hábitos de muchas madres cuando su hijo tiene diarrea, no es necesaria. Se ha demostrado que, al menos los primeros días, toleran los lácteos. Es distinto si la diarrea dura muchos días. Ofrécele lo que come regularmente y no lo fuerces. Si le apetece comerá y si no, no pasa nada.

Está claro que lo importante del tratamiento es la rehidratación. Pierde agua pero, con ella, también otras sustancias como sales, iones, bicarbonato, etc., y esto también deberemos reponerlo. Para ello, utiliza los sueros de rehidratación oral que venden en las farmacias. Son sueros con una composición preparada para reponer lo que tu hijo pierde con la diarrea.

No se te ocurra probar esos sueros, son malísimos: saben a bicarbonato. A pesar de ello, si tu hijo lo necesita, lo tomará. Esto te indicará que ha perdido mucho líquido e iones. Si no lo quiere tomar, no te preocupes, señal de que no lo necesita. Parece mentira, pero es así. Si no lo quiere, dale agua u otros líquidos sin forzar. Él sabrá lo que su cuerpo necesita.

Los clásicos preparados caseros, como el agua de arroz, no le harán bien ni mal, pero te desaconsejo la crema de zanahorias, ya que puede ser contraproducente. También está prohibido darle suero para deportistas: aunque saben mejor, su composición está pensada para reponer energía y lo que se pierde en el sudor, pero están contraindicados para reponer lo que se pierde con la diarrea. La gran cantidad de glucosa, sodio y otras sustancias que llevan sólo empeorará la diarrea. Por descontado, nunca le des un refresco gaseoso.

De la misma manera que hemos aconsejado para el vómito, conviene darle el líquido con mucha frecuencia y en pequeñas cantidades. Durante unas cuatro o seis horas dale sólo líquido, todo el que quiera, y luego empieza con la comida. Si no vomita y quiere tomar líquido, ofrécele suero oral a voluntad. Las diarreas no suelen necesitar antibióticos, aunque hay fármacos que pueden ayudar a mejorar la evolución. Si tiene fiebre, puedes darle antitérmicos.

Si a pesar de seguir mis consejos paso a paso el niño sigue perdiendo agua, puede llegar a deshidratarse. ¿Cómo lo sabrás? Verás que tiene la boca seca, orina muy poco o nada, está postrado o muy irritable si es un lactante, la evacuación es continua o no deja de vomitar. Si es así, llévalo al médico.

En los países en vías de desarrollo en los que la diarrea es una importante causa de muerte, la rehidratación oral ha salvado muchas vidas. En el nuestro, muchos ingresos hospitalarios.

Estreñimiento

A veces el problema no es hacer popó demasiadas veces, sino hacer muy poca. Muchas mamás hablan de estreñimiento cuando su hijo hace unas deposiciones duras y, a veces, con cierta dificultad. Pero si el niño, aún con dificultad, hace popó cada uno o dos días por sí solo, según su ritmo normal de deposiciones, no existe un verdadero estreñimiento.

Si el niño pasa tres días o más sin evacuar, hablamos de estreñimiento. La mayor parte de las veces se debe a malos hábitos o incluso a algún problema dietético. El pediatra tendrá que diagnosticarlo y descartar las otras muchas causas de estreñimiento, pero, si lo es, se suele le solucionar al recuperar los hábitos y con pequeños cambios o ayudas en la dieta.

Le duelen los oídos

La otitis es una de las enfermedades más típicas de los niños y provoca el mayor consumo de antibióticos en el mundo. Si lo piensas, los adultos pocas veces padecen otitis mientras que en los niños es una enfermedad muy frecuente. ¿Por qué? Los bebés casi siempre tienen mocos y su anatomía favorece las infecciones de los oídos.

El motivo está en los *conductos pequeños* que ya comentamos en el capítulo 3. En este caso, el principal conducto implicado es la trompa de Eustaquio, el conducto que comunica el oído con la nariz. La trompa permite que, si se te tapan los oídos por un aumento de presión, por ejemplo en el avión o al subir o bajar una montaña, se destapen al tragar saliva. A través de este conducto entra aire y se mantiene la presión del interior del oído. El problema es que, cuando hay mucho moco, éste asciende por la trompa de Eustaquio, se acumula en el oído medio y se puede infectar, provocando la aparición de una otitis.

La otitis suele presentarse con fiebre, dolor de oído —que en un lactante se puede manifestar con irritabilidad—, pérdida de apetito, moco en la garganta y, a veces, en los recién nacidos, con vómitos y diarrea. Si le das un antitérmico, como también son analgésicos, se encontrará mucho mejor. Seguramente el pediatra le recetará antibióticos durante siete o diez días.

Hay niños que tienen más facilidad para padecer este tipo de infección. Si tu hijo padece muchas otitis, cabe la posibilidad de que el pediatra te mande al especialista para quitar las vegetaciones adenoideas, las responsables de su propensión.

Otros problemas de salud

Las mismas razones que justifican que tu hijo tenga otitis de pequeño explican que tenga mocos continuamente, faringitis o infección de los adenoides, casi siempre acompañados de fiebre y tos.

La tos es una de las manifestaciones constantes en los niños. Suele aparecer de noche, cuando el niño se acuesta. Habitualmente lo lleva bien, de forma que muchas veces no despierta y tose dormido. Se debe a los mocos de la vías altas y es normal que dure mucho tiempo, casi todo el invierno, alternando con períodos cortos en los que desaparece.

Todas estas enfermedades del área de la garganta, nariz y oído son habituales y recurrentes los primeros años de vida, sobre todo si van a la guardería. Tu hijo no tiene por qué contagiarse allí de infecciones muy graves, ni lo hará en otros lugares, porque su inmunidad es normal, aunque inmadura.

Capítulo 18

¿Cuándo tengo que preocuparme?

Como todas las madres y padres, seguramente pedirías a los Reyes Magos un aparato que te permitiese saber si tu hijo está en peligro o no en cuanto aparece una enfermedad grave. Por desgracia, no existe, así que deberás asumir los riesgos propios de la vida. Sin embargo, cuanto más sepas, más datos tendrás para tomar decisiones y mejorará tu criterio.

No te asustes. Seguro que has oído historias terribles que les han pasado a otros niños, pero no es habitual. Y sí, lo sé, aunque sean anécdotas, me dirás, ocurren. Tienes razón, por eso en este capítulo te ofrezco la información que necesitas para decidir mejor.

Podría haber enfocado el tema con la descripción de enfermedades tal como aparecen en muchos tratados de puericultura, pero no me parece útil. El diagnóstico lo hará un médico. Tú debes saber lo que tienes y puedes hacer ante lo que ves, aquello que explicas cuando el médico te pregunta: "¿Qué le pasa al niño?". Por eso te hablaré de los principales síntomas y situaciones que implican riesgos y que muchas veces requieren atención inmediata.

¿El pediatra o urgencias?

Está claro que si se ha roto un brazo o se ha hecho una herida profunda deben correr al médico. Pero no siempre es así. Hay veces en las que el síntoma, por ejemplo la fiebre, aparece tanto en una enfermedad benigna como en una grave. Es normal que al principio te asustes y tengas dudas, pero a medida que pase el tiempo, tú serás quien mejor conocerá el estado de tu hijo.

Para empezar, debes tener muy en cuenta estas dos afirmaciones:

✔ El lactante de menos de tres meses enferma pocas veces, entre otras cosas porque tú le has transmitido inmunidad. Sin embargo, si se pone malito, suele necesitar análisis y otras pruebas para diagnosticarlo, así que deberás acudir al médico.

✔ Los niños hasta los tres años padecen muchas enfermedades, pero casi siempre son banales. Cada vez que enferme no debes pensar en lo peor, ya que casi seguro que no será nada grave. Los niños no engañan: cuando están realmente enfermos lo manifiestan y tú lo notarás.

Hay mamás y niños que son clientes asiduos de los Servicios de Urgencias (SU). Salvo en caso de que tu hijo padezca una enfermedad crónica con agudizaciones graves, acudir continuamente allí no es bueno para su salud.

Sólo en caso de urgencia

Como su nombre indica, los SU están pensados para solucionar urgencias, no problemas familiares.

Las estadísticas indican que 80% de los niños que acuden a los SU podrían ser revisados por su pediatra en su horario de visita habitual. Eso significa que 20% que realmente necesita los servicios de los SU tiene que esperar y, en algunos casos, correr un riesgo evitable. Para que esto no ocurra, los SU suelen tener un *sistema de filtraje*, es decir, de selección de las urgencias. Utilizando mecanismos cuya eficacia está científicamente demostrada, clasifican las visitas. Si tu hijo no tiene una urgencia real, tendrá que esperar, a veces varias horas.

Además, los pediatras de guardia de estos servicios se encuentran ante la responsabilidad de diagnosticar y tratar a niños que no conocen y cuya evolución no podrán seguir como sí hace tu pediatra. Y por si fuese poco, a lo mejor el niño padece una enfermedad que acaba de aparecer. El tema es tan importante que vale la pena detenerse en él.

La evolución de la enfermedad

En la mayor parte de los casos, los síntomas de una enfermedad tardan 24 horas en aparecer. Si el médico ve al niño en las primeras siete u ocho horas es posible que sea incapaz de diagnosticarlo correctamente porque le falta información clínica. De ahí la importancia tanto de esperar a que el médico revise al niño como de seguir su evolución.

El no conocer al niño favorece que el pediatra de guardia, a menos que tenga mucha experiencia, sea más agresivo, pida más pruebas y medique más que en otras circunstancias. Desde luego, si el niño tiene una urgencia real, hay que llevarlo allí pues son profesionales especializados en esto. Si lo que tiene tu hijo no es realmente una urgencia, los SU no son el lugar indicado para llevarlo.

Aun así, ve al pediatra

Las visitas a los SU suponen momentos puntuales de la salud de tu hijo vistos por diferentes médicos que no pueden seguir su evolución. Así, si un niño tiene un problema crónico que se manifiesta de forma intermitente, la falta de continuidad puede hacer que nadie se dé cuenta del problema real del niño. Para evitarlo, los médicos de guardia te aconsejan que en 24 o 48 horas visites a tu pediatra. Es decir, tampoco te ahorras la visita al pediatra con la visita a urgencias.

Por tanto, mi consejo es que vayas al SU siempre que lo creas necesario, pero teniendo en cuenta que el motivo sea médico, es decir, que la enfermedad lo exija, y no por un problema familiar (por la hora, porque así podrá ir a la guardería, porque vienen fiestas, etc.). También te diría que, siempre que puedas, tu médico revise al niño aunque para ello tengas, a veces, que esperar unas horas o incluso un día. Siempre será mejor para el niño.

Para la salud de tu hijo es mejor que siempre que sea posible lo atienda su pediatra, tanto en situaciones de enfermedad aguda como en aquellas de control, rutina y prevención. Un médico que conoce a sus niños sabe cómo reaccionan ante la enfermedad, cómo se comportan los que lo cuidan y puede seguir la evolución del cuadro. De esta manera, tu hijo evitará medicaciones prescindibles, lo cual es lo mejor para su salud.

Veamos ahora algunos casos concretos de enfermedades o cuadros que puede padecer tu hijo y que sí requieren una intervención rápida.

En primera línea de los SU

He trabajado muchos años en un SU, el que más volumen de niños atiende de España. También he sido presidente de la Sociedad Española de Urgencias de Pediatría (SEUP). Esta experiencia me permite asegurarte que el mal uso del SU nos perjudica a todos, pero sobre todo al niño. He visto a niños que los han traído a las diez de la noche para saber si al día siguiente podrán ir a la guardería.

Entiendo que si la mamá o el papá no puede llevar al niño a la guardería tiene que poner en marcha un plan B, buscar a alguien que se quede con el niño y que esto no siempre es fácil. Pero, ¿crees que algún médico te dirá que puede ir a la guardería si parece estar enfermo?

Es obvio, no queda otra que activar el plan B. Además, el niño enfermo ha salido a las diez de la noche, con las molestias y estrés que esto conlleva, y todo para nada, pues posiblemente al día siguiente tendrá que volver al médico.

Piénsalo y utiliza el SU cuando creas que realmente es una urgencia, tengas dudas sobre lo que padece tu hijo, lo veas mal, no sepas qué hacer, etc. Pero siempre por razones médicas, no por otras.

Si el sueño es demasiado profundo

Normalmente, cuando tu hijo duerme, puedes despertarle con facilidad y, aunque se vuelva a dormir pronto, sabes que su sueño es normal. Pero hay momentos en que el dormir tiene otro significado.

La vigilia y el sueño normales nos indican una correcta función de nuestro sistema nervioso central, independientemente de la edad que tengamos. En cambio, el sueño profundo, anormal, suele indicar que algo no funciona bien en nuestro cerebro. En términos médicos, es lo que se conoce como *estado de coma*. Hay diferentes niveles o grados de coma:

✔ **Precoma.** En este estado, el niño puede estar adormilado, atontado, con la mirada fija o perdida en momentos, habla poco y con dificultad, se despierta pero vuelve a caer en seguida en el sueño, como si no pudiera despertarse.

✔ **Coma superficial.** El niño se queda dormido, pero es capaz de responder a estímulos, como por ejemplo al dolor.

✔ **Coma profundo.** El niño no responde a estímulos.

Por supuesto, hablamos de una situación persistente, no de una pérdida de conciencia momentánea. Es una situación de urgencia real que puede convertirse en una urgencia vital, así que no te molestes en buscar o llevarlo a tu pediatra, tu hijo necesita el SU y allí debes llevarlo lo antes posible.

Los problemas no vienen solos

La situación de coma profundo pocas veces aparece de repente. Excepto en el caso de un golpe fuerte en la cabeza, lo normal es que vaya apareciendo poco a poco, como consecuencia de alguna enfermedad.

Poco puedes hacer antes de llevar al niño al hospital. Si tiene mucha fiebre, puedes darle un antitérmico y algún líquido con azúcar por si la glucosa ha bajado mucho. Sin embargo, ten cuidado, porque cuando el niño está así suele costarle tragar y, al darle el antitérmico o azúcar, se podría atragantar. Por tanto, si no ves claro el darle nada por la boca sin peligro, no pierdas tiempo y ve a urgencias.

A este niño le cuesta respirar

Los niños pequeños respiran más de prisa que los adultos y su respiración se ralentiza a medida que crecen. Dicho esto, cuando el niño respira mal es porque necesita oxígeno y su tórax se esfuerza para que entre más aire. Para ello, utiliza la fuerza de toda su musculatura.

Aunque hay muchos motivos que pueden hacer que tu hijo respire mal, casi siempre se debe a que la vía respiratoria está obstruida o inflamada a cualquier nivel (tráquea, bronquios o pulmón). Salvo si la obstrucción es total por un cuerpo extraño, en cuyo caso tenemos que hacer la *maniobra de Heimlich* (puedes repasarla en el capítulo 14), el organismo se defiende tosiendo, por lo que tu hijo, si respira mal, también tendrá tos. Junto a todo esto es habitual que tenga fiebre. A veces, por suerte pocas, puede que le duela el tórax. Este signo nos indica que la pleura, la membrana que recubre el pulmón, está irritada. Salvo darle un analgésico, paracetamol o ibuprofeno, el dolor pleural no debe hacerte cambiar la conducta.

Verás que tu hijo respira mal porque, además de hacerlo más de prisa de lo habitual, la parte baja del tórax, donde terminan las costillas, se hunde en cada inspiración. A lo mejor el espacio que hay entre las costillas se hunde y esto quiere decir que está utilizando los músculos intercostales para que entre el aire. Puede que oigas ruidos, como "silbidos", frecuentes en las bronquitis infantiles. Con estas medidas, él consigue mantener la oxigenación, al menos durante bastantes horas.

Cuando no lo consigue y el oxígeno empieza a faltar, puede adoptar un color azulado en los labios y dedos de las manos. Si llegas a esta situación significará que, previamente, el niño, además de luchar con sus músculos, estará muy inquieto, irritable y llorón. La falta de oxígeno le provoca malestar desde el principio del episodio. Es poco habitual, pero si lo ves así, es posible que le falte oxígeno y hay que dárselo, así que deberás llevarlo al médico. Sin embargo, lo normal es que tenga signos de dificultad respiratoria y nada más.

La bronquitis, lo más habitual

Aunque hay muchas causas que provocan una mala respiración, la más frecuente es la *bronquitis*. Es una enfermedad cuyo nombre puede alarmarte, porque piensas que es crónica, pero no es necesariamente así. Los niños cogen bronquitis con cierta frecuencia y es normal. Pero pocas veces llegan a situaciones extremas de falta de oxígeno, ya que tu pediatra podrá tratarlo sin problemas. Si las crisis se repiten mucho, habrá que averiguar cuál es la causa y ponerle remedio.

Si tu hijo respira con dificultad debes ir al médico. Lo habitual es que, con la exploración física y la auscultación, el pediatra sepa qué le pasa y le recete el tratamiento adecuado. En pocos casos necesitará una radiografía u otras pruebas, pero si es así, te lo indicará.

Con los antibióticos no se juega

Los antibióticos son unos medicamentos muy activos frente a las infecciones bacterianas. Su uso debe controlarlo el médico, ya que las indicaciones son muy limitadas y cada antibiótico tiene una utilidad determinada.

El uso indiscriminado de los antibióticos provoca resistencia de los gérmenes en general, pero en contra de lo que mucha gente cree, si un niño toma muchos (recetados por su médico) no será más resistente. Sólo los gérmenes se pueden hacer resistentes. Por tanto, si tu médico te lo receta, dáselo sin problema pero no lo hagas por tu cuenta.

El lactante enfermo

Espero que tu hijo pase estos tres primeros meses de vida con tranquilidad. Una enfermedad a tan temprana edad te sorprenderá, al menos si es tu primer hijo y careces de experiencia como padre, casi sin conocer sus reacciones y, por tanto, sin saber qué hacer. Y a él, con la inmadurez máxima, con pocos mecanismos de defensa. Incluso el médico encuentra dificultades en los diagnósticos porque los síntomas a esta edad son muy inespecíficos y necesita apoyarse en muchas pruebas para manejar la situación.

No te preocupes, la naturaleza es muy sabia y a esta edad los niños enferman poco. Una de las razones principales es que la madre, durante la gestación y luego a través de la leche, le transmite elementos inmunitarios que tardarán unos meses en desaparecer y que, por tanto, protegen al pequeño.

A pesar de todo, el niño puede ponerse enfermo. Si ocurre, a esta edad es obligado que el médico lo revise y lo valore, ya que a tu hijo le cuesta mucho localizar la enfermedad y, por tanto, los síntomas son poco orientativos. Por eso, posiblemente sea necesario hacer análisis u otras pruebas. Si tu hijo de menos de tres meses se pone enfermo, hay que ir al médico.

Algunas enfermedades de los más pequeños

Aunque ya tienes clara cuál es la conducta a seguir, no está de más que conozcas las tres situaciones patológicas más frecuentes en estos niños para que comprendas por qué hacemos lo que hacemos:

✔ **Fiebre.** Puede ser provocada por una infección que ha sido capaz de superar la inmunidad que tú le has dado. La mayoría de las veces se trata de enfermedades virales banales que se curarán solas, pero hay que estar seguros de ello. Piensa que, además, a esta edad es posible que el niño no esté vacunado o, si lo está, que sólo haya recibido una dosis.

Lo mejor en este caso es que lo lleves al hospital o a un sitio donde estén preparados; es decir, con laboratorio y radiología para atender a niños de esta edad. Recuerda aquello de "lactante febril, pruebas mil". El análisis de orina, por ejemplo, es una prueba casi imprescindible en estos niños.

✔ **Bronquiolitis.** En invierno o cuando hace mucho frío, los niños de menos de tres meses pueden padecer un cuadro respiratorio muy típico de esta edad, la *bronquiolitis*. Es producida por un virus, el VRS (Virus Respiratorio Sincitial), y produce tos y dificultad respiratoria. En los mayores se presenta como un resfriado común, pero algunos lactantes pueden necesitar oxígeno y alimentarse por sonda, porque se cansan al comer y, para ello, deben quedarse ingresados en el hospital unos días.

Si no hay complicaciones —lo más habitual—, el niño se cura bien, pero la enfermedad dura de siete a diez días. Por tanto, en un lactante menor de tres meses, una tos intensa, con rechazo al alimento o dificultad para comer, y mayor o menor dificultad respiratoria, debe ir al hospital. Si antes lo puede ver tu médico a lo mejor te ahorras ir al hospital, pero si no, llévalo allí.

✔ **Vómitos y diarrea.** Pueden acompañar a muchas enfermedades en niños de esta edad. Una otitis, una infección de orina o una gastroenteritis se manifiestan así. Eso quiere decir que si tiene estos síntomas hay que asegurarse de que no padece una enfermedad no intestinal, ya que el tratamiento varía. La gastroenteritis se curará sola, pero la otitis o la infección urinaria necesitan tratamiento, por lo que tendrá que revisarlo el médico.

En este caso debes hacer lo mismo que si fuese mayor; es decir, seguir ofreciéndole su comida habitual, especialmente si le das el pecho, y rehidratación a voluntad. Si necesita algo más, te lo indicará el pediatra.

Estos son los problemas de salud más habituales que puede sufrir un bebé de menos de tres meses. Como ves, no son muchos, pero ante la duda, consulta siempre a tu pediatra.

Fiebre y manchas en la piel

Hay muchas enfermedades infantiles que hacen salir manchas en la piel y además provocan fiebre. Casi todas son virales, benignas y se curan solas. No sería necesario dedicar un espacio a esta cuestión si no fuese porque hay una enfermedad que se caracteriza por la fiebre y las manchas en la piel que conviene que conozcas, ya que puede llegar a ser grave.

Las vacunas casi han hecho desaparecer las más conocidas de las enfermedades que cursan con manchas, como el sarampión, la rubéola y la varicela, pero quedan muchas otras. Algunas somos capaces de reconocerlas, de diagnosticarlas con nombre y apellido, pero otras no. Seguro que el médico te dirá más de una vez "Es un virus", sin poder especificar cuál. Es así, aunque no es necesario saber cuál es porque no tendrás que hacer nada. Se curará solo. Y aunque muchas de ellas se acompañan de fiebre, no afectan al estado general del niño. Es el caso del exantema súbito.

Si afectan al estado general, entonces hablamos de otra cosa, posiblemente de una sepsis meningocócica. También te hablaré de ella.

Erupciones de color rojizo

El *exantema súbito* sigue un curso muy típico, tanto que algunos autores dicen que es una enfermedad que se puede diagnosticar por teléfono y es cierto... pero sólo cuando se acaba. Durante tres a cinco días el niño tiene fiebre, que puede ser alta, sin otra manifestación y con un buen estado general excepto cuando sube la fiebre. En este rato está deprimido y quieto por la fiebre.

Durante estos días la exploración es normal, a lo mejor tiene la garganta un poco roja y, por tanto, el pediatra no suele saber con claridad lo que tiene. En este momento puede pedir algún análisis, sobre todo de orina, recetar un tratamiento antibiótico por el enrojecimiento de la garganta junto con la fiebre o, como el estado general es bueno, esperar. En este último caso es posible que revise al niño más de una vez.

Las convulsiones febriles

Hay niños que, coincidiendo con la fiebre, convulsionan, lo que provoca un gran espanto en la familia. El niño pierde el conocimiento unos minutos y empieza a mover de manera repetitiva los brazos, las piernas y a veces la boca. En algunos casos se hace pipí e incluso popó. Es una situación que alarma mucho a los padres, y con razón, y que obliga a llevar al niño a urgencias.

Para tu tranquilidad, las convulsiones febriles no suelen ser importantes. Algunos niños las presentan en más de una ocasión entre los seis meses y los seis años, cuando desaparecen. Casi siempre se producen al inicio de la enfermedad (muchas veces el niño convulsiona cuando aún no sabes que tiene fiebre) y su duración es de unos minutos.

No tienen nada que ver con la epilepsia. Su único peligro es que duren mucho tiempo, por lo que si no paran por sí solas, que es lo habitual, conviene detenerlas antes de que pase media hora.

Por tanto, si tu hijo tiene una convulsión de este tipo, lo más recomendable es que lo lleves al centro asistencial más cercano. Casi siempre parará antes de llegar, pero si no lo hace, allí le administrarán un medicamento (diazepam) que hará que la convulsión ceda.

Sé que lo que te voy a decir es difícil de hacer, pero si tu hijo convulsiona mantén la calma, no pierdas tiempo dándole un antitérmico o agua, pero tampoco pierdas los nervios al llevarlo al médico. He visto casos en los que las prisas han provocado otros problemas, como accidentes de auto.

Pero al cabo de tres a cinco días, de forma brusca, aparece una erupción generalizada de manchas de color rojizo, distribuidas por todo el cuerpo, que empiezan por el tronco y se diseminan por abdomen, brazos y piernas. Y todo esto coincide con la desaparición de la fiebre. Si en este momento llamas por teléfono a tu pediatra, te diagnosticará sin necesidad de ver al niño. La enfermedad ha acabado. La fiebre desaparece y las manchas lo harán en 24 o 48 horas. Desde el momento en que aparecen las manchas, puedes dejar de darle cualquier medicación que tomase, si es que le estabas dando alguna, porque es innecesaria.

Esta enfermedad es específica del lactante, como otras muchas enfermedades eruptivas producidas por virus y que no podemos catalogar. Cuando el niño es mayor hay algunas típicas, pero son infrecuentes en menores de tres años. Todas se caracterizan por su buena evolución y porque se curan solas.

Unas manchas diferentes

Las manchas de estas enfermedades virales tienen una característica muy típica: si las comprimes con un cristal o estiras la piel, el color rojo desaparece. Pero existe una enfermedad que se conoce con el nombre de *sepsis meningocócica*, de pronóstico no tan bueno, en la que esto no sucede. Sus manchas no son como "granos" sino como pequeñas hemorragias (por eso no desaparecen al estirar la piel o presionando con un cristal).

Son manchas que aparecen dispersas por todo el cuerpo: brazos, piernas, tórax, abdomen, cuello, etc., y pueden ser muchas o pocas, a veces cinco o seis, a veces 30 o 40. Y son de tamaño variable, a veces más pequeñas que una lenteja pero también pueden ser grandes. Además, y esto es importante, se acompañan de fiebre alta y malestar general.

Si a esto se añade una meningitis, tu hijo tendrá un fuerte dolor de cabeza, diferente al que puede tener por la fiebre, que le afectará la conciencia y también tendrá vómitos. Viendo a tu hijo te darás cuenta de que está realmente enfermo.

Si tu hijo tiene manchas de este tipo o si dudas si lo son o no, es necesario que lo vea un médico para que confirme o lo descarte. Por tanto, si no puedes visitar a tu pediatra, conviene que lo lleves a los SU.

Por suerte, en la actualidad la sepsis meningocócica es una enfermedad que se da muy pocas veces.

Parte VI
Los decálogos

—¿LO VES, MAMÁ? YA TE DIJE QUE HACE MUCHA CAQUITA.

En esta parte...

Si te gusta ir al grano, esta parte te encantará. Son los decálogos característicos de todos los libros *Para Dummies*. Es decir: el resumen en diez puntos de algunos de los temas más importantes. En este caso encontrarás pistas para comprobar que tu hijo se desarrolla correctamente, una lista de lo que debes tener en cuenta para garantizar su seguridad y algunos consejos para disfrutar esta etapa tan intensa de tu vida con el bebé.

Capítulo 19

Diez habilidades que aprenderá en su primer año

*E*n este capítulo encontrarás una lista de algunas de las habilidades psicomotoras que adquirirá tu hijo durante el primer año. Si aún no las ha alcanzado, ¡no te asustes! Lo más probable es que no le pase nada (cada niño va a su ritmo), pero es bueno que tu pediatra lo sepa para que pueda valorar el conjunto de la evolución del niño. Piensa que algunas de estas habilidades son difíciles de comprobar en una visita y para tu médico es muy importante si tú le aportas esta información.

Manos abiertas

Durante los primeros meses el niño suele mantener la mano cerrada y con el pulgar metido dentro del puño. Poco a poco aprenderá a abrir la mano, a mantenerla más tiempo abierta y, al cerrarla, normalmente no incluirá el pulgar.

Es normal que en algún momento la mano quede cerrada con el pulgar en su interior, pero si a los tres meses la mayor parte del tiempo mantiene el puño cerrado con el pulgar incluido, consulta al pediatra.

Una sonrisa, por favor

A los pocos días de vida, antes del primer mes, el niño es capaz de sonreír, aunque lo hace sin motivo aparente. Da la sensación de que sonríe porque está bien, por placer, pero no como respuesta a algo. A partir de entonces, lentamente el niño irá respondiendo a tus estímulos y será capaz de sonreír cuando le digas algo, le hables o te dirijas a él. Es lo que llamamos *sonrisa social*, la que responde a tu estímulo. A su manera, te contesta y se relaciona contigo.

Si a los tres meses el niño no hace esta sonrisa social, conviene comentárselo al pediatra.

Con la cabeza bien alta

Una de las primeras cosas que hará como muestra de su maduración será controlar la cabeza. Ya hemos dicho que el niño madura de la cabeza a los pies. Durante los primeros meses hay que ir con mucho cuidado con su cabeza, ya que se le cae cuando lo levantas o lo mueves. Sujétasela siempre para que no se haga daño. Poco a poco él la irá controlando, mantendrá su estabilidad y llegará un momento en el que la aguante solo, sin que tú se la sujetes.

Si a los cuatro meses tu hijo no es capaz de controlar la cabeza sentado, coméntaselo a tu pediatra.

Lo agarra todo

Después de controlar la cabeza, seguirá con sus manos. Primero las descubrirá, se las mirará y pronto se dará cuenta de que puede sujetar objetos. Al principio no lo hará muy bien, no hará la pinza con el índice y el pulgar, pero los agarrará. Hacia los cinco meses ya podrá sujetar un objeto fácilmente. Si no lo hace, habla con el pediatra.

Se da una vuelta

Si sueles cambiarlo en un sitio alto, no te despistes cuando cumpla los cuatro o cinco meses... ¡Te lo puedes encontrar en el suelo! No todos los niños son capaces de girar sobre sí mismos tan pronto, pero la mayoría son capaces de darse la vuelta a los siete meses. Si tu hijo no lo hace a esta edad, es necesario que tu pediatra lo sepa. Pero, ¡vigílalo siempre!

Mejor sentado

Como madura progresivamente, entre los seis y siete meses el niño suele mantenerse unos instantes sentado, pero luego quizá se quede plegado sobre sí mismo. Progresivamente adquirirá el control del tronco hasta llegar a sentarse y quedarse así sin ayuda.

Antes de que lo consiga, no lo fuerces ni le hagas estar sentado demasiado tiempo. En este momento hay que dejarlo para que, cuando quiera, se acueste. Su columna y su musculatura aún no están preparadas para estar sentado.

A los nueve meses casi todos los niños pueden mantenerse sentados sin ayuda. Si a esta edad tu hijo aún no lo hace, coméntalo con el pediatra.

Los primeros "ma-ma-pa-pa"

Es importantísimo que, siempre que puedas, hables a tu hijo. Es la mejor manera de estimular su habla. Al principio hará ruidos, luego emitirá letras y después sílabas que repetirá. A veces parecerán incluso palabras. No tienen sentido, pero pronuncia las sílabas.

Lo normal es que a los nueve meses tu hijo pronuncie algunas sílabas. Si no es así, díselo al pediatra.

Hacer la pinza

Ya hemos dicho que, cuando el niño se da cuenta de que tiene manos y que las puede usar, agarra objetos. Adquirida esta habilidad, como cualquier otra, empezará a refinarla. Cerca del año o quizá antes, será capaz de hacer movimientos finos y podrá hacer la pinza con dos dedos. Este movimiento es muy importante, ya que la pinza le será muy útil de ahora en adelante. Hacer la pinza es una de las funciones más importantes de nuestras manos.

Si tu hijo, una vez cumplido el año, no hace este movimiento fino, conviene hablarlo con el pediatra.

La importancia de señalar

Muchos niños hablan poco y a otros les cuesta hablar, pero el dedo índice suelen usarlo con gran habilidad para señalar, hacerse entender y pedir algo. Algunos mantienen esta habilidad durante mucho tiempo y no son capaces de decir más que unas pocas palabras: con este dedo y algún monosílabo o ruido, lo explican todo. Tú, como madre, entenderás todo lo que diga señalando con el dedo.

Si el niño no usa el índice cuando ha cumplido el año, tienes que comentarlo con tu pediatra.

Me voy a ver el mundo

Hay niños que al año caminan y a lo mejor gatean desde los ocho o nueve meses. Otros ni andan ni gatean, y a lo mejor nunca gatearán. No importa. Lo que todos los niños hacen antes de su primer cumpleaños es desplazarse. De una manera u otra, como quieran, pero si tú lo dejas en un lugar durante un rato, lo normal es que te lo encuentres en otro un poco más tarde.

Si al cumplir un año tu hijo se queda donde lo pones sin moverse, coméntaselo al pediatra.

Capítulo 20

Diez formas de evitar accidentes

Seguro que quieres que tu casa sea un refugio seguro para tu hijo. Bueno, al 100% es imposible, pero si sigues esta lista quizás evites muchos riesgos innecesarios. Aun así, te recomiendo que des una vuelta por todas las habitaciones de tu hogar y anotes todo aquello que puedes mejorar respecto de la seguridad de tu bebé. Al principio tu hijo no se moverá mucho, pero dentro de unos meses gateará y luego caminará, por lo que su radio de acción se ampliará. ¿Lista para la inspección técnica de tu casa?

Además, también te recordaré lo importante que es que controles a tu hijo por la calle y que cumplan a conciencia las normas de seguridad cuando vayan en auto.

Adelántate al futuro

Los accidentes infantiles son previsibles y, por tanto, prevenibles. Si sólo vigilas a tu hijo no evitarás que se lesione; los niños son muy rápidos y bastan unos segundos de distracción para que ocurra algo. La mejor manera de prevenirlos es detectarlos y poner las medidas necesarias para evitarlos. Recuerda, por ejemplo, que la mejor manera de evitar que un niño se intoxique con un medicamento es que éste no exista.

Te aconsejo que pienses en lo que hace el niño, que detectes los peligros potenciales y que elimines todo lo que creas que pueda lesionarlo. Una casa con un niño pequeño debe ser funcional, aunque pierda parte de la personalidad que tenía hasta ahora. Pero, ¿quién ha dicho que un comedor lleno de juguetes y cuentos infantiles no tiene su encanto?

Cocina: prohibida para los bebés

La cocina es la habitación de la casa donde tu hijo puede accidentarse con más facilidad. Allí puede quemarse (con el fuego y líquidos calientes), cortarse o herirse (con cuchillos, tijeras u otros utensilios) e intoxicarse (con productos de limpieza).

El consejo es sencillo: procura que tu hijo no entre en la cocina. Cuando trabajes en ella, principalmente cocinando, debes prohibir a tu hijo que entre en ella. Asegúrate de que, mientras trabajas en la cocina, el niño está en un lugar seguro (la silla alta, el jardín) o con alguien que lo vigila y que no lo dejará entrar.

El cuarto de baño, cuestión de agua

Éste es otro de los lugares peligrosos. El peligro fundamental aquí es el agua. Si estás llenando la bañera para bañar a tu hijo, procura no dejarlo. Recuerda que el niño necesita poca agua para ahogarse y que, por tanto, una bañera medio llena y un niño solo son un peligro. Como les gusta imitar, quizás intente entrar en el agua cuando no lo veas, con lo cual podría caerse o meter la cabeza en el agua y no saber sacarla.

Si el niño toca el agua y está muy caliente, puede quemarse. También se puede intoxicar, pues normalmente los medicamentos los guardamos en el cuarto de baño, y a lo mejor el niño llega a agarrarlos. He visto a niños pequeños, de dos y tres años, encaramarse de una forma casi inimaginable para sacar medicamentos de un armario.

Las "minas" del dormitorio de los abuelos

Es posible que el título te parezca raro, pero los dormitorios son también lugares de riesgo. Es frecuente que en las mesitas de noche se guarden medicamentos que son fáciles de encontrar para un niño pequeño. En este caso me refiero principalmente al dormitorio de los abuelos. Es habitual que ellos tomen medicaciones diarias y que las guarden en la mesita de noche.

En muchos casos, los medicamentos que toman los abuelos pueden ser muy tóxicos para el niño (sedantes, fármacos para el corazón, etc.). Como el niño irá frecuentemente a casa de los abuelos —al menos eso espero—, cabe la posibilidad de que entre en el dormitorio y se intoxique. Piensa que a veces estará en casa de los abuelos sin ti. Es mejor que les adviertas (no estaría mal que les dejaras leer este libro y tomaran nota de algunos consejos).

En el auto, tolerancia cero

De todo el entorno de tu hijo, lo más peligroso es el auto, la principal causa de muerte. Está absolutamente demostrado que, aunque se produzca un accidente, si el niño está sujeto y bien colocado en el auto puede hacerse daño, pero evitaremos males mayores.

Es evidente que la protección es inútil a gran velocidad. Piensa que el impacto que reciben los ocupantes de un vehículo que colisiona a 100 km/h es como si se cayesen de un decimotercer piso y a 120 km/h como si lo hicieran de un piso decimoctavo. El golpe es tremendo y, por tanto, a gran velocidad se necesita suerte. En los viajes interurbanos, a menor velocidad, la sillita y la sujeción salvan vidas.

No lo olvides: en el auto, el niño siempre debe ir sujeto, por corto que sea el trayecto.

Vigila ventanas y balcones

A partir de cierto momento, dependiendo de las habilidades del niño, será capaz de subirse a sillas, sofás, macetas, etc., y el riesgo aumenta si tienes ventanas cerca de estos muebles. Los niños intentan asomarse a la ventana, quizá porque han visto hacerlo a algún adulto, y pueden caerse. Por tanto, debes poner alguna protección, como una reja, que lo impida. Te parecerá extraño, pero continuamente hay noticias de algún niño que se ha caído por este motivo.

Si tienes balcón, procura no poner nada cerca de la baranda en lo que el niño pueda encaramarse y asomarse porque se puede caer.

Las puertas y las manos

No sé por qué a los niños les gusta tanto abrir y cerrar puertas. Es un deporte universal para los pequeños que entraña un enorme peligro para sus manos. Que un niño se machuque la mano al cerrar una puerta es frecuente, pero suele ser poco peligroso porque no tiene mucha fuerza. Sin embargo, es muy peligroso cuando los adultos cerramos la puerta y el niño tiene la mano en el marco. Es un accidente capaz de provocar fracturas de dedos, a veces de más de uno, pérdida de uñas y, sobre todo, duele muchísimo.

La presencia de un niño en casa debe ser sinónimo de protectores en las puertas. Encontrarás diferentes artilugios que impiden que la puerta pueda cerrarse del todo y así evitarás que se lastimen los dedos o las manos.

No olvides que el peligro sigue ahí cuando va a otras casas, como por ejemplo la de los abuelos. Es bueno que en las casas donde los niños van con frecuencia también existan elementos protectores.

El niño peatón

En la calle conviene que siempre lleves a tu hijo de la mano. Cuando los niños caminan con soltura les gusta sentirse libres y correr. Allí, pueden ser incapaces de parar cuando se acaba la acera y acabar en la calzada, con el peligro que esto conlleva. Por eso, vigílalo siempre y nunca lo sueltes (aunque se enfade), a no ser que estés en una plaza o en una calle peatonal.

Los productos de limpieza

Los productos de limpieza son muy peligrosos: suelen ser venenosos y pueden ser cáusticos. Muchos tienen colores llamativos en los envases que hacen que el niño se fije en ellos. Además, te ve manipularlos. Por eso son sumamente peligrosos y deben estar a buen resguardo.

Te recomiendo que los guardes en un lugar escondido, fuera del alcance del niño y cerrados con llave o protegidos con elementos que impidan que se pueda abrir el armario. Es mejor que siempre los guardes en su envase original, ya que la información que contiene es muy importante en caso de intoxicación. Si puedes, evita los productos industriales que, aunque son más activos y eficaces, suelen ser más tóxicos.

No lo dejes solo

Hay muchas madres que descubren que su hijo es capaz de girarse sobre sí mismo cuando lo recogen del suelo. Acostumbradas durante los primeros meses a dejar al niño sobre la cama o el cambiador sin que se mueva, un día el niño se gira y se cae. Si la altura es poca, no suele pasar nada, pero como se caiga de un lugar un alto, las consecuencias pueden ser muchas.

Algunos niños se giran con facilidad a partir de los cuatro meses, así que, para evitar problemas y disgustos, acostúmbrate a no dejarlo solo a partir del tercer mes. Mi consejo es que te habitúes a no dejarlo solo jamás y así seguro que no tendrás que recogerlo del suelo y te evitarás posibles disgustos.

Capítulo 21

Diez ideas para ser feliz con tu hijo

· ·

En este capítulo

▶ Olvida el estrés y las exigencias

▶ Cuida, protege y educa a tu hijo desde el primer día

▶ Confía en ti y disfruta

· ·

*N*o tengo duda alguna de que, desde el primer momento en que cargues a tu bebé en los brazos, serás feliz, incluso antes, pero seguramente también tendrás dudas. Los cuidados de tu hijo pueden generar incomodidad, temor y esto, a la larga, puede mermar tu felicidad. No existen fórmulas mágicas, pero espero que las palabras de este capítulo te ayuden a aumentar la confianza en ti misma y en ese maravilloso trabajo de cuidar a tu hijo.

Lo harás bien

En un momento u otro, todos los futuros padres se plantean si sabrán cuidar a su hijo. Además, muchas veces dudan de su capacidad. Por eso se sienten inseguros, confusos y, como consecuencia, sufren más de la cuenta, no son coherentes ni mantienen un criterio y se dejan influenciar por el entorno. No es bueno que actúes así, ni para ti ni para el niño.

Para cuidar a tu hijo necesitas amor (seguramente te sobra) y sentido común, mucho sentido común. Donde tú no llegues, busca información, pero fiable. Mantente en una línea, marca un criterio, tu criterio, y síguelo. De esta manera criarás a tu hijo como tú quieres. No cambies continuamente de opinión según lo que te digan los demás. Es importante que el niño sepa cuál es la norma y cuáles son los límites. Esto le dará seguridad y le permitirá crecer mejor.

Si estás leyendo este libro seguro que quieres hacerlo bien, te preocupa conseguirlo y por eso te informas y buscas ayuda. Es un buen principio y una garantía para el futuro. Convéncete, lo harás bien.

Acepta a tu hijo tal como es

Hay mamás que vienen a mi consulta y sólo me cuentan lo que su hijo hace mal, lo que ellas creen que hace mal, o mejor dicho, veo que sus niños no son como ellas quieren. Cuando acaban de hablar, les digo: "Pues sí que hace cosas mal, pero seguro que hace muchas cosas bien. Dígame unas cuántas". Si no saben qué decirme, les pongo deberes: "Para la próxima visita deberá traerme una lista con veinte cosas que hace bien o que le gustan de su hijo". Lo curioso es que suelen traer la lista y empiezan a ver las cosas de otra manera.

Tu hijo es como es, un ser único, y debes quererlo así. Es verdad que la convivencia, la educación y el ejemplo harán que se parezca más a ti, pero siempre seguirá siendo él, con cosas buenas y malas, con lo que te guste y con lo que no. Hay aspectos de él que nunca cambiarás y deberás aceptarlos. Tú querías un niño y ya lo tienes: es como es, no como tú quieres. Aceptarlo es básico para ser feliz y hacerlo feliz a él.

Elige lo mejor... y acierta

A lo largo de estos tres años en muchas ocasiones te sentirás angustiada. Te asustarán las enfermedades, pero también te angustiarán otros aspectos. Cuando suceda, no debes sentir miedo y ponerte siempre en el peor de los casos. Si lo haces, lo pasaréis mal los dos y, además, no conseguirás nada viéndolo de ese modo.

La vida tiene riesgos. Podrás hacer muchas cosas para minimizarlos, pero no los eliminarás del todo. Por suerte, la mayoría de las veces las cosas que pasan no son tan terribles como las que salen en algunos programas de la televisión.

Nadie aprende a caminar sin caerse. Lo importante es aprender de la caída. Si te agobias pensando que va a pasar algo malo, no serás feliz y, además, no es cierto.

Superwoman *no existe*

En ocasiones me encuentro con mamás muy estresadas y agobiadas por la cantidad de obligaciones que les han caído encima. Si te exiges demasiado no disfrutarás ni serás feliz con tu bebé. Es evidente que criar a un niño implica unos mínimos ineludibles, pero en el resto se puede hacer de más y de menos.

No te agobies y simplifícate la vida: adapta las recomendaciones a tus posibilidades. No pretendas llegar donde no puedes y busca ayuda si la necesitas. Pregunta a tu pediatra para que te establezca unas prioridades por lo que respecta al cuidado del bebé y relájate un poco.

Tiempo de calidad

Tu hijo necesita una dosis suficiente de tiempo de mamá, pero, como sucede con los medicamentos, no se trata de tomar cualquier medicamento sino de tomar el necesario, el que va bien. Con el tiempo de dedicación a tu hijo sucede lo mismo. No se trata de estar mucho tiempo con el niño sino de dedicarle un tiempo específico a él. No tanto la cantidad como la calidad. Evidentemente, si hay calidad y cantidad mejor que mejor, pero lo que importa es la calidad.

Hay mamás que no trabajan y cuidan tanto a su niño que, cuando cumple el año o los dos años, están cansadas de estar con él, aunque lo quieren mucho. A estas madres —aunque no soy un gran defensor de las guarderías— les recomiendo que lo lleven algunas horas a la guardería o a casa de los abuelos. Tu hijo necesita un tiempo de plena dedicación para mimarlo, cuidarlo, jugar, enseñarlo y para eso debes sentirte bien y tener ganas de estar con él.

Edúcalo desde el primer día

Seguro que algún día, en la consulta del médico, un hospital, un restaurante o en el metro, te encontrarás con niños poco educados. La imagen es ésta: la mamá deja hacer a su hijo y éste se empieza a portar mal hasta que arma un alboroto. Entonces la madre se enfada, lo regaña, a lo peor le da un golpe, el niño llora y ya tenemos el drama servido. Cuando todo ha pasado, el niño vuelve a hacer de las suyas y el proceso se repite una y otra vez. Seguramente en casa pasa igual y todo funciona a gritos, con llantos, desorden y sin reglas.

Si el niño sabe que hay límites es más fácil que no intente sobrepasarlos o que responda bien a tu llamada de atención. No hará falta chillar, gritar, enfadarse, llorar y la convivencia será mejor. Si te esfuerzas para educarlo desde pequeño, con coherencia y cariño, establecerás las bases para un buen futuro.

Protege tu casa para evitar accidentes

Es necesario esforzarse a conciencia para evitar accidentes. Prepara tu casa para evitar que tu hijo se haga daño. Mientras es muy pequeño, sólo tus descuidos provocarán accidentes. Así que, mientras estés con él, no hagas nada más. Si tienes que hacer algo, asegúrate de que no corre peligro.

El riesgo aparece en cuanto empieza a moverse. Yo te recomiendo que, cuando llegue este momento, te sientes en el suelo, a su altura, mires lo que él ve y detectes todo aquello que esté a su alcance y que pueda entrañar un riesgo. No dejes nada peligroso a su altura.

Puedes informarte con detalle consultando webs como `www.infan ciasegura.es` (y leyendo el capítulo 20 de este libro). Finalmente, ten en cuenta que si tu hijo pasa mucho tiempo en otra casa, por ejemplo en casa de los abuelos, ésta también debe prepararse.

El pediatra, el asesor número 1

Durante estos tres años, principalmente durante los primeros meses, el pediatra será una pieza fundamental en la que necesitarás apoyarte para criar a tu hijo. Y esto se extenderá durante toda la infancia pero, a medida que el niño crezca, cada vez se espaciarán más sus enfermedades, será capaz de hablar (y podrá explicarnos qué le pasa), los cambios se ralentizarán y todo será más fácil. También tú te sentirás más segura y experta, así que lo verás todo de otra manera y lo llamarás menos. Los primeros meses son realmente duros porque aparecen muchas dudas. Tener un pediatra en quién confiar, a quién preguntar cuando no sepas qué hacer, aunque te parezca una tontería, te dará seguridad y tranquilidad.

Hay muchos tipos de pediatras: algunos son muy estrictos en sus recomendaciones; otros dicen lo que hay que hacer y es todo, y también los hay que orientan y dejan que decida la familia. El que tú necesitas existe y lo encontrarás, pero sobre todo confía en él.

Acude a las visitas de control

Cuando tu niño sea un poco mayor puedes llegar a pensar que las visitas de control con el pediatra son inútiles. No te hablo de los primeros meses, pues sabes que tienes que ir a verlo, y es más, a lo mejor estás deseando que llegue el día de la visita porque tienes muchas preguntas y dudas que resolver. Cuando crece, la cosa cambia.

Recuerda que el niño es un ser en desarrollo y, hasta que éste no se haya completado, pueden surgir sorpresas o anomalías en cualquier momento. Diagnosticar problemas potenciales lo antes posible es muy importante, pero también es fundamental que, al acabar la visita, el pediatra te diga que todo está bien. Si además de valorar la evolución del niño puedes preguntar y guiar su educación, establecerás los pilares de una crianza feliz, ya que estos tres primeros años marcarán su futuro. Por tanto... ¡no te olvides de las revisiones de tu hijo!

Eres la mejor madre para él

Imagino que en este momento piensas que diré una tontería, y es posible. Después de todo lo que te he contado, espero que haya quedado claro que tu seguridad, tu confianza en ti misma, en tus recursos, en tus conocimientos y en todos tus puntos de apoyo son fundamentales para la felicidad del niño, la tuya, y la de todos los que te rodean. Pues quiero que te convenzas aún más, porque es evidente que tu hijo no puede tener mejor madre que tú.

Ha tenido la suerte de nacer en una casa donde se le quiere con locura, se preocupan por su vida, y quien lo hace de forma más intensa es su madre. Nadie puede tener más suerte que ésta, así que no lo dudes, tú eres la mejor madre para él. ¡Disfruta tu maternidad!

Índice